《中国名人大传》
ZHONGGUO MINGREN DAZHUAN

王安石传

安朝学◎著

北京联合出版公司
Beijing United Publishing Co.,Ltd.

图书在版编目(CIP)数据

王安石传/安开学编著 . —北京:北京联合出版公司,2013.11(2022.1重印)
(中国名人大传/马道宗主编)
ISBN 978－7－5502－2165－9

Ⅰ.①王… Ⅱ.①安… Ⅲ.①王安石(1021～1086)－传记
Ⅳ.①K827＝441

中国版本图书馆 CIP 数据核字(2013)第 253214 号

王安石传

编 著:安开学
版式设计:东方视点

北京联合出版公司出版
(北京市西城区德外大街 83 号楼 9 层 100088)
北京一鑫印务有限责任公司印刷 新华书店经销
字数 230 千字 710 毫米×1000 毫米 1/16 15 印张
2013 年 11 月第 1 版 2022 年 1 月第 3 次印刷
ISBN 978－7－5502－2165－9
定价:49.80元

前　言

　　王安石（1021—1086年），字介甫，号半山。江西临川（今江西抚州）人。北宋时期著名的政治家、思想家、文学家。北宋神宗元丰二年（1079年）封为荆国公，死后谥文，故世称王荆公或王文公。因王安石诗文都很出色，后世把王安石列入"唐宋八大家"当中。王安石自幼随做地方官的父亲王益辗转往来于新淦、庐陵、韶州等地，到宋仁宗景祐四年（1037年），全家才定居江宁（今江苏南京）。早年的社会经历使王安石有机会接触到社会的贫困和人民的苦难，忧国忧民之心渐渐产生。再加上他的聪明好学，为社稷求安定，为黎庶谋富足便逐渐成为王安石的志向。

　　宋仁宗庆历二年（1042年），王安石中进士第四名及第后，曾担任过宋淮南节度判官厅公事、知鄞县事、舒州通判等职，后又到开封和常州担任地方官。多年的地方官经历，使王安石认识到宋王朝积贫积弱的根源在于土地兼并，北宋封建统治者面临的局面是"内则不能无以社稷为忧，外则不能无惧于夷狄"。因此，在宋仁宗嘉祐三年（1058年），王安石给宋仁宗赵祯上万言书，要求对宋初以来的法度进行全盘改革，扭转宋朝积贫积弱的局势，但仁宗没有答应。宋神宗熙宁元年（1068年），王安石以翰林学士侍从之臣的身份，同年轻的宋神宗赵顼议论治国之道，深得宋神宗赏识。次年，王安石出任参知政事。神宗熙宁三年（1070年），升任宰相，开始大力推行改革。

　　在宋神宗的大力支持下，王安石制定并推行了一系列新法：青苗法、募役法、保甲法、市易法等。新法的推行和实施，使宋王朝国力有所增强。但是，王安石的新法遭到以司马光为首的保守派大官僚的强烈反对，神宗熙宁七年（1074年）王安石被罢相。第二年，王安石又被重新任命为宰相，但此时已无能为力。宋神宗熙宁九年（1076年），王安石主动辞去相位，退居江宁。保守派大官僚司马光继任宰相后，就把新法全废除了。宋哲宗元祐元年（1086年），王安石在江宁（今江苏南京）辞世。

　　王安石退居江宁以后，整整10年中，他思想上十分矛盾。一方面，他仍旧关注新法，写作歌颂新法成效的诗篇。《歌元丰五首》《元丰行示德逢》等描绘人民丰收之后的欢乐景象，虽不无溢美之处，但仍可见他对神宗继续推行新法抱有强烈的热情。他借诗言志，著名的《北陂杏花》诗的最后两句"纵被春风吹作雪，绝胜南陌碾成尘"，陈衍以为"恰是自己身分"。其他如《梅花》《独山梅花》《鸱》等，都表现出他对政治无法忘怀，不肯超然物外的积极态度。另一方面，由于神宗对推行新法越来越摇摆不定，王安石的人生处境也越来越艰难，他只能借助佛理来解脱自己的精神苦闷。《示宝觉三首》《示无著上人》《拟寒山拾得二十首》等，都表明他离开人间世情愈来愈远。此外，他忘情于山水，陶冶性情，创作了许多山水田园诗。其中如《南浦》《染云》《泊船瓜洲》等都是后世公认的佳作。

宋哲宗元祐元年（1086年），司马光执政，新法全部废除。

政局的突变使王安石深感不安，当他听到免役法也被废除的消息时，禁不住异常愤慨地说："亦罢至此乎！"不久之后，王安石便离开了人世。

王安石的成就是多方面的。他的文章精于论说，列于唐宋八大家之中。

王安石的诗文，宋徽宗时由薛昂等人编纂成集，早已散佚。传世的有两种：一是《王文公文集》本，一是《临川先生文集》本，两本都有他人著作的痕迹。此外，王安石还著有《字说》，是有关文字学方面的著作，但仅能从他人著作中找到残存的若干条。《熙宁奏对目录》是王安石任宰相时有关个人政治生活的亲笔记录，但也没有传本。王安石曾封于舒、荆，死后又谥为文，故也称为王荆公或王文公。

目 录 Contents

第一章　英杰少年 ……………………………………………………（1）

一、"伤仲永" …………………………………………………………（1）

二、父亲的影响 ………………………………………………………（2）

三、金榜题名 …………………………………………………………（4）

第二章　初试身手 ……………………………………………………（8）

一、初入仕途 …………………………………………………………（8）

1. 孙正之来访 ………………………………………………………（8）

2. 才名初扬 …………………………………………………………（9）

二、鄞县新政 ………………………………………………………（16）

三、幼女夭折 ………………………………………………………（21）

第三章　宦游各地 …………………………………………………（23）

一、淡泊舒州 ………………………………………………………（23）

1. 兄弟出游 ………………………………………………………（24）

2. 拒为朝官 ………………………………………………………（27）

3. 专访王令 ………………………………………………………（29）

二、结交欧阳修 ……………………………………………………（31）

三、常州知府 ………………………………………………………（33）

1. 游平山堂 ………………………………………………………（34）

2. 修运河 …………………………………………………………（35）

四、任职饶州 ………………………………………………………（38）

1. 茶法之议 ………………………………………………………（38）

2. 改革吏治受挫 …………………………………………………（40）

第四章　为宦京师 …………………………………………………（43）

一、上书仁宗 ………………………………………………………（43）

　　　　1. 变法思想 ………………………………………（43）

　　　　2.《明妃曲》风波 …………………………………（48）

　　　　3. 上书的反响 ………………………………………（52）

　　二、勉为朝官 …………………………………………（53）

　　　　1. 苏辙之争 …………………………………………（54）

　　　　2. 再次上书 …………………………………………（56）

　　　　3. 闲居京城 …………………………………………（57）

第五章　应召入朝 ………………………………………（59）

　　一、为母守丧 …………………………………………（59）

　　　　1. 慈母去世 …………………………………………（59）

　　　　2.《辨奸论》风波 …………………………………（60）

　　　　3. 名医陈景初 ………………………………………（62）

　　　　4. 好友王微之、韩维 ………………………………（63）

　　二、神宗征召 …………………………………………（68）

第六章　执掌朝纲 ………………………………………（73）

　　一、上《本朝百年无事札子》 …………………………（73）

　　二、御前讲学 …………………………………………（76）

　　三、出任参知政事 ……………………………………（79）

第七章　决计变法 ………………………………………（86）

　　一、提出"三不足"口号 ………………………………（86）

　　　　1. 天变不足畏 ………………………………………（88）

　　　　2. 祖宗不足法 ………………………………………（91）

　　　　3. 人言不足恤 ………………………………………（94）

　　二、有关"变法"问题的争议 …………………………（97）

　　　　1. 对外政策 …………………………………………（97）

　　　　2. 改革内政 ………………………………………（101）

　　　　3. 与司马光的争论 ………………………………（110）

　　三、设立"制置三司条例司" ………………………（117）

　　四、吕诲弹劾案 ………………………………………（120）

第八章　抑制豪强兼并 …………………………………（123）

　　一、推行"均输法" …………………………………（124）

　　二、实行"青苗法" …………………………………（126）

　　　　1. 公布"青苗法" …………………………………（126）

　　　2. 文彦博的阴谋 ……………………………………………（129）

　　　3. 神宗的支持 ………………………………………………（130）

　　三、改革役法 …………………………………………………（133）

　　　1. 差役法的弊端 ……………………………………………（133）

　　　2. 制定免役法 ………………………………………………（135）

　　　3. 守旧派的反对 ……………………………………………（139）

　　四、颁行"市易法" ……………………………………………（144）

　　　1. 建立"市易务" …………………………………………（145）

　　　2. 文彦博的诋毁 ……………………………………………（147）

　　五、推行"方田均税法" ………………………………………（149）

第九章　加强武备 …………………………………………………（152）

　　一、制定"保甲法" ……………………………………………（152）

　　二、实施"将兵法" ……………………………………………（161）

第十章　其他变法措施 ……………………………………………（164）

　　一、制定"农田水利法" ………………………………………（164）

　　　1. 推行"淤田法" …………………………………………（165）

　　　2. 治理黄河失败 ……………………………………………（166）

　　二、改革"贡举法" ……………………………………………（169）

第十一章　围绕变法的斗争 ………………………………………（171）

　　一、庆功宴 ……………………………………………………（171）

　　二、与反对派的斗争 …………………………………………（174）

　　　1. 司马光外放 ………………………………………………（174）

　　　2. 正式拜相 …………………………………………………（183）

　　　3. 刘挚被贬 …………………………………………………（187）

　　三、变法派的内部危机 ………………………………………（191）

　　　1. 王安石的困境 ……………………………………………（191）

　　　2. 吕嘉问案件 ………………………………………………（197）

　　　3. 神宗的动摇 ………………………………………………（199）

　　　4. 王安石辞职 ………………………………………………（206）

第十二章　归老江宁 ………………………………………………（215）

　　一、二次为相 …………………………………………………（215）

　　二、晚年闲居 …………………………………………………（220）

　　三、巨人逝世 …………………………………………………（226）

第一章　英杰少年

王安石，字介甫，生于宋真宗赵恒天禧五年（1021年）的冬天。家世虽不显赫却也令人羡慕。这是一个并不殷实的家庭，诗书福泽，文气四溢。王安石的曾祖父王明曾位居尚书职方员外郎；祖父王用之曾担任卫尉侍臣；叔祖王贯之为宋真宗时进士。他的父亲名叫王益，年仅二十二岁荣登蔡济榜进士。王益一生只在南北各地做了几任州县官吏，没有能进身到统治阶级的上层中去。他的母亲吴氏也是一位知书达理，熟晓文史的贤妻良母，他的外祖父吴敏以及两个儿子都是闻名当世的人物，父子三人在科举考试中荣登进士榜。

生长在这种家庭环境中的王安石，从小就受到了良好的教育。母亲是位和蔼可亲、善良厚道、教子有方的家庭主妇。这也就使年幼的王安石显得更加聪明，五岁的他就能背诵《诗经》中的不少篇章和《论语》中的文字，尤其是他惊人的记忆力为父母所叹服。据史书记载，王安石小时候喜欢读书，可以说能达到过目不忘的程度。王安石到了十二岁的时候就知道有选择地自己学习，能够写出比较漂亮的文章，而受到相识的人称赞。

有一回，他父亲的朋友来到王安石家中，王安石正在专心致志地练习书法。有人叫他写文章，他在众人面前表现出一副悠游之态，如同成年人一般，信手而书，走笔如飞，潇洒自如，并没有经过太多的思考，一篇短小精悍的文章很快就完成了。他父亲拿给众人看，众人看后都说好，不但称赞他的字写得端庄秀雅，而且都说这么小小的年纪就能写出这样好的文章，将来肯定会有大出息。

一、"伤仲永"

就在这一年春天，王安石和母亲一起从父亲任职的韶关府来到了舅舅家中，这次他除了再一次高兴地见到了自己和蔼可亲、年岁已高的外祖母、外祖父和舅舅外，同时，还见到了一位小神童以及他的奇迹般的表演。这位天才儿童叫作方仲永。

方仲永家境十分贫寒，都五岁了，仍然不认识笔墨纸砚。可是有一天，突然哭着吵着向父亲要笔墨纸砚，父亲到王安石的舅舅家来借笔墨，王安石非常奇怪，看热闹似的跟着方仲永的父亲来到方家。这位五岁的天才儿童，拿过笔来，不假思索地写下了一首四句诗，写完后还给这首诗取了一个很新颖的题目。这件事让王安石赞叹不已，深深地印在脑海里。

几年过去了，王安石再一次来到舅舅家。这时，方仲永已经是十二三岁的人了，他来到王安石的舅舅家里，王安石取出笔墨，叫他再写一首诗。方仲永想了很长很长时间，才写出一首诗来。王安石一看，远不如第一次见他时写得好。他感到很奇怪，不知道怎么一回事，就问舅舅。舅舅回答说，太可惜，方仲永家里贫穷，得不到正常的教育，父母为了生计，天天领着他到处写字赚钱，因此耽误了学业。

又过了十年，王安石又一次与父母一起来到舅舅家，看到这位天才儿童已经和常人没什么两样了。他有感于此写了一篇文章，题目叫作《伤仲永》。它告诉人们一个道理：一个人天生可以很聪明，具有很好的天赋，但如果不继续努力学习，即使是天才也会变成极为普通的人。

二、父亲的影响

王安石的父亲王益虽然生长在当时江南西路的临川县，但他在临川县内却"无田园以托一日之命"，所以他在各地做官，每次都是携带家眷同行，过着四海为家的生活。因此，王安石在少年时代，就已经到过很多地方：在长江流域，他曾在江西境内的好几个县里住过，并曾到过下游的江宁和风景秀丽的扬州等地；在珠江流域，他到过广东路的韶州；在黄河流域，他到过当时的最高统治者皇帝的居住地京城开封。

经过多次迁徙后，王安石的父亲带着全家来到四川，在四川西部的一个小县里任职。多次迁徙使拥有七男三女的家庭变得更加贫困，再加上这里的民众很不好管理，违法乱纪、偷盗抢劫之事常常发生。这位办事认真体贴百姓的父母官，事必躬亲。遇到灾祸之家，还得从自己本来就不宽裕的家里拿出财物来予以救济。尽管如此，还是不能使自己感到一丝的安慰，再加上家庭的拖累，父亲不得不知难而退，请求调离这个地方，回到自己的家乡去。一年后，王安石一家又回到离开了多年的老家江西临川。

王安石在十四岁以前，一直随父亲一起宦游，东奔西走。父亲到什么地方任职，他就随父亲到哪里，但此时的他主要任务就是读书学习。可以说自从他识字读书以来，就是闭门读书，很少与外界交往。

闭门读书的少年生活，为他后来的文学道路和官宦仕途发展打下十分坚实的基础，同时也使他养成了一种执拗内向的性格，这种性格贯穿他的一生，影响他的一生，使他成为一个十分具有个性的人。可以说王安石是一个比较乖的孩子，他从来不需要别人来监督自己。读书作文和练习书法是他心甘情愿的事情，似乎形成一种习惯，一天不读书就感到难受，以至于在初入仕途时，由于读书休息较晚，而误了早上的上班，因而遭到顶头上司韩琦的误解。但他不喜欢父亲用科举考试的那一套方法来指导自己该学什么和写什么，而自己的心中有自己的一套学习方法。他觉得，现在的那一套科举考试形式太死板。他亲眼看到，他父亲的许多部下都不务政事，年纪轻轻的天天就吟诗赋词，表面上一副温文尔雅的样子，在处理政事上却很不懂方法和策略，学不能致用。

尽管自己的部下如此，可王安石的父亲却不想自己的孩子将来只成为一个出入官府却不务实，不能为百姓办事，不懂得方法和策略的一个碌碌无为的人，而是希望他于国于民于自己于家庭都有所作为。不能像自己那样，只做了修身齐家的事情，却未能实现治国平天下的理想。正因为此，他才对自己心爱的儿子有着更高的期望。虽然自己的孩子能够非常自觉地学习，但他还是时时晓之以理，动之以情，经常鞭策王安石。与母亲一样，这是一位很慈善的父亲。

每当父子相聚在一起时，父亲就用历史和现实来教导自己的公子，和蔼可亲地讲解孝悌仁义的根本，以及古今存亡治乱的原因。王安石虽然不喜欢也不赞成父亲用科举考试的那套模式来要求自己，但却很欣赏父亲这种循循善诱的教育方式。少年的经历以及在京师的所见所闻，还有他的刻苦攻读，使他学到很多东西，明白了自己应该树立怎样的人生志向和目标。

回到临川这一年，举家住在州府中。在这里，他结识了一位才华出众的年轻人曾巩。后来他与王安石一样，在文坛上享有很高的声誉，他们是唐宋八大家中的人物。两位富有才华的年轻人一见如故，经常在一起品评诗文和探讨学问。从此，他们成为了终身相知的好朋友。

三年以后，父亲改任江宁府。王安石的一家又随之来到江宁府。江宁即现在的南京。王安石除了京师开封外，从未到过比江宁更大的地方，这里不仅比先前住过的地方大，而且有许多的名胜古迹，在这里王安石的学问和学识长进很快。

这是一个十分吸引人的城市。这里有潺潺绿水，绵绵青山，庄严的龙光古寺，风景宜人的玄武湖，更有浩浩荡荡、滚滚东流的长江水，这一切都使少年王安石流连忘返。时光是永远向前的，人在少壮时如不确定一个正确的人生目标，则终将一事无成。而王安石立志钻研学术，并且以古代曾为人类作出较大贡献的契和后稷自居。他清楚地意识到自己已不是一个孩子了。如今，父亲也不再把他当成一个孩子，而是对他有着更高的期望：希望他能够早日参加考试，尽快地走上仕途。

随着阅读诵习广度和深度的日益进展，王安石逐渐认识到，汉代以来的儒生们为《诗》《书》《易》《礼》等所做的传注，歪曲了这几部经书的旨意，偏离了方向，因而更加"冥冥"难于确解，以致千百年来的读书人都让这班俗儒所误害。他还觉察到，"读经而已，则不足以知经"，因此，他的阅读范围极其广泛，不以儒家经典和儒生们的著述为限，而是"自诸子百家之书，及于《难经》《素问》《本草》诸小说，无所不读"，扩大了自己的知识面，并且在读书的过程中，各个方面的书籍相互参照对比，更加有益于自己思想的成熟。在阅读儒家经典时，他也绝不拘守那些先儒传注，而是要通过自己的思考去理解。正如苏轼于王安石死后对他作出的评价那样，认为王安石是"网罗六艺之遗文，断以己意；糠秕百家之陈迹，作新斯人"的。他还喜欢作一些调查和访问，特别是在生产斗争方面最富有实践经验的"农夫女工"，他更是"无所不问"，借以验证从书本得来的知识是否正确。这样，就使得王安石不但对于古代典籍具有比较深透切实的理解，对于现实社会问题的体认，也远远超出与他同时代的官绅士大夫们。

但是，"天有不测风云，人有旦夕祸福"，他的刻苦攻读的生活再也不能持续下去了，他那种在书海和思绪中畅想的思考被阻断了。年龄只有四十出头的父亲由于政事的纷扰，家庭的拖累，很快就病倒了。

父亲是全家的支柱，家人时刻祈神保佑，到处求医买药，但仍不见父亲的病有所好转。全家老少非常担心父亲的身体。如果父亲真的离他们而去，那全家的重担就很可能要落在年轻的王安石身上。对于现在的王安石来说，这是一个难以承担得起的重担。兄嫂新进，此时的家庭开支更大了，两位兄长的身体也不是很好，自己下面还有几个弟弟要抚养。上天真是太不公平了，为什么好人总不能长寿，总不能平平安安地过生活。

父亲的病没有好转。父亲弥留之际把王安石他们兄弟几个叫到身边，望着自己的孩子们，吃力地嘱咐他们说：

"你们一定要好好记住我以前常常对你们说过的话，以圣贤之心为心，以天下之事为事，仁义孝悌为本，治国济世为志。我太对不起你们了，没有尽到我为人夫为人父的责任，望今后好自为之。"说过这些话之后，王安石的父亲带着忧伤之感离家人而去。

三、金榜题名

在守丧的日子里，王安石除了潜心学习和练习书法之外，也常常和众兄弟一起作诗唱和。风和日丽的时候，就同兄弟们一起到玄武湖边读书，高兴之时或雇一只小船游戏江心，或一边读书一边观赏两岸的风景。

守丧的日子就要过去了，这时王安石也该准备到京师去参加礼部考试的事了。如果不是因父亲早逝，他早就可以去参加科举考试了，说不定还可以与父亲一起在京师任职。想到这些，他心中感到无限伤悲。因此，王安石暗自下决心：一定要好好考，将来能到京城做大官，多多为老百姓办好事。

1041年春天，王安石终于来到了京城。

王安石来到京城开封时，离考试还有许多时日。他原本想抓紧时间复习功课和练习作文。但京城中却十分不平静，人们正在纷纷议论宋军大败的耻辱，他也无法静下心来复习准备了。当王安石感到无聊的时候，碰到了在江宁时的老同学及好友李叔通。李叔通离开那个学校之后，就到京师参加考试了。

在他乡碰到老同学，王安石不知有多高兴。他兴奋地告诉李叔通，他这次也是来参加考试的。

李叔通听了王安石的话，心情黯淡地说，这试还真没有什么好考的，实在太折腾人了。王安石说："那不行，我必须考试，若不考试，哪对得起死去的父亲和母亲的热切期望。再说，现在家里经济贫困，必须有人来承担重任，我这么大也该为母亲分担忧愁了，不自己找出路，哪里又有更好的办法呢，我必须参加考试，而且要考好。"李叔通说："即使考，也没有必要花太多的时间去复习。那些考题对你来说，实在是太容易了。除非你不按要求答题，或者是考官有意为难你。"

他又问王安石说："介甫，你知道与西夏交战，宋军大败的事吗？真窝囊。一个堂堂大宋帝国，却惨败在一个小小的异族手中。"

王安石说："还说呢，这些天都快把我气疯了，我本来想好好准备一下考试的，但宋军的大败却让我再也没有心思去准备考试。话又说回来，宋军的失败是在情理之中的。你难道还不知道吗，朝廷好多年来，军备废弛，不关心军事，根本就没有加强边防，也没有招募士兵训练。许多士兵都是为了应急，临时招上来的，那样的军队，那样的作战经验和技术，哪有不败之理？"

"现在朝廷的事根本就没法说。权力在朝廷大臣手里，皇帝昏庸无能。咱们无非也就发发牢骚而已，有什么办法呢？即使你有灵丹妙计，谁又会听你的。"李叔通说。

王安石说："陈年老政，积习已久，到了非改不可的地步了。当今圣上须有新的政策和措施才行，不过不在其位，不谋其政，我们在这里空议论又有什么用呢？"

"算了，算了，介甫。我们还是静下心来准备考试吧。我知道你有鸿鹄之志，是绝对不会安于现状，苟且偷生的！"

李叔通讲完这话，两人都哈哈大笑起来。两个年轻的书生俨然一副指点江山的姿态。只可惜后来，王安石的这位早年好友溺水而死。否则，说不定中国历史上又多了一位改革家。

考试的时间终于到了。

考场上寂静无声。

考生们有的头在轻轻晃动，有的静静凝思，手中的笔或停止或快速地游动。考官在考场的空道上来回踱着沉稳的步子，发出有节奏的声响，他的视线不断从每一位考生身上掠过。这时，考官站在了王安石的旁边。他注视着王安石那支流动的笔，这支笔流出了王安石刚劲有力的文字，同时也表达着一种同样刚劲有力的思想：

> 古之人以是为礼，而吾今必由之，是未必合于古之礼；古之人以是为义，而吾今必由之，是未必合于古之义也。夫天下之事，其为变岂一乎哉？固有迹同而实异者矣。今之人？然求合于其迹，而不知权时之变，是则所同者古人之迹，而所异者其实也。事同于古人之迹而异于其实，则为天下之害莫大矣，此圣人所以贵乎权时之变者也。
>
> ·············

接着，王安石又用孔子和孟子的话加以论证。此时的王安石把自己比喻为辅佐明君，成就无限功业的远古贤士后稷和契。这是一种很值得赞扬的少年情怀，但却有点过激。考官心想，这位年轻人也有点不知权时之变了，在考试的时候如此答题，要得第一名恐怕是很难了。

王安石走出考场之后，即吟诗一首：

> 少年操笔坐中庭，子墨文章颇自轻。
> 圣世选才终用赋，白头来此试诸生。

1042 年 3 月 22 日，仁宗皇帝下令赐进士及第出身共八百三十九人。在这当中有三个人在以后的宋代朝廷中当过宰相，他们是王珪、韩绛和王安石。而王安石在这三个人中是最先任宰相的，而且他们都是名居前列，这在宋代是从来没有过的。只是王安石在考试中由于观点有些偏激，没能得第一名，只得了第四名。当然在八百三十九人当中，考取第四名也已经是轰动全国的事了，但论真才实学，王安石确实应该得第一。

这次考试是宋代非常有名的一次，也是宋代科举考试以来成绩最优秀的一次，所选取的人才也是最多的一次。而王安石正是从这次考试中脱颖而出，走向仕途的。

这一年的王安石可以说是功成名就了，他登进士年方二十二岁，与其父亲获得进士的年龄完全相同。到了此时，他终于可以告慰九泉之下的父亲，可以让期待已久的母亲高兴了，可以作为兄弟们的榜样而诱导鼓励他们了，也可以参政议政报效国家了。

一开始朝廷任命王安石为鉴书淮南节度判官厅公事。

王安石此时的心情是愉快的。他顾不得那么多，一心只想赶紧回家，把这个好消息带给家人。在三月份，王安石便打点行装，告别京城，坐一叶轻舟，踏上了归乡的路。

　　经过两个多月的长途跋涉，王安石又回到了自己日夜思念的家，又高兴地与家人团聚在一起。王安石向母亲和兄弟们畅谈着自己在京城的所见所闻。母亲和兄弟们心里不知有多高兴。全家人都在憧憬着美好的未来。

第二章　初试身手

一、初入仕途

1. 孙正之来访

可是，初登仕途的王安石在扬州的几个月里干得很不如意。

他一生当中还从没有像现在这样无所事事，心里非常烦闷，好像有一块东西压在胸口，使得他透不过气来。恰好这个时候，有一位年轻人来拜访他。这位年轻人叫孙正之，此人也是一个有学问有志气的年轻人，他此时正好来温州任职。在此之前，早就听说了王安石的鼎鼎大名，现在正在扬州，便顺道到这里来拜访王安石。孙正之的到来，可以说是王安石到扬州任职后最愉快、最高兴的时光。

孙正之问他："刚刚走上仕途，感觉如何？"

王安石回答道："怎么说呢，一个人活在世上，随波逐流，时间会改变一个人的，自己想把自己塑造成什么样就是什么样，如果这样的话，确实可以安稳地过日子，但这种人一辈子充其量也不过是普通人而已，活着又有什么意思。一个人的事业如果在恰当的条件下，通过自己的努力成功了，那他就不会成为一个普通的人，而是一个有所建树的君子了。如果一个人在君主那里很得志，要干出大事业就易如反掌了。然而，事情却往往相反，世事艰辛啊！"

"那么你在这里不很顺心？"孙正之问。

王安石起身走到桌前，拿来前段时间写的一篇关于建议发动老百姓砍树、修河道的文章给孙正之看。

王安石说："你看，这都是我经过反复思考的一些想法，可知府大人看了后考虑都没考虑就否定了。你说气人不气人？我看现在这帮官僚，与普通人没什么两样，别看他们道貌岸然，仪表华丽，只是坐而论道，根本不注重实际，他们虽然言则必尧帝之道，起则称大舜之行，但却毫无周公孔孟之心。不说了，还是谈谈学问吧，这倒可以让我们快活些。"

他们两人互相交换了诗文，王安石看了孙正之的作品后甚为钦佩。王安石说："若一日得志于吾君，而真儒之效不白于当世，予未之信也。近日与孙君相识，吾将终身不忘。"从此以后，王安石与孙正之便成了非常相知的好朋友，无论是学问还是事业上都互相促进，有所见长。

他俩还谈论了曾巩的文章，孙正之对曾巩也很是赞赏。当年，父亲要进京办理公事，王安石便与父亲一道来过京师。

2. 才名初扬

王安石在京师，有两件终身难忘的事，一件事使他非常高兴，就是他与曾巩的见面。他听说他的文友曾巩此时也在京师，同时曾巩也听说王安石此时也与他的父亲一道到京师来了，于是两人互相寻找之后，他们终于高兴地见面了。两人均随父来京师，通过这次在京师畅论诗书，激发了他们的豪情壮志，又同时赋诗作文，互相赠答，好一番少年情怀。他们还互相交换了各自对京师的看法，又私下谈论古今政事。

另一件就是范仲淹由于直言进谏而被贬一事。这件事让两位年轻人感到遗憾，甚至愤怒。

朝廷中的大臣都憎恨范仲淹，但京师上下的正直之士都为此抱不平。想当年王安石的父亲虽然官职卑微，不是朝廷要员，而且也没有显赫的地位，但他对这位为民着想、正直敢言的大臣非常佩服，还经常给王安石兄弟讲述范仲淹的事迹。范仲淹在地方任职，实施了不少为民着想的措施，并且收到了相当好的效果。比如修水利、建学校等等，这许多政绩，王安石都是熟知的。这方面对后来的王安石影响非常大。他实施的部分措施可以说是范仲淹政绩的翻版。

曾巩和王安石还谈起正在京师任职的当朝大文学家欧阳修，他们两人都非常仰慕欧阳修的文学才华。来到京师，他们非常渴望见到这位年轻有为的文学家。但是欧阳修也被朝廷贬官。两人听说此事后，简直不敢相信这会是真的，都感到非常震惊，曾巩手中拿着的诗文都掉在了地上。

事情是这样的，欧阳修对于范仲淹被贬一事并没有上书皇帝。他被贬是因为右司谏高若纳在向皇帝上言时，把欧阳修写给他的信中的话给透露出来了。高若纳向皇帝说："范仲淹被贬外任后，臣下不敢妄加营救，只能遵照朝堂中的赦榜办事。如今，欧阳修给臣下写了一封信，上面写道：范仲淹平生刚愎自用，从古到今没有人能与他相比。欧阳修还责骂臣下说，臣下连范仲淹有罪还是无罪都分辨不清，居然还有脸面出入朝廷，接见士大夫，居然还有脸面称自己是谏议大夫，说臣下根本不知道世界上还有令人羞耻的事。他还说道，现在的天子与宰相一起专门贬放朝廷中的贤能之人，斥责我身为谏官却不敢向皇帝进言。"

高若纳讲完后，把欧阳修写给他的信一起呈交给宋仁宗，因此，"帝赫斯怒"。结果，欧阳修也被贬为夷陵县令，这件事更加引起了有识之士的愤慨。

西京留守推官蔡襄为了表达自己对这件事的不满，特意为此撰写了一首诗，题目叫作《四贤一不肖诗》。四贤当然是指范仲淹、余靖、尹洙和欧阳修；不肖是指高若纳。王安石不太了解余靖和尹洙，但范仲淹和欧阳修是他比较熟悉、比较钦佩的人物，并且视他们为自己的榜样。

怀着雄心壮志，准备到地方做一番事业的年轻才子，在这里却得不到朝廷的赏识。于是第二年三月，王安石就请假回到了老家临川。

这时，正好曾巩也在南方任职，住在南丰。王安石在舅舅家住了些日子，然后告别舅舅，到南丰去见曾巩。

两位老朋友见面自然是很高兴的。他们还是赋诗作文，互相称赏，也同样交换了各自的近期作品。

两人见面，自然而然要谈到欧阳修。他们谈到欧阳修的近况，特别是欧阳修的文章。欧阳修这位为人师表、爱护年轻人、提携年轻学者的青年导师，是有口皆碑的。

曾巩说："你的文章越写越好，结构严谨，文字很典雅，且有很深刻的道理寓于其中，这是当代年轻人中不可多得的好文章。我把你的文章寄给欧阳先生看，他很喜欢你作的诗，欧阳先生对你的评价极高。"

王安石说："在当朝，像欧阳先生那样的有才学之人实在是太少了，他是我们年轻人学习的楷模。我一直在孜孜地追求着，从不敢有丝毫松懈。安石一直以孟子之文为模范，才写出这样的文章的。但知道我的人不多，理解我的人更少。欧阳先生太看重我的文章了。"

曾巩说："我与欧阳先生素有交往，他既像老师一样称许我，同时又像老朋友那样对待我。如果有机会你一定要去拜访他，同这样的文学大家交往对你有好处。"

王安石却说："虽然我自认为我的文章写得不错，也很看重自己的文章，但我以为在当朝的大官中，也只有欧阳先生才能这样了解我，除欧阳先生之外，便没有一人能够真正理解我。尽管如此，我还是觉得暂时不见欧阳先生为好，以后肯定有机会，到时再拜见也不为迟。"

王安石还把孙正之的诗文拿给曾巩看。曾巩也很欣赏孙正之的文章，并且，又夸赞了王安石一番。

曾巩说："年纪轻轻，就成了高人雅士，交的朋友都是年轻有为、文笔高超的有志之士。"

王安石说："你还不是如此吗？你不也很喜欢正之的文章吗？"

曾巩又说："如果没有你的介绍，我又哪里知道有个孙正之呢？"

这次见面是王安石跻身仕途后最开心最愉快的一次。在这里，他们尽情地交谈，尽情地吟诵。此时此刻，此景此情，让王安石忘记了在扬州任职期间的一切不顺心，抛掉了所有的不愉快。

此次在临川与朋友相聚，王安石的收获是很大的。在这期间，王安石还认识了文彦博。文彦博也是一位很有文学才华的人，他同样也赞赏王安石的文章，在南丰，两位好友游历了三个多月。此时，官府来信催他回去，王安石不得不离别朋友回扬州了。

就在这时，枢密副使韩琦被罢免外任，出知扬州。

韩琦的到来，给王安石增添了很大信心。他以为，这位在朝廷任职多年，又亲自率军打过仗的宰相，应该比前任知府更开明更有作为一些。王安石心里非常高兴，以前的雄心壮志又涌上了心头。他决定就在这里实现自己的一些理想，干成一两件大家称赞的事，给韩琦这位知府大人留下好印象。他申请到地方任职，这样做也是为今后自己的仕途打下良好的基础。

一天，韩琦对王安石说："我听别人说过，你的文章写得非常好。我希望你多学习，勤于政事，年轻人最忌懒惰，我想你是不会让我失望的。"

但是，王安石不仅没有被赏识，反而被误解，给这位知府大人留下了不好的印象。

一年三百六十五天，王安石都是午夜耽读，半夜才躺下，不觉天晓，起床时脸都来不及洗，便匆匆上衙门，一副蓬首垢面的模样，给人一种不好的印象。这天，恰巧被严肃的韩琦看到眼里，这位宰相知府铁青着脸，非常不高兴地盯了他很久。

王安石正要与韩琦擦身而过时，韩知府把他叫住。

"介甫……"

"大人！"

"你今年多大了？"

"二十三，大人。"

"哦！还年轻得很啦！不要只贪图逸乐，荒废书本，误了自己的前程。"

王安石明白，韩琦是误会了，但他却没有争辩。

韩琦是王安石敬佩的宰相之一，他若误解的是公事，王安石会据理力争，但他误解的显然是自己的形貌品行。王安石认为，眼下虽被误解，终有一天误会会消除的。水清见鱼，如果加以辩白反而有沽名钓誉之嫌。于是王安石沉默以对，不知是韩琦以为王安石默认了自己荒唐的行为，而引起韩琦的反感，还是这位涉世较深的宰相知府另有所图，总之，从此以后很少分案给他办。不过王安石也不争取，顺其自然。这样一来，王安石反而有更多的时间到农村去考察民情和坐在房中静静读书。

后来他经常到农村去，对农村的情况做了进一步的察看和了解。有时很晚才回家，吃过晚饭后，不是看书写文章，就是在那里冥思苦想。有时他夫人埋怨他，十年寒窗，辛辛苦苦，本来可以歇歇气，但还是没完没了地读呀写呀。

这天，王安石有了些想法。第二天一大早，他就来找韩琦。

一见面，韩琦就问："年轻人，初次为官的滋味，自己感觉怎么样？"

王安石说："晚生初次为官，虽读过点书，但没有什么实际经验，还望知府大人不吝赐教。"

"你还年轻，凡事要慢慢来，别太着急，欲速则不达嘛。"韩琦说。

王安石说："我今天来拜见知府大人，有些自己的想法，想与大人谈谈，不知可否？"

韩琦说："你有什么想法，请尽管说来，不必拘礼。"

"我是想把在乡村的所见所闻向大人讲讲。"王安石说。

韩琦说："那就直言吧。"

王安石说："现在，秋收即将结束了，农民很快就要进入农闲季节，官府可以组织农民办两件事。"

"年轻人就得这样，多动脑筋，为官府和民众做点事。到底是两件什么事呢？"韩琦问道。

王安石说："第一，这一带山比较多，有很多的树木可以砍伐，我们可以组织年轻力壮的农民到山上去砍树。"

韩琦听到这句话，感到很吃惊，这个年轻的书生怎么会有如此想法。于是问道："百姓们辛辛苦苦劳作了一年，应该让他们趁农闲时好好休息一下，你却又要他们去干这种苦力活。你怎么会有这种想法呢？不过，你继续讲下去，我还是想听听你的想法。"

王安石说："大人所说确实有道理，休养生息是'清明时代'的重要政策。农民正想清闲一下，又让他们上山伐木，的确得不到很好的休息。但我又想，这可以增加百姓的收入。现在把木材砍卜来，存放到河边上，等到第二年的雨季一到，河水暴涨时，就可以把木材顺着河流从山上运到平原地带。这既充分利用了农民的闲暇时间，又可以增加农民的收入。这里的农民并不富裕；另一方面，这样做官府也可以增加一定的收入，我以为这是两全其美的事。"

韩琦说："这可以说是两全其美的事。你是有知识的人，你是否想过，汉代文景之时，唐代兴盛之秋，它们所以兴盛的原因，就在于能够让百姓好好地休息。农民农闲自有他们农闲时候的事情，并非是蹲在家里玩。你这两全其美的事却有一大不美，这不美是主要的，而那两全其美则是次要的。"

听到知府大人这番话，王安石心里想，受朝廷之命，为百姓之官而不为百姓办事，这究竟受的是什么命，为的是什么官？但他又不好直接顶撞韩琦。

韩琦又问："你的第二个想法呢？"

王安石说："这些日子，我到乡村去转了转，发现有许多农田，都被今年春夏的大雨给冲坏了，而被冲坏的根本原因，是由于河道没有修好。河道被冲垮之后，为了应急，匆忙地修补了一下，而不能从根本上解决问题。每到春夏来临，就又会像过去那样被冲垮。这样，每年农民依然要经受灾难。我想，官府是否动员农民，趁农闲时节，对那些主要河道进行比较彻底的修理。"

"南方多雨，北方干旱，这是天道所为，每年都会发生。你是南方人，应该知道这里的情况每年都如此。每年秋收过后，都是要进行整治的。"韩琦说。

韩琦虽是一位比较保守的官僚，但他却是可怜农民的。王安石刚刚上任，对这里的情况知道甚少，可能不太了解。或许是因为王安石确实想有一番作为。作为一个有理想和远大志向的年轻人，这样做也是完全可以理解的。

韩琦对王安石说："秋收以后，还是让农民喘口气，多休息一下吧！他们自己知道该做什么。你还年轻，为民办事以后会有机会的。年轻人，要好好读书啊。"

王安石后来经常向韩琦请求，自己想做一些具体的事，韩琦依然是不同意。

韩琦说："你文学功底很好，有时间就多读点书。府中有事，我认为合适的，会让你去办的。让你做的你就尽力去做好。"

从那之后，王安石真有点"两耳不闻窗外事，一心只读圣贤书"了。

一心安分守己只读圣贤书的生活，确实使王安石增加了不少知识和学问。

尽管如此，他依然固执地认为，自己肯定能把事情干好。由于办事急躁的性格和年轻气盛的脾气，致使王安石不乐意在他人的影子下，一步一个脚印地向前走。他渴望离开这里。

机会终于来了。

王安石二十五岁那年，他被派往京师任太平理事。

在京师，王安石生活得比在扬州时愉快多了。御史王回和王向此时也在京城，他们也是小有名气的年轻文人。三人见面一见如故。王安石认为，他们两人的文章也很典雅古朴，很得古圣贤君子之道。王安石给曾巩一连写了三四封信称赞他们的文章。

不久，曾巩也来到了京师。王安石向他很真诚地推荐自己新认识的朋友，并问曾巩是否愿意与他们相见。

曾巩十分爽快地答应了他，王回和王向也非常高兴。

他们选定了一个风和日丽的日子，在一个环境非常优雅的公园里会面。对王安石而言，这是他做官以来，与朋友们的第一次最大的聚会，实在是太难得了，而且聚会的地点又是在京城。

四位都非常守约，按时到达约定的地点。照例，他们首先互相介绍一番，然后又交换了各自的大作。

这几个才气横溢的年轻文人，在石板凳上坐下来。他们各自把笔墨摆在面前的石桌上，准备来一次放情吟唱和狂笔书写。

文人相见肯定是要进行笔会的，笔会既可以显示各自的才气，也能表达自己的情感和意向，这四个年轻的才子自然要赋诗答对，各自抒发一下自己的情怀。

令人遗憾的是，他们这次的京师聚会，又没有见到他们的文坛领袖欧阳修。此时的欧阳修正在河北转运按察使任上。曾巩希望王安石能见欧阳修一面。

欧阳修因开封知府杨日严诬蔑而获罪，很快又被贬为知滁州事。

这四位年轻的文人京师聚会，没有见到文坛领袖欧阳修，心里很不愉快。又逢小人诬蔑自己心目中的偶像，他们十分气愤，甚至也用街头俚语大骂了一通，以解自己一时的不平。

曾巩不久又到南方去了，他路过滁州见到了欧阳修，在他那里住了二十多天。

他告诉欧阳修说："我在京师，见到了王安石，还有王安石新交的两位文友。我们几个在京城举行了一次很有意思的笔会，赋诗作文，十分热闹。如果欧阳先生也能够参加，那就更有兴致了。我们还相互交换了一些文章。我把王安石的文章给我的一些有文才的朋友看，他们都夸王安石的文章写得好，行文古朴、典雅，很有韵味，也很有孟子风格。他这个人性格内向，对自己要求很高，常常以孟子、韩愈的文章为榜样。王安石早年在科举考试中取得了第四名的好成绩，而且有远大的理想，很想有一番大的作为，但现在知道他的人还不多。我很想把他介绍给别人。我以为像他这样的人，可以说是很难得。现在的文坛，像他这种人才很少。这次，他托我带了些诗文稿子给您，请您给指点一下。"

曾巩说着便把王安石的文章递给欧阳修看。接着，他又把王回和王向的文章推荐给欧阳修。

欧阳修看过王安石的文章后，对曾巩说："实在太难得了，二十多岁的年轻人竟能写出这么好的文章，有些文章我反复读了好多遍。看了他的文章我感到很惊讶，令我赞叹不已。在当今，还没有多少人能写出像这样的文章。这样的文章古代有，但那些文章虽写得好，但往往缺少一种气概在里边，气不足刚不足以动人，而安石的文章，我感觉有一种凛凛之气于行文之中。像这样的文章肯定能在文坛产生影响，否则我才感到奇怪呢。"

曾巩说："我介绍他去拜见一些人，他都不肯去。他曾对我说，他写的文章只有欧阳先生您能够看出其中的利弊。"

"王安石写的文章，充满气势和骨气，但还有点拘谨，如果气魄能够再宏大一些就更完美了。而另一方面，杜撰也多了一些，尚有摹仿前人的痕迹。"欧阳修说。

欧阳修接着说："孟子、韩愈的文章虽然很高超，但我们写文章没有必要与他们的相似，应该有自己的特点，有自己的风格，有自己的个性，文章要自然。文章的风格如果能达到自然而然的程度，便是高境界的文章了。王回和王向他们二位的文章也写得很好，我看这两位也是很有出息很有前途的学者。"

曾巩说："王安石在政事上也想有一番作为，但这几年很不顺心。在任职扬州时就很有想法，但得不到上司的重视。"

欧阳修说："我可以写封信推荐一下，让他在京师任职。他现在还在京师吗？"

曾巩说："他现在在京师任太平理事，但他还是想到地方去，干一些于上于下都有利的事。"

欧阳修说："年轻的时候在基层任职几年挺不错，可以积累一些经验。这是当代很难得的人才。有机会，我很想见他一面，与他交谈交谈。"

王安石后来到南方任职，虽然不十分愿意和人交往，但他的名气在文坛政界不断地扩大，与他这位知心朋友的大力荐举有很大关系。在当时，如果谁的文章能够得到欧阳修的肯定与赞赏，那是很了不起的。也正是在欧阳修的推荐下，使得王安石的名气越来越大了。

如今，王安石任期已满，朝廷下令允许他提交文章，参加朝廷组织馆职的考试。与他一块中举的人都参加了这次考试，就王安石没有参加这次考试。本来，依他的文学功底，应付这样的考试是轻而易举的。也许是因为他太高傲自负，瞧不起这种考试；或许是由于孔老夫子的那句"父母在，不远游"，而不愿远离家门；或者是真心实意地要到基层去工作，为自己以后仕途的发展开辟道路。

其实，王安石有自己的想法，他不想在别人的面前炫耀自己。他想有一块能够独立行使自己权力的势力范围，有这么一块天地，就可以实现自己的一些想法，就能够做出成绩来，也能够在人们面前显示一下自己的才华，进而能够得到重用，实现自己的远大理想。他说，因为家里经济贫困，上有母亲，下有兄弟要他照顾，更重要的是怕考上要在京师工作三年，害怕三年的时间又会像流水一样流走，结果仍然是无所作为。因此，自己下定了决心，而放弃考试。

在京师，王安石写有两首诗：

> 北风阁雨去不下，惊沙苍茫乱昏晓。
> 传闻城外八九里，雹大如拳死飞鸟。

> 浮云离披久不合，太阳独行乾万里。
> 谁令昨夜雨滂沱，北风萧萧寒到骨。

在诗中，不仅写明了当时的天气，而其中也反映了当时的政治形势。

从登上仕途到现在，不知不觉已经快五年了，王安石觉得在这五年中根本没有做出使自己满意的事，当然，自己的才华也没有显现出来。如今他又要到南方任职去了。

这真是青春有志苦难酬。此时的王安石对前程一片茫然，到新的地方又会怎么样呢？

二、鄞县新政

庆历七年（1047年），王安石改任鄞县的知县，在任将近三年光景。

此时的大宋帝国面临着严重灾难，老百姓生活在水深火热之中，整个朝廷上下已到了措手不及的程度，这也是有史以来少见的。

1046年2月10日，登州发生强烈地震。从此地震不断发生，每当地震之时，仿佛整个神州大地都被震撼。

同年5月，全国普遍遭到冰雹的袭击，在此前后雄州、霸州、沧州等地也连续发生地震，波及荆州、湖州等周围数千余里。这些地区山崩地裂，房屋倒塌，庄稼被毁，百姓死伤无数，以至于民众流离失所，无家可归。

到了这年冬天，全国又是一片大旱，滴雨不见，河流干枯见底。

直到第二年春天，仍然滴雨不下。正值春耕生产之时，朝廷拜天，百姓哭雨，天公还是没有被感动，仍在天空点起熊熊烈火，好像要把整个地球烧毁一样。

3月，宋仁宗不得不取消例行多年的朝廷大宴，同时又颁诏天下，命令朝廷内外的官员上书直言其过。

皇帝下诏说："从去年冬天到现在，全国各地干旱不已，百姓不能进行耕种。自从灾害发生以来，我就有一种强烈的预感，是不是因为我的愚钝木讷而遭致上天的怨怒，上天示威在征罚我。百姓怨声载道，这是我的过错，不是老百姓的过错。上天啊，与其把灾难降临在老百姓的头上，还不如把灾难降在我自己的身上，请上天把灾祸转移到我的头上吧！从今日起，我将离开正殿，减少日常费用，请朝廷内外的僚臣，指出我的过错，提出解决目前困难的办法，逐条列出并密封上奏。"

与此同时，在浙江鄞县的小小县府的县衙里，身着官服的王安石正坐在官府厅堂上，身体在不停地晃动着，挥舞着手臂，口中发出宏亮的声音：

"现在我们的国家之所以穷困到如此地步，百姓无法生活下去，并不仅仅是因为国家财政支出没有节制，更重要的是因为没有采取更有利的强国富民的生财之道。如果百姓富裕了，整个国家才能富裕起来，整个国家富裕起来之后，才能救济整个天下。要使整个天下富裕起来，财富究竟从何处而来呢？诸位要好好思考一下。"

王安石停了一会儿，喘了口气接着说："财富不可能从天上掉下来的，财富更不是变卖家产而来的，现在理财的人，闭门而食，坐吃山空。打个比喻来说，就好像做父亲的，不为自己的儿女们置办产业，而是把自己的子女当作自己的产业，等到终于有一天把家里的东西吃完了，再也没有什么吃的了，怎么办呢？最后就只有把自己的子女卖掉，那么，这种方法即使人们富裕了，又能富裕多久呢？把卖子女得来的东西吃完了，那又要吃什么呢？这种理财的方式是多么愚蠢和无可救药啊！

"近世以来，虽有许多善于为国家理财的人，但他们的方式并不是什么根本之计，仅仅靠节约家财来解决问题。他们不是观天地而言财，也不是察天下百姓而论财，而是闭门言财，关门治家，如此这般，最终能解决问题吗？不可能！最终还是会坐吃山空的。我以为，我们应该向天地这个最为广阔的地方要财富，天地才是既生我们又养育我们的最大财库，只有它才能向我们提供取之不尽，用之不绝的财富！"

感人肺腑的话继续穿耳而来，新上任的政府官员心里总是有三把火，既可以燃烧自己，也可以燃烧别人。

官员们在静静地听着这位新任县府大人铿锵有力的宏论和鄞县的治理方略，无不为这位知县的话语所震撼。有些官员从未听过这样的话，竟然感动地流出了眼泪。也有些官吏对王安石的这些话很不以为然，认为话谁都会讲，但就看你怎么做，说起来容易，做起来难啊！

"如今，全国各地都在遭受着前所未有的饥馑，百姓到了无法生存的地步，卖儿卖女，到处流离失所。我们这些朝廷命臣，身为百姓的父母官，能置百姓的生死而不顾吗？现在的鄞县，既是我们的祖先世世代代生存过的地方，也是我们的乡亲赖以生存下去的地方。鄞县也同样处在干旱之中，河水已经断流，百姓无法进行春耕生产。我们必须想办法使这里的百姓继续生存下去，让他们富裕起来。我将以身作则，有言必行。皇上还为此焦虑不安，难道我们能够充耳不闻，熟视无睹吗？如此，我们对得起皇上，对得起我们的老百姓吗？"

各位官员正在纷纷议论的时候，差官送来朝廷诏书。这是仁宗皇帝请求臣子直言上书以解决目前困境的诏书。这是一份不多得的言辞恳切的诏书。

王安石读了仁宗皇帝的诏书后更是感慨万千。回到家里，便来到书房也随着他进来。王安石用手摸了一下孩子的头，来到他的书案前，诗兴大发，展纸研墨，挥笔作书，赋诗一首：

> 去秋东出汴河梁，已见中州旱势强。
> 日射地穿千里赤，风吹沙度满城黄。
> 近闻帝诏收群策，颇说新年又亢阳。
> 贱术纵工难自献，心忧天下独君王。

在这首诗里，凝聚着王安石对当时举国上下的所有的忧虑，也表达着他对当今的执政者的不满态度，睥睨一切的志向在这里表露无遗，治世的青春英雄气概直指天下。

王安石放下毛笔，又来到窗前，望着外面的蓝天大地，仿佛又看到了自己到鄞县任职那天，在路上遇到一群群逃难的孩子妇女的情景。

当时，王安石正携夫人和孩子乘马车走在去鄞县的路上。鄞县即今天的浙江宁波。他们的马车摇摇晃晃，毫无生气地行走在路上。

在这条尘土飞扬、坑坑洼洼的路上，行走着三五成群的人，他们个个愁眉苦脸、面黄肌瘦，身上的衣服破烂不堪，肩上或背着孩子或背着破布包包，一步一颠地映入王安石眼帘。

马车突然停了下来。王夫人睁开迷迷糊糊的眼睛，孩子发出尖锐的哭声。

王夫人责备车夫："怎么啦？马车走得好好的，为什么停下来？"

车夫边道歉边抱怨地说："夫人，实在对不起。路上的行人也不看道，他们走到大路中间，差点没跟他们撞上，轧死了可就麻烦了。"

王安石说："车夫停下来一会儿，我下去看看。"

他下去一看，竟是一群带着孩子的妇女，她们全都跪在马车的前面。

她们哀求说："大人，我们没法活了，救救我们吧。"

有一个妇女，一手抱着骨瘦如柴的孩子，一手拉着王安石，说道："我们家的孩子都快要饿死了，就剩下这么一个了，再没有吃的话，这个也快要死了，大人，救救我们吧。"

"赶快都起来吧，赶快都起来吧。这是天灾啊！"说着王安石又回到马车旁。

她们又一窝蜂似的拥向王安石。

"大人，您别走啊，大人，别走。"她们用微弱和沙哑的声音喊道。

王安石站在马车旁，对夫人说："帮我拿些钱给他们，这些人太可怜了。"

王安石给了她们每个人十缗钱。

"谢谢大人救命之恩，谢谢大人救命之恩。"她们跪在地上连连说道。

马车继续在尘土中摇晃着向前走去。阳光依旧炙烤着大地。

王安石边回想着刚才看到的惨景，边在心里默默地想着，"是啊，现在正是青黄不接的季节，当务之急是解决百姓们的饥荒问题，使他们渡过难关。否则，就枉为百姓们的父母官。"

这天，王安石早早地来到官府，召集幕僚，商讨解决办法。

这是一个十分不好解决的问题。他问幕僚有没有什么好的办法，幕僚们摇着头说历来就没有什么办法。王安石也深知这一点，嘴上说为百姓的官僚历来很多，而真正为老百姓办实事的却不多。

王安石说他有一个办法，那就是把官府的粮食借给农民，让农民们秋收后再还给官府。

这种做法遭到几乎所有的幕僚的反对。他们认为，这是万万使不得的。秋天农民所收的粮食不会太多，交了公粮以后，便不可能有余粮还官府的债，官府就等于把粮食白白地送给农民。

王安石着实要考虑考虑。这确实是个严峻的问题。但更让王安石痛心的是眼看着就要得到的粮食，将因百姓无力顾及而被荒废。官府假设能解决这个困难，让农民抓紧时间，秋天就可打更多的粮食。农民把多打的粮食作为利息交给官府，也可以增加官府的收入，这可以说是两全其美的事情。

王安石把他的想法告诉部下。但他们还是不同意，并且说，农民也不愿意借官府的粮食，他们害怕到秋后还不起官府的债而受到严厉的惩罚。

县衙的官吏从没有见过这样的长官，他们害怕了，县太爷不好得罪啊！否则，饭碗就没了。于是他们同意在郊区试行王安石的办法。王安石也深知不好太得罪部下，不然的话，自己的工作也无法开展。

考虑成熟后的决定，就一定要办，这是王安石的一贯作风，哪怕是遭致失败。

王安石开始强制郊区的贫困农民向官府借贷粮食。

情况确如官吏们所言，郊区的农民不愿向官府借粮食。听说还要一定的利息，就更把他们吓坏了。

有些人不愿意借官府的粮食，哭哭啼啼地跑到官府来辩白，王安石下令官吏将他们每个人打五十大板，这些人再也不敢哭诉了。

郊区的农民和官府的许多人都私下议论和骂王安石为官不仁。王安石对这种事却保持沉默，不闻不问。他相信这种做法是正确的，相信他的属下和老百姓到时会感激自己的。他知道，人世间的事情就是这样怪，许诺常常是空洞无用的，而结果却常常可以叫人目瞪口呆，得到意想不到的效果。

王安石忙碌了一天，很晚才拖着疲倦的身体回到家。他对夫人说："你看，我这一招不是见成效了吗?"

夫人笑而不答。停了好大一会，夫人半带嘲笑地说："您那一招很有效果，您知道吗? 实现了您的想法，也带来了不少的咒骂。"

"今且不言，以观后效。"王安石说。

王安石心中盘算着，如果郊区实行的办法有效，他将把这个办法推广到全县。他决定到乡村去进行一番考察。

县太爷亲自到下面去做调查研究，看到有些实在有困难的百姓，就把他们的名字记下来，让他们少交一些粮食。到最后再计算一下，看究竟欠多少。粮食收上来了，确实没有完成官府下达给的任务。有些大户人家，本来应该多交的，也不愿意多交。王安石发现这些人最令人头疼。

下属们都埋怨王安石，说从没有见过像他这么干事的。王安石采取了一个措施，请那些大户人家到县府来，对他们做了一番工作，晓之以理。最初那些人不愿意，后来终于同意再额外多交一些，把上面下达的指标完成了。幕僚们都非常佩服他。

郊区的实验成功了，这让王安石十分欣慰。贫困农民借了官府的粮食，有了粮食，他们便可以不再到处去借高利贷，或者到外地去要饭了。这样也就不会耽误农时，粮食果然增产了。秋收后，粮食很快就收上来了。借贷官府的粮食要多交的利息，他们也没有怨言地按时上交了。大多数人都称赞这个办法很好。

王安石此时甚是高兴，他对属下说："当初，你们都不同意我的办法，现在你们知道了，完成上交任务最好最快的是郊区。我看这个办法可以在全县范围内推广。"

"以前谁也没有这样做过，怕得不到好效果。如今，我们明白了大人推行的办法是可行的。"有人回答说。

正在此时，外面有人进来。

"报告大人，外面有人要求见大人。"来人喘着气说。

"是什么人？"王安石问。

"是几个农民，他们背着布包，非要进来，他们说见不到大人就不离开这里。"那人说。

"这些无赖之民，秋收刚刚结束，就到这里来闹饥荒了，快把他们赶走。"有个官吏说。

"是。"那人应声便走。

王安石说："慢，让他们进来，问问他们想干什么？"

几个人扛着大布包大汗淋漓地进来了。王安石一见，原来是那几个当初不愿向官府借粮食的老百姓。

他们进来后，把大布包往地上一放，就跪在堂前。

"又是你们。你们干什么！"一个官吏怒吼着说。

"我们是来谢王大人的。我们是拿着粮食来谢你们的，是你们救了我们，上次如果你们不打我们，我们今年的收成就会与往年一样，到时候又没有粮食吃，如今，我们多收了粮食，就应该感谢大人啊！"他们说。

王安石说："快起来，把粮食背回家去。回家后好好务农，回去吧。"

这天，他刚进家门还没有进屋，就对家人说："今天，给我多炒几个菜。"

夫人说："您今天怎么这么高兴？有什么喜事？"

"我今天要多喝它几杯，我惹的骂名，现在变成了好名。百姓都背着粮食来官府谢我了。"王安石非常高兴地说。

平时喝酒很有节制的王安石，那天喝了个痛快。

王安石不仅仅了解了百姓借粮的状况，而且，他对整个鄞县所有的水利灌溉工程也进行了勘查。他了解到：

> 鄞之地邑，跨负江海，水有所去，故人无水忧。而深山长谷之水四面而出，沟渠浍川十百相通。长老言：钱氏时，置营田吏卒，岁浚治之。人无旱忧，恃以丰足。营田之废，六七十年，吏者因循，而民力不能自并，向之渠川稍稍浅塞，山谷之水转以入海而无所潴。幸而雨降时至，田犹不

足于水；方夏历旬不雨，则众川之涸可立而须。故今之邑民最独畏旱，而旱辄连年，是皆人力不至，而非岁之咎也。

于是他决定"乘人之有余，及其暇时，大浚治川渠，使水有所潴，可以无不足水之患"。

王安石的这一措施很快就得到了乡亲们的响应。秋收刚过，各家出人出力，由地方政府统一组织人马筑江坝，疏理河道。兴修水利的热潮在鄞县轰轰烈烈地展开了。

这位年轻的县太爷派人到各地视察，了解情况，他每两天集中处理一次政事，还常常亲自到各地去视察，既检查他的手下是否认真做事，又可以了解百姓的实际情况。

王安石在鄞县还不到一年，就使这里的面貌发生大的变化。一些官僚的恶习得到了纠正，有效地治理了失修多年的河道，重新修建了垮掉多年的堤坝。尤其是他实行的青苗法也取得了很好的效果。他决定，明年将这种办法在鄞县全面推行。

…………

转瞬间，王安石在鄞县任期已满。他在鄞县任职的三年时间里，给本地的老百姓们带来了许许多多的益处。当全国的大部分地方在发生旱灾、水灾的时候，鄞县已基本上没有这种情况了。在许多地方的孩子得不到教育的时候，这里的许多孩子都能够高高兴兴地上学。全国许多地方的农民都在挨饿受冻时，这里的老百姓则可以顺利渡过难关。

如今，王安石马上就要离开这里，离开这里的老百姓了。老百姓知道后，都纷纷自发来到县衙，请求他继续留在这里。

王安石从鄞县离任的那一天，县衙门口锣鼓喧天，数不清的老百姓都来为他送行，有提着篮子的，有拿着布包的，带着自己家最珍贵的东西来给王安石送行。

王安石在鄞县立下的功劳为历代的人们所传颂，后来，鄞县的老百姓专门为他建了寺庙进行祭祀，一直延续了六七百年。

官吏们和老百姓带着微笑目送着自己可亲可敬的父母官，有的跟着他的车马走了好远好远。他们都在心里默默地祈祷，祝福王安石一路顺风。

三、幼女夭折

可是，对于王安石来说，在这期间，他个人的生活却很不幸，对他最大的打击，莫过于自己才出生仅仅一年零两个月的女儿夭折了。

一天，王安石正行在田间小路上，看到农民们在田间地头锄草施肥，稻香随着夏风吹来。他想，这吹来的不仅是农民的喜悦，而且也是自己的喜悦，这种喜悦是发自内心的。

看到这种繁忙景象，王安石在田间小路上流连忘返。他走了不知多少个村庄，已经傍晚时分了，他还在郊外的田边了解情况。

当他正在仔细观看一块田地的青苗时，突然听到有人在叫他："大人，不好了，夫人让您快回去。"

王安石一看是家仆，他急忙跑上去问："究竟怎么回事？发生了什么事？"

"您快回家吧。夫人急坏了。"家仆说。

王安石刚跑到家门口，便听到了夫人和儿子的哭声。他立即冲进屋来，奔他夫人而去。

王安石上气不接下气地问："夫人，夫人，出什么事了？"

"咱们的女儿，她，她不行了。"夫人泣不成声地说，"大夫，求求您救救她。"

"大人，恐，恐怕……"大夫说。

"恐，恐，还恐什么呀？你快帮我治好她。"王安石对大夫说。

大夫急得一身冷汗，手在不停地颤抖。王安石站在一旁束手无策，他夫人绝望无助地抱着脸色苍白的女儿。大夫明知道已经不行了，但他还是尽着最大的努力。

最后，他出生才十四个月的女儿还是离他们而去了。

一连几天，王安石一直待在家里，苦思冥想，就连县衙里的官吏来报告政事，也都被他呵斥回去。

在一个月色依稀的夜晚，王安石自己雇了一叶小舟，载着女儿的尸体，来到崇法院的西北地，找了一块地埋葬了女儿。

女儿再小，毕竟也是一个生命，她既然来到这个世上，就有在这个世界上活下去的权利。自己能治理好一县，而无能力救活自己的女儿，一想到这里，王安石就更加悲伤了，他禁不住痛哭流涕，悲痛欲绝。

> 行年三十已衰翁，满眼忧伤只自攻。
> 今夜扁舟来诀汝，死生从此各西东。

喜悦总是伴随着忧伤，欢聚时常相随着离散。这是谁也无法避免的，更何况是有远大抱负的王安石呢？此时此刻的王安石，只有用诗，才能表达自己心中难言的悲情。

第三章　宦游各地

王安石鄞县任职期满后，带着妻子和儿子回到了家乡临川，与母亲和兄弟们在一起，尽情地享受着天伦之乐。

回到家乡，王安石大多数时间都是与乡人在一起，拉拉家常，叙叙旧情，再次看到家乡熟悉的山山水水，在和亲人朋友的叙谈中，在熟悉的家乡田野里，忘却了为官时的疲倦。有时他会给他们讲述自己在鄞县做官的事情。在别人的夸奖中，他也得到一种成就感。对有治世之志和颇富人伦情感的王安石来说，这是一件非常快乐的事。但一想起在鄞县的日日夜夜，王安石又十分眷恋起鄞县。与家人在一起，他又舍不得离开生养自己的家乡。

此刻，王安石一想到马上又要到京师去，入世和归乡的诗意再一次涌上他的心头。王安石登上城楼俯视江水，仰望流云而慨叹人生：

越山长青水长白，越人长家山水国。
可怜客子无定宅，一梦三年今复北。
浮云缥缈抱城楼，东望不见空回头。
人间未有归根处，早晚重来此地游。

一、淡泊舒州

王安石来到京师以后，只是静静地待在京师而已。他的生活很单调，每天除了看书作文外，闲暇时就看看京城的风景，或者到茶馆喝杯茶。不像有些文人学士，或多或少有点风流韵事。对于京城中花枝招展的青楼名妓，他一点也不感兴趣。

本来，王安石可以向皇帝陈述自己这些年来的政绩。况且自己在进士考试中名列前茅，按照常规，进士及第后到地方任职一届，期满后便可来京师参加朝廷举行的馆职考试，在朝廷里获得更好的职位。但他拒绝了这种考试。

从他考中进士到现在，算起来前后有八年的时间了，已经在地方任职两届。无论他的文章才能，还是他的政绩，从哪一方面都要比当时的不少人高出许多。按理说，他完全可以向朝廷要官，但他没有。

人们无法猜透王安石的心思。他似乎与宋代的大多数知识分子不一样。许多知识分子都很看重自己的政绩，都很注重别人对自己政绩的看法和评价。他们在一个地方任期一到，便急急忙忙向朝廷要臣表白自己的政绩，期待早日求得高官要职，领取更丰厚的俸禄。可能是受了父亲多年任职却始终没有得到多大升迁的影响，王安石在年轻之时，就已经厌倦了仕途生活；也可能是他善于口言治国平天下，而内心却又存有一种淡泊以明志的心理。但仅仅从某一个侧面来看，都不可能理解王安石的内心世界。

他在京城待命之时，朝廷暂时任命他为殿中丞。在当时，这是一个非常清闲而又没有多少权力的职务。王安石对这个职务很不满意，但倔强的性格，使他不会发泄对这一职务的不满。王安石想不明白，也不理解，像他这样的人才在大宋朝廷也并不多，难道就给他这样一个无足轻重的闲差事？

王安石向朝廷上书请求到南方任职。皇祐三年（1051年），他再次被任命为舒州通判，舒州即今天的安徽潜山县。这是个副职，到这里要与知州共理政事，自己对任何事都没有直接裁决的权力。

在舒州，他再一次意识到，权力对于一个官员来说是多么重要，如果没有权力，便意味着自己的政治主张不可能实现。在鄞县实行过的那一套，他也很想在舒州再实行一次，但他知道，自己手中没有权力，要实行他的想法是不可能的。

他经常问自己，现在的官吏为什么都善于苟且偷生，在一州不为一州，在一县不为一县。古人都知道制天命而用之，而现在的人却一切都顺应天命，不能有所作为，丰年是天命，灾年也是天命。这是为什么？

王安石在舒州空有一腔热血，徒有一番远大理想，却无法发挥他的才能。在这里王安石常感到无能为力，面对旱灾给老百姓带来的困苦，他只能空做感叹，只能表达自己的悲悯情感；面对厚颜无耻、搜刮民财的贪官，也只能空叹自己无能为力。对这一切，此时的王安石也只能在诗中独自叹息。

行看野气来方勇，卧听秋声落竟铿。

淅沥未生罗豆水，苍茫空失皖公山。

火耕又见无遗种，肉食何妨有厚颜。

巫祝万端曾不救，只疑天赐雨工闲。

1. 兄弟出游

王安石待在家里感到很孤独，很无聊。

在这期间，唯一使王安石感到快乐的，是弟弟安国的到来。王安国为了使哥哥从孤独、苦闷中解脱出来，改变一下心情，建议哥哥出去走一走。

王安国对哥哥说："我们出去走走吧！"

王安石说："去哪儿呢？"

"太湖的景色不是很美丽吗？我们可以到太湖去看看，怎么样？"安国说。

王安石表示同意，他说："你不是没有到过怀宁县的石牛洞吗？那里可是个好地方，我们先到石牛洞，然后再去太湖，你看怎么样？"

安国欣然答应下来。

怀宁有很著名的乾元寺，还有深不可测的石牛洞，这些都是当地的名胜。他们来到后就住在寺庙里，和寺庙里的道士一起吃饭、聊天，暂时忘记了人世间的种种烦恼，别有一番乐趣。

第二天一早，兄弟俩便与道士文锐同游石牛洞。安国和文锐打着火把，王安石走在中间，文锐一边走一边向他们介绍着洞内的情况。

洞里清幽幽的，滴水叮叮作响。走累了，他们就找一处比较干的地方坐下，三人有点傻气地呆坐在那里听洞中的潺潺流水声。他们看到洞壁上有唐人李翱的题字，王安石便也想在李翱的题字后面写首诗，但因没有带笔墨而作罢。这天，他们没有走到洞的尽头。次日，他们又重游了一次。返回的时候，三个人仍然流连忘返，恋恋不舍。王安石便在李翱的题字后面，刻写了一首诗：

> 水泠泠而北出，山靡靡而旁围。
> 欲穷源而不得，竟怅望以空归。

王安石在洞壁上刻一个字，弟弟和文锐就随着念一个字。刻完这首诗后，王安石把整首诗又吟诵了一遍。

文锐和弟弟都夸这首诗作得太好了。

文锐说："先生这诗雅如先秦人语，颇具六艺群书的风味。"

安国说："大哥只要能从政事中解脱出来，纵情山水，总能写出清爽、如出自然的文字。这诗肯定能像经学典策那样流传下去。"

王安石说："我自己也觉得此诗尤具天然气象。若说能与古人典策具传，则过奖了。"

文锐说："像先生这样有文才的人，怎么不在朝中任职，而在如此偏远的地方就职？"

"在山水之中却言朝政之事，大师不觉得大煞风景吗？如果在朝中就职，今日又怎能有机会同道长同游自然山川呢？"王安石说。

说完，三人大笑，但王安石却笑得很不自然。

游罢石牛洞，他们又来到了碧波荡漾的太湖畔。

漫步于太湖岸边，摇舟于太湖水中，陶醉于湖光山色和蓝天白云中，兄弟赋诗唱和，自然是其乐融融，美不胜收。

弟弟问王安石道："大哥，难道你真的愿意流连于这湖光山色之中吗？你平时喜欢谈论古人治世之道，文才斐然于世，况且又有多年的从政经验，现在正是发挥你的才能的时候。"

"寒窗苦读数年，谁没有几分雄心壮志呢？有时，我也在想，年富力强的时候，应该对皇上和国家有所作为。先父在世时经常教育我们说，一个人必须要有周公孔孟那种治世济民的志向。但是，现在朝廷中那些迂腐至极的大臣，死守祖宗之成法，苟且偷生，我们又有什么办法呢？"王安石说。

本来，像王安石这样德才兼备的人，正当年轻有为之时，应该让他们在朝廷担任重要职务。可是朝廷的这种官僚格局，使他们根本无法跻身于中央权力机构中。还好有这一批年轻的知识分子，他们一方面学识渊博，富有治世济民的雄心壮志，另一方面有一种淡泊以明志的思想情绪。他们坚信是金子总要发光的，只是时机不成熟罢了。

以前，王安石一直随父亲流浪，后来，自己长期在地方任小官，上有年迈的祖母、母亲和兄长，下有弟妹，生活负担沉重。现在王安石的家境更不理想，他的祖母和长兄王安仁相继去世，十几口人的生活重担全落在他自己身上，日子就变得更加艰难了。

不久，另一个哥哥和一个嫂子也去世了。这段日子，简直把王安石弄得疲惫不堪，不知所措。正值年轻有为的时候，不能实现自己的从政理想，而立之年刚过却又为家中琐事烦扰。

这期间，王安石的心情非常郁闷，只有同众朋友和兄弟们在一起游山玩水时，自己才能够舒展一下，但内心深处依然是一颗沉重的心。

一天，他与好友王回、弟弟安国和安上一同游览了褒禅山。王安石与王回都想尽兴而游，向洞的纵深继续行进，而他的弟弟王安上担心手中的火把不够用，无法退出洞来，提议要退出山洞。于是，他们四人从山洞中走出来。

出来后，四个人又都后悔没有游完整个洞穴。

王安石说："纯甫，看，你让大家多扫兴，现在都埋怨你，像你这样没有坚强的意志的人怎能办大事，遇到挫折就退却。"

"以后我们多带些火把，可以再重游嘛。"王安上说。

王回说："以后就难说了。介甫在这里任职的期限很短了，此次一去不知要到哪里就职。介甫，下次你打算到什么地方就职？说不定这次你就有可能在朝中为官了。"

"范公说得好呀，'居庙堂之高则忧其民，处江湖之远则忧其君'。"王安石说。

王安国说："进亦忧，退亦忧，兄君真是壮志难酬啊！"

"是啊，此次同游，未能尽兴，都怪我没有毅力，以后几个人同游的机会不知还有没有。现在不可能再回到洞里去。外面风景也很美，我们继续在这里赏玩一番吧！"王安上说。

大家已没有了兴趣，只好扫兴而归。王安石为此写了一篇十分有名的游记，即著名的《游褒禅山记》，直到现在依然是教育人们做事要有恒心和毅力的好文章。

2. 拒为朝官

王安石在舒州通判任上，无法发挥自己的才能，因而在舒州期间没有什么政绩可言。尽管如此，王安石的才能还是没有被埋没，一天，宰相文彦博就向仁宗推荐了王安石。

文彦博说："王安石，以进士科第四名及第，按照以前的惯例，任职期满后，就可以向朝廷述职，请求朝廷试用史馆、昭文馆和集贤院等职务。王安石到如今已经任官多年，他从来没有陈述自己的经历。"

皇帝说："通知他可以到京师来参加馆职考试。"

朝廷随后给王安石下诏书，令他迅速到京师参加考试。考试完毕后，他就可以得到更高的朝廷职务。

但是，出乎文彦博意料的是，王安石并没有到京师参加考试，而是给皇上写了一则状子，请求皇上原谅，不能到京城参加考试。

王安石在状子中写道："母亲年事已高，如今，弟弟和妹妹已到了婚嫁年龄。家庭经济又十分拮据，且家里人口众多。我如果到京中任职，就无法照顾家里。"

当时，他接到考试的通知后，写了一首诗：

戴盆难与望天兼，自笑虚名亦自嫌。

膏壤太平俱有味，可能蚯蚓独清廉。

此首诗好像是王安石在嘲笑自己，其实是在嘲笑朝廷给他的考试通知。

王安石似乎很了解朝廷和朝廷中的那些官员，他根本不愿意与现在朝廷中的那些官僚同流合污，那些人根本就不理解王安石。

王安石虽然表面淡泊，他内心深处依然怀抱着治国平天下的远大理想。

王安石并不真想远离朝廷，也不是想在山水和风月中做逍遥派。他实际上很想拥有足够的权力，做一番轰轰烈烈的事业。

他不仅写一些清淡闲雅的诗，而且大多数的诗都有强烈的治世救民的思想。很多人认为，王安石"淡泊以明志，宁静以致远"，其实并非如此，在他的内心深处，确有着炙热的济世救民的情怀。

王安石既不是在学陶渊明，也不是在研究庄子。在他的内心深处，根本就不太喜欢那种逍遥无为的庄子思想，也不很欣赏陶渊明的"采菊东篱下，悠然见南山"的人生志向和情趣。

王安石此时在研究和探讨那位对人民百姓最有同情心的诗人杜甫的诗。杜甫的诗深深地打动了他，只有杜甫的诗才能表达自己远大的政治抱负。站在杜甫的画像前，他发出无限的感慨。

屈原和杜甫，是历代人们所敬仰的诗人，而在王安石的眼中，杜甫比屈原更值得人敬仰，屈原只痛惜自己的一生，而杜甫却心忧整个天下，能够为天下百姓着想。

王安石虽远在江湖，却志高屈原，心如杜甫。忧国爱民之心是何等地强烈！

就在潜心研究杜甫的时候，被王安石一向引以为榜样的当代政治家范仲淹去世。他心里非常难过。想到范公的秉直公正，他禁不住泪流满面。

···········

他这种不去京师报到的作法，更加引起了朝廷对他的重视，他越是拒绝参加朝廷的考试，越是引起朝廷对他的注意。

在文彦博、赵执中等大臣的一再进言下，仁宗皇帝开恩，王安石可以不参加考试，直接来朝廷任官。

在王安石的内心深处，埋藏着一腔变革社会的激情。而朝廷的大员们沉浸于权力的角逐中，地方的官僚不为百姓办事，却以搜刮民脂民膏为能事。现在朝廷中所给予自己的职务和权力，又怎能实现自己远大的人生理念呢。

王安石说："我现在到京城去任职有什么意义呢？我不想在京城里做一个无权无势的小官，天天眼睁睁看着那些人为着权力和私利你死我活地争斗。假如不能左右别人，那就只能让别人左右自己。与其跻身那些百无聊赖的纷争中，还不如一个人在这个小地方过得舒服逍遥一些。"

弟弟王安礼说："在这个小地方也没见你逍遥多少。或许到京城里任职还能或多或少做出些成绩。"

王安石说："我怎不想到京城去做官呢？就是去了，也只是一个能养活自己不能照顾大家的小官。现在的朝廷如果不采取措施，虽然现在没有盗贼作乱，照此下去，太平的日子也不会长久下去。"

"是啊，我就亲眼目睹百姓把自己的孩子扔在路边，也看到过老百姓哭泣着把饿死的孩子放在草丛中。"王安礼说。

王安石无比愤慨地说："庸碌无为的官僚们不懂得治国的方针，搜刮民脂民膏就是他们治国最大的本领。现在，官吏和豪门富商钩心斗角，掠夺财富，欺压人民，老百姓的生计就更无法维持了。为了生计，老百姓把本来就少得可怜的土地都卖掉了，这样，官吏还不放过百姓，向他们要这要那，不给就受到毒打，自己的命都难保，又怎么能养活自己的孩子呢？"

王安礼说："官府中毕竟还有同情百姓的人，朝廷不是也有政策要开仓发粮食给百姓吗？你也别把官府看得都是一片黑暗。"

"官吏中损公利己者比比皆是，百姓又能得到多少呢？解决一时的困难，根本不是解决问题的终究办法。"王安石说。

王安石接到皇帝发来的免试状后，还是婉言拒绝了朝廷的召请。

　　王安石此时已打定主意，或者做拥有实权的朝廷大官，使皇帝信赖自己，这样才可以实现自己的安邦治国的远大理想；要么远离朝廷到地方任职，以躲避朝廷的各种纷争。

　　在京城待了一段日子，王安石又回到了南方，在家里等待朝廷的信息。

　　这一回，朝廷没有答应他的请求。不久，便任命王安石为集贤院校理。

　　王安石不想接受这个职务。他连续给仁宗皇帝上了四个辞状，以表示自己辞任的决心。四个辞状都以兄嫂刚刚故世，家庭负担十分沉重，没有能力在京中就职为理由，想婉言拒绝朝廷的任命。

　　但是朝廷下诏说，这次必须接受任命，不得再推辞。王安石回答说："我没有到京中参加应试，朝廷特意为我免去了考试，我却依然以自己的私利为重，不愿就职，考试是朝廷的规矩，我没有这样做，本来就违背了朝廷的规定，理应受到制裁。朝廷多次令我就任，我再三推辞，他们会认为我故意做出与别人不同的行为，来标榜自己，故弄虚名来博得好的名利。所以我还是不敢冒圣恩以苟得朝廷之官。"

　　家庭困难属实，王安石一向谦虚也是真的。但像他这样再三地推辞朝廷任命的人，确实不多见。

　　从古到今，在官场上，有大志而没有背景的人，只能一步一步艰辛地往上爬；没有才能而又官瘾十足的人，也只好拉关系拍马屁，像哈巴狗一样一步一步地往上爬。王安石对这种行为嗤之以鼻，不屑一顾，他要用自己的实力来证实自己的能力。

　　他越是这样，人们越是赞扬他，更加使得皇帝相信，王安石确实是由于经济困难和家庭负担过重，而不愿在朝廷就职的。仁宗也知道，他的谦虚绝无夸大之辞。因此，仁宗又下令任命他为群牧判官，但他仍然坚决推迟不就。

　　欧阳修虽然到此时仍然没有和王安石见过面，但他从曾巩的多次介绍和王安石的诗文中，知道王安石确实是一个十分有才华、心怀远大志向的年轻人，他希望王安石能够到京城来就职。

　　知道王安石多次不愿到朝廷中任职的原因后，欧阳修便给王安石去了一封信，告诉他群牧判官这个职务统领内外坊监判司，其收入还是相当可观的。如果能到京中就职，可能有更好的发展。

　　欧阳修是当时文坛的领袖人物，又是王安石仰慕已久的政治家。朝廷的多次任命他都拒绝了，而欧阳修的一封信却把他说服了。

　　3. 专访王令

　　王安石虽然答应到京城就职，但并没有匆匆忙忙地赶往京师，而是取道淮南，在路过高邮时，逗留了许多天。

　　这时，王令正在高邮聚徒讲学，王安石到达高邮时给他写了一封信。王令早就知道王安石的道德文章都已经久负盛名，很希望能见此人一面，他回信盛情邀请王安石到此地一游。

王令聚徒讲学的场所十分简陋，只是几间草房，草房的周围是自己开垦的一片菜地。

在王令简陋的客室里，王安石得到了热情款待。

"你就在这样的环境中聚众讲学？怎么不将房子盖好一点呢？"王安石问王令。

王令说："我还没有达到先圣先贤的境界呢。孔子的得意弟子颜回曾讲，一箪食，一瓢饮，别人不堪忍受的地方，而我则乐在其中。"

王安石听后感慨地说："当今社会，能够忍受着生活的艰辛，传授圣人的高深学问，没有能够维持日用的财产，却有着圣人之心的志士仁人，实在是太少太少了。"

"我向来没有什么大志向，用自己浅薄的学问，尽心尽力罢了。让您见笑了。如今重视真才实学者又有多少人呢？有真学问而能得到社会重用的又有多少人呢？而做大官的又有几人具有真正的圣人学问呢？"王令说。

王安石说："有圣人学问，又有圣人之心得，将来一定有圣人那样的作为。这只是一个时间问题而已。"

王令又把自己写的文章递给王安石，他看了文章后，更加喜欢王令。

王安石说：有的文章辞章没有气势，仅有思想不是好文章；而只有辞章的空架子，但又没有思想贯穿于其中，也不能算是好文章。"你的文章内蕴和文笔功底都很深厚，文中又能贯穿孔孟的儒家思想。孔子曾说，文质彬彬，然后君子。就是讲的这个意思。"

"承蒙您的夸奖，日后还望多多指教。溢美之辞，我不敢受。"王令说。

王安石说："有恒心传授圣人的学问和道德，而且又身体力行的仁人志士，即使不被世人所理解，也不是什么大不了的事。"

王令说："有时，心中亦难免有孤独之感。"

王安石说："只要自己把圣人的学问和道德装在心里，只要自己明白圣人的心，也就足够了。只要自己心情愉快，也同样能够用圣人的心来对待自己的家人。自己的内心能够开阔豁达，又能以这种情感去对待自己的妻子儿女，这样，自己的言行也就不会孤立于天下，自己的内心又还有什么孤寂之感呢？"

"此次进京，王君恐怕要久留京城任职了。"王令问。

王安石答道："很难说呀！进退都难。我空有一腔雄心壮志，也恐怕难以酬谢皇帝圣恩。这次来京，亦蒙欧阳先生恳词相劝。是否长留朝廷，看情况而定。"

在高邮居住的几天里，茶余饭后，王安石与王令纵论圣人之学和天下之事，吟诗唱和，周游山水。他俩还互赠诗文，很快便成为了知心朋友。

阳光灿烂的夏日。王安石依依不舍告别了高邮王令的茅屋陋室之中。王令目送着这位政绩、文名突出的王安石，直到他消失在归京的那条路的尽头。

二、结交欧阳修

王安石听从欧阳修的建议，来到了京都，在群牧司任群牧判官。他的同僚有韩维、吴充、司马光等人，顶头上司是敢于直言进谏的包拯。

他一到京城，就想找合适的机会拜见欧阳修这位文坛巨擘和政坛前辈，但不巧的是欧阳修正好出使契丹去了。

欧阳修终于从契丹回到了朝中。

王安石想到这次要去拜访这位自己仰慕已久的大人物，心里不免有些激动。从欧阳修的文章中，王安石早已看出他的道德人品。平时不太修饰边幅的王安石，在见这位前辈之前，也着意地修饰了一番。

一个是朝气蓬勃的年轻文人，一个是早已声名显赫的和蔼学者，两人见面喜悦的心情自不待言。

王安石来到欧阳修府上，看到欧阳修的家里有许多人，并且都不熟悉。他虽然以前也常与一些学士文人相聚，但在一个自己仰慕已久的前辈家里，并且又有这么多人，平时善于言辞的王安石此时也不免有些拘谨。

欧阳修向在座的各位介绍道："诸位，这是当今文坛小有名气的年轻才子王安石。我们这次虽然是第一次见面，实则是神交甚久。"

不知不觉，吃饭的时间到了。

王安石想起身告辞。

可欧阳修夫妇说什么也不让回去，一定要他留在这儿吃饭。王安石也不好再说什么，只好在欧公家吃饭。

茶余饭后，他们又畅谈了一番。

欧阳修叫仆童拿来笔墨，研墨展纸，各表心志，互赠诗文。

欧阳修来到书桌前，王安石亦紧随其后，来到桌边。只见欧阳修运笔作书，王安石随着欧公飞动的笔而移动着目光，不多时一首七律诗草成：

> 韩林风月三千首，吏部文章二百年。
> 老去自怜心尚在，后来谁与子争先。
> 朱门歌舞争新态，绿绮尘埃试拂弦。
> 常恨闻名不相识，相逢樽酒盍留连。

写毕，欧阳修又吟诵了一遍。王安石看到这首诗的内容，原来是欧公对他的评价和赞许。待墨干后，欧阳修便把这首七律诗送给了王安石。

王安石于是也写了一首七律诗以酬谢欧阳修，来表达自己对欧公的仰慕之情和自己的胸怀大志：

> 欲传道义心虽壮，强学文章力已穷。
> 他日若能窥孟子，终身何敢望韩公。
> 抠衣最出诸生后，倒屣常倾广坐中。
> 只恐虚名因此得，嘉篇为贶岂宜蒙。

一天，京中的一些文人相约来到欧阳修的家中。其中有当时著名诗人梅尧臣和著名学者沈括，还有颇具文名的刘敞等人，他的好朋友曾巩也来了，当然其中也有王安石。

不久，人们都到齐了。

欧阳修向诸位说明这一次聚会的主题，依据墙上的猛虎图，每人按照各自的理解作诗一首，看哪位作得最快最好。

王安石想，这可是显现自己才华的一次绝好机会。

他凝视着老虎图。

老虎逼真的形象，灌注着一往无前的凛凌生气，虎视眈眈，雄视前方。

他丰富的想象此时已在无际的时空中飞腾起来。

自己的雄心壮志，也如同力量无比的老虎欲腾空而起。遒劲有力的笔在他手中飞舞着，思绪穿透了千年风尘。

众人也展纸添墨毫不示弱，有的挥笔作诗，有的凝神静想，有的蹙额苦思。

王安石手快笔迅，不多一会，一诗即成。

> 壮哉非罴亦非螭，目光夹镜当坐隅。
> 横行妥尾不畏逐，顾盼欲去仍踟蹰。
> 卒然我见心为动，熟视稍稍摩其须。
> 固知画者巧为此，此物安肯来庭除。
> 想当磅礴欲画时，睥睨众史如庸奴。
> 神闲意定始一扫，功与造化论锱铢。
> 悲风飒飒吹黄芦，上有寒雀惊相呼。
> 槎牙死树鸣老乌。向之俛啄如哺雏。
> 山墙野壁黄昏后，冯妇遥看亦下车。

王安石是第一个完成的。随后，大家也陆续完成，最后大家一起来评论。

大家一致认为，王安石的文章最好。

在场的人位都称赞王安石思维敏捷，得画图之妙，具虎之生气，又能表自己之心志。

现在，京城的人，尤其是群牧司里的大小属官都十分尊重他。一时间，司马光、韩维、吴充、吴奎等人都与他相交甚好，成为知心朋友。

每到冬季大雪纷飞的日子里，王安石最喜欢和韩维、吴充两位到郊外去观赏北国雪景。看到漫天雪花在空中上下轻轻飞舞，他内心就会浮出一种自己不被重视的感觉，看到低矮的屋顶上布满厚重的积雪，他便会联想到当今朝廷的弊端，就如这积雪一般积重难返。

在群牧司里，他们三个人简直是形影不离，或者在雨雪纷飞之时作文唱和，或者在风清日丽之时在郊外吟诗对赋，或者静处屋舍坐而论道；有时三人同行，有时两人一唱一和。

三、常州知府

世界上有许多事情都见怪不怪。胸怀大志的人不一定能够得到重用，拥有大权的人不一定有大才，有大才者不一定能够掌握大权。权力和智慧在人类历史的发展过程中并非同步进行，有时甚至是相互抵触。

王安石在京城中虽然小有名气，在京城里与文人雅士交游甚广。但是，朝廷中那个等级森严的权力金字塔之门，对于他来说，还是迟迟没有打开。

王安石耿直的性格，有时也不免会得罪某些人。

当然，王安石不乐意在京中任职的主要原因，是觉得在这里发挥不了自己应有的作用，实现不了自己的抱负，得不到朝廷的重用。皇都，自古是中国封建社会的政治、经济、文化中心。这里总是人才云集，尽得天下风流之先。同时，也自古就是中国封建权力最集中的地方，这里大小官僚如云，构筑起等级森严的封建权力的金字塔。

即便王安石适合现在的朝廷，现在的京城也不适合王安石。除了与文友们吟风咏月、作诗答对之外，他不可能得到相当的权力和地位，去施展自己的政治才华。

王安石离开京城到地方任职的愿望非常强烈。

他给仁宗皇帝上书，请求到地方任职。

但朝廷没有同意他的请求。

王安石想和欧阳修谈谈自己的想法。于是，他来到了欧阳修的府上。

欧阳修的家里总是宾朋满座，他每次到欧阳修的府上，都可以碰到一些熟悉的或者陌生的人。

王安石来到欧阳修的家中，欧阳修热情地招呼他落座。那些人谈得兴致正浓。王安石今天没有什么雅兴，他坐在旁边几乎是一言未发。

大家又议论了一番后，才尽兴而去。只有王安石仍觉得还有许多话要讲。

欧阳修对王安石说："在京中任职，心情舒畅吗？"

"我今日来拜访您，便是想与先生谈谈我的一些想法。"王安石说。

欧阳修说："介甫又有什么新想法？"

王安石说："也没有什么新的想法，我还是想到地方去任职，说来辜负了先生的愿望。我总是被一些家事拖累，以前不想参加考试，是因为家中一些婚嫁葬送之事，而现在二兄一嫂新故，如今的境况还不比先前。自己心里总感不安，工作起来也总觉得力不从心，不能集中精力。我怕别人说闲话，与其等待朝廷贬谪我，还不如自己以退为先，好自为之。这样，也不会连累先生。"

欧阳修说："你可以向朝廷请假回去把家里的事情处理好，也可以向皇上言明自己的经济困境。等把家中的事情办好后，再回京中任职。"

"我已向皇上写了封信，请求到地方任职，但皇上没有批准。我认为如果到地方任职不但可以照顾家里，而且还可以在地方实现自己的一些想法，能够使自己所学的东西应用到实际中去，对当今社会产生一定的效果，同时也能够给百姓带来一些好处。这样既对得起皇上，也对得起先生，再说，也符合自己的心愿，不知先生意下如何？"王安石说。

欧阳修说："你到地方任职也好，在京城里确实也难以发挥你的所长。在地方往往能够做出些成绩来。"

王安石再次向仁宗上书，申请到地方任职。

这次的要求比前一封信更强烈。他在上书中写道，古代的君王都善于发挥臣下的长处，朝廷大臣如不适于在朝中就职，就让他到地方去，地方上的小臣如果有才能，也可以到京中供职，委以重任。皇上应该允许臣子随其所遇而安，以表皇上和朝廷的宽容。

仁宗皇帝看了王安石的信，心中多少有点不高兴。但由于王安石的要求十分强烈，就勉强同意他到地方任职。

1. 游平山堂

北宋嘉祐二年（1057年）5月，王安石由群牧判官改任太常博士，调任常州知府。

王安石在家里停留了四十天，路经扬州到常州去赴任。

恰好他的朋友刘敞这时任扬州知府。王安石便到刘敞那里游玩了一些日子。

北宋庆历八年（1048年），任扬州知府的是欧阳修。欧阳修任职期间，为这里的老百姓做了许多有益的事，至今老百姓仍然怀念着欧阳修给他们带来的好处。因此，刘敞任扬州知府在欧阳修打下的基础上，可以省去了许多的麻烦事。

这里著名的平山堂是欧阳修在扬州西北的瘦西湖北蜀岗上建造的。王安石没去过。于是，刘敞便邀请王安石一起游览了欧阳修的平山堂。

两人游览平山堂堂厅，时而凭栏远望，时而指点江山，时而感叹万分，纵论庙堂之高的忧思，畅谈江湖之远的快乐。

王安石双手抚摸雕栏，双目凝望着远处的群山，想象的思绪在脑海中飞旋开来。

他遥想晋代的羊祜登临砚山，置酒山间赋咏诗文，畅谈古今的潇洒，近想欧阳修坐谈平山堂中风光，眼观欧公给百姓带来的百民安居乐业的气象，当年的羊祜是否也有这样的风流雅致呢？

此情此景，此时此刻，对有远大志向的王安石来说，又怎能不感慨万分呢？

> 城北横岗走翠虬，一堂高视两三州。
> 淮岑日对朱栏出，江岫云齐碧浮游。
> 墟落耕桑公恺梯，怀筋谈笑客风流。
> 不知岘首登临处，壮观当时有此不？

后来，刘敞与欧阳修通了一封信，说王安石在游平山堂时作诗一首，此诗天然古雅，境界绝妙。于是欧阳修从京城给王安石写了一封信索要诗作，王安石就把这首诗寄给了他。欧阳修非常喜欢这首诗。

2. 修运河

常州远离朝廷，这里的长官时常改换，因此，这儿是一个积弊甚多的地方，朝廷任命的官员都不想在此长期任职，没有多久就都调离这里。

这种地方倒可以让王安石发挥他的才能，但这样也很容易出现一些意料不到的差错。

这里的农田大都颗粒不收，百姓生活极其贫困不堪，地方官吏往往又不顾百姓死活，每年除了向老百姓收取租税之外，从来就没有人想为这里的百姓做点有益的好事。

王安石到了常州，照例是先做一些具体的调查研究。他发现，这里的状况与他在鄞县任职时所碰到的问题大致相似。

导致农民生活困苦不堪的主要原因是由于旱涝不能饱收，天旱时无水以灌溉农田，碰到水灾没有渠道以导泄洪水。

王安石吸取了自己在鄞县做知县时的经验，他认为，要想改变常州的面貌，做一些有利于人民的事，就必须首先兴修水利，发展农业生产。

他决定在常州修一条运河。当他向所属各县调集民夫时，却遭到了一些人的反对。王安石认为，这条运河一旦开成之后，对于常州境内的农业发展是大有好处的，所以要坚持开掘下去。无奈浙西路的转运使也不支持王安石的意见，他只允许王安石从常州所属县中调集很少一部分民夫。这使王安石的施工计划遇到很大的阻力。

中国自古就是这样，想要改变现状，就要有牺牲精神。无论是大的变革，还是小的举措，都是如此。传统和现状之间总是好像有一堵无形的铁墙，横亘在变革者的面前使你无法穿越过去。

开一条运河对于一个国家来说，不是什么惊天动地的大事，可这对于地方来说，却是一个了不起的举措。官府的决策未必会得到百姓理解，而百姓欢呼雀跃的事情又不一定为既得利益者所赞同。

王安石派属员组织人马在测量河道的时候，麻烦就接踵而来。地方大户和地主发现运河航道要经他们的田地，都出来极力阻挠和干扰。这些人把王安石派去的人赶了回来，不准在他们的田地上进行测量。

为了测量工作能够顺利进行，王安石不得不派了一些地方官兵前往维护。

这样一来麻烦就更大了。那些阻挠开运河的地主都跑到官府来闹事了，一时间，官府成了接待这些地主的地方。王安石不得不耐心地一一向他们解释。

王安石到常州来的目的，就是为了想在这里有所作为。而今，事情刚刚开始进行，就受到了阻碍，他心里十分难过。他给朝廷的有关人员写了两封信，说，"不管朝廷支持不支持开运河，这件事情我坚决要进行下去。"

既然有所思，就得有所作为。即使得罪某些人，但为老百姓办事是肯定不会错的。这是王安石的一贯作风。王安石决定把开运河一事作为今冬明春的首要任务。

让王安石感到十分欣慰的是，运河工程终于开工了。王安石命令所属各县派人马开赴运河工地。这位知府大人也时常前往施工工地指挥和视察。

工程开始后，又遇上连绵不断的大雨，民夫因此生病，工程进度一时受阻。天时人事两不遂愿。最后王安石只得忍痛暂时停止开河，等候天气好转。王安石在《与刘原父书》中是这样表述他的心情的：

> 河役之罢，以转动赋功本狭，与雨淫不止，督役者以病告，故止耳……今劳人费财于前，而利不遂于后，此安石所以愧恨无穷也。
>
> 若夫事求遂，功求成，而不量天时人力之可否，此安石所不能，则论安石者之纷纷，岂敢怨哉！阁下乃以"初不能无意"为有憾，此非安石之所敢闻也。方今万事所以难合而易坏，常以诸贤"无意"耳。

王安石从以前作县官到如今作州官，凡他所到之处，总要对自己所认为无论是对百姓有利，还是对百姓有害的事花大力气进行一番整顿，可以说，王安石具有积极的实干精神。而当时的官绅士大夫阶层中的绝大多数人，却顽固保守，夸夸其谈而不务实效。他在这封信的最后，对于这种风习进行了痛彻指责。

王安石因开运河之事没有完成，心里闷闷不乐，州城里又没有人能够理解他。他给在扬州的刘敞写了一封信，诉说自己心中的烦恼。同时他还邀请好朋友王令到常州讲学。

王令的到来，给郁郁寡欢的王安石带来了一些快乐。

王安石准备了丰盛的酒宴款待好朋友王令。

王令说："老朋友相聚，用得着如此礼节吗？是否有些过了。"

王安石引用孔夫子的话对王令说："夫子曰：'有朋自远方来，不亦乐乎？'有友从他地来，岂能有失敬意乎？"

讲学之余，王安石便领着王令去看自己下令开掘而又中止的河道。

去的路上，王安石说："读了你的诗，我心中顿生感叹苍生垂泪之情。"

王令说："有道德的人对于学问，固然要有胸怀于天下，但我想必须先要陶冶自己，然后才能说治理他人。有些人连自己是什么都不知道，却喜欢教导别人，这种人实在太可悲了。"

"人的身体附属于天命，天下能否治理得有条不紊，难道不也属于命的范畴吗？孔子曾讲过，不知天命，又怎么能当一个君子呢？道行于天下，在于命，道将废于天下，也在于命。就连孔子都认为如此，而有些人则认为，君子做学问，是用以忧国忧民的，太不明事理了。"王安石说。

王令说："王君也有这样的思想。您勤勤恳恳开挖运河，招来诸多非议，难道不是你想有所作为的举动吗？"

"修身以治世，亦孔子言中之理。"王安石说。

王令说："运河已开挖到如此程度，理当善始善终。就此而罢，实在太可惜。"

"人存在于天地人之中，同时也受制于天地人。一方面得不到浙江西路转运使的支持，另一方面自己也没有得力的官员相助，再加上天公不作美，劳命伤财于前，未利百姓于后，因此我心中万般惭愧。不顾天时地利而想获得成功，不是我所能做到的，现在有人议论纷纷，我也无话可说。"王安石说。

连绵不断的秋雨过后，王安石还是坚持要把河工继续下去，但遭到许多人的反对。他坚持，即使不把运河工程的全部开完，也应该把已经开得差不多的河工整理好，也许对明年的农业生产能够起到些作用。

果然，修好的部分运河在第二年的农业生产中起了很大的作用。

四、任职饶州

王安石像许多在常州任过职的长官一样，在这里也仅仅待了九个月，然后就由常州调任江南东路提点刑狱。不久，又到江西饶州任职去了。

1. 茶法之议

他每到一个地方，都想方设法实行一些新的、有利于百姓的改革措施，但在每个地方实行改革措施时都毫无例外地遇到许多阻力。他在饶州的工作也是如此。

王安石在饶州任内，使得江南东路的榷茶法在这一时期内得到了很大改变。

所谓榷茶法，就是北宋政府对于茶叶实行的专卖制度。

从唐代起，各地民间饮茶的习俗愈来愈盛，茶叶和盐一样成为百姓生活的日常必需品。北宋政府想方设法扩大其对财赋的搜刮，茶叶和盐也同样成为他们搜刮财物的重要目标之一。淮南和江东诸路是北宋时期主要的产茶区。北宋政府就对以上这些产茶地区作出规定：凡其地所产茶叶，一律卖给政府，政府在各地设置茶场，销售给茶商或用户，目的是垄断市场，以借此获得巨额利润。因此还规定严禁私藏、私运和私卖茶叶，违者一律治罪。政府经常派出武装缉私人员，到处查处走私贩运茶叶的人。由此，告讦多端，狱讼纷纭。而集中到各场院的茶叶，由于辗转运送，风吹日晒雨淋，质量严重下降，但价格却十分昂贵。榷茶法从北宋初年实行，其结果是，北宋政府并没有获得大利，而对产茶地区的茶农和居民则产生很大危害。

王安石身处江南产茶之地，他既了解政府的榷茶法，同时还了解地方和茶农的情况。他希望对这种既不利于政府，又不利于茶农的茶法进行改革。

王安石首先给朝廷上书，陈述榷茶法的利害关系。

在给朝廷的奏章中，王安石列举了榷茶法的十二大弊病。

他尽可能地走到茶场和茶农中间，了解茶叶区和茶农的真实情况。他往往早出晚归，穿行在乡间小路上，有时晚了甚至睡在茶场里。王安石所陈述的都是事实，他这不仅是为了维护茶农的利益，而更多的是为了维护朝廷的利益。

王安石列举了榷茶法的十二大弊病，上报朝廷之后，朝廷对这些问题非常重视。朝廷中也有人对王安石的说法持否定态度，他们认为，沿用已久的榷茶法是祖宗成法，不能随意更改。

正当朝廷对王安石提出的十二大弊端议论纷纷时，王安石很清楚地知道，要对沿用已久的榷茶法进行改革，肯定要损害某些人的眼前利益，遭到他们的反对，这也是难免的。

然后，王安石又向朝廷递交了一份论据充分的《议茶法》。

　　王安石说，国家必须改革榷茶法，允许民间茶叶买卖自由，这不仅符合当地的实际情况，而且从以前的历史看，也是理所当然的。反对改革榷茶法的一些人，都是那些聚敛茶叶而获得巨大利益的人，以及在其中获得重大好处的一些政府要员。这些人只知道自己的利益，而不了解榷茶法给朝廷和百姓带来的严重危害。

　　茶叶，对于平民百姓来说，就像米和盐一样，一天也不可缺少，而官场里出售的茶叶都是质量低劣、味道不纯的茶叶。每年所收到的好茶叶都聚集在巨商手里，而百姓所用的茶叶都是小商人偷偷贩卖的茶叶。即使这样，也很难阻止茶叶的私自贩卖，残酷的刑法也难以制止。改革榷茶法，更重要的是，实实在在地为国家增加了一笔数目可观的收入。

　　让民间自由买卖茶叶，官府只管收取茶税，这样既可以节省朝廷和官府的开支，又能使茶叶正常流通，而另一方面也可以增加国家的收入。

　　为了有力地证明自己的观点是正确的，这位知识渊博的年轻学者和有志气的年轻官吏又对自己的见解做了一番历史的论证。

　　他的每一个想法和观点，都试图做到遵循远古尧舜周孔的治世理论，并能与观察的实际情况相结合，做到天衣无缝。

　　中国古代儒家的伦理道德和政治意识形态理论，自始至终是王安石衡量国家策略、现实状况和自己的想法的最重要的标准。

　　人们可以发现，这种思想意识形态理论和王安石的经济思想，乃至中国封建社会的经济思想和经济策略，从来就是紧密地交织在一起。

　　这既是中国封建社会政治变革和经济变革的矛盾的主旋律，同时又是二者纠缠不清的历史怪圈。

　　王安石同他的同僚司马光相比来说，要开放和现实得多，但他也同样是这一主旋律和怪圈的典型代表。

　　一个不可逃避的社会历史事实是：无论如何保守、多么腐败的政治势力和社会统治者，都不可能看不到物质经济利益对于自身和整个社会的重要作用。

　　事实上，边境风波不断迭起和经济愈来愈拮据的大宋朝廷，时时都在为国家财政的入不敷出而担忧。

　　王安石改革茶法的重要思想和对榷茶法提出的十二大弊端，虽然遭到朝廷和地方既得利益者的强烈反对，但也很快得到了仁宗皇帝和朝廷中开明人士的赞同和支持。

　　北宋嘉祐三年（1058年），司封员外郎王靖奉仁宗皇帝之命，到茶区视察茶法的实施情况，王靖在南方所调查到的实际情况与王安石所讲的完全一致。他向朝廷汇报了他所看到的事实，并写诗对王安石提出的改革措施予以高度赞扬。

　　由于王靖的下访视察，东南地区终于取消了政府原来的茶叶专卖制度，改为由茶商运输，民间自由买卖的方法，政府只是从中收取茶税。

这一举措受到了王安石的重视，他又亲自制定了一系列的具体措施和细则，亲临现场，深入到茶区和茶农中间。这样，茶法改革在东南地区得到了彻底的贯彻落实，并取得了令人满意的效果。

大量事实证明，王安石的改革措施，使国家和政府的收入比从前大有提高，并受到了平民百姓们的普遍欢迎。

王安石的政绩得到了朝廷和百姓的认可，他此时的心情是愉快的。一度消沉的情绪现在已是烟消云散了。

2. 改革吏治受挫

王安石在饶州，同样也想改变这里的吏治现状。他首先惩治了一批办事马虎草率、结党营私的霸道官吏，处罚了一批因循守旧、投机取巧、阿谀奉承的保守官吏。

他惩罚的方法也很特别，以往的方法都是小罪小治，大罪大治。而现在王安石的惩治方法却是，明明知道某位官吏犯了大罪，但不对他们犯的大罪加以惩处，而是惩治他们犯的小罪。

王安石的这种治理方法遭到了多数人的反对。他们感到不可思议，犯大罪的人得不到严厉的惩处，而犯了小罪的人却受到了真正的处罚。

王安石上任不久，饶州上下就闹得满城风雨。

在饶州的地方长官们为此特别召开了一次讨论会。在这次会议上，王安石处于孤立的地位，没有人支持他。

有位保守的老官员说："王安石的治理方法是违背常理的，大罪不治而治小罪，而犯了杀人罪的不以杀人犯惩处，反而只惩罚那些曾经偷鸡摸狗的小罪人，这样就将有一大批人受到处理。这种做法简直太让人不理解了。"

"世界上许多事情都莫名其妙，但还从没有见过像王安石做的这种莫名其妙的事。"另一个人说。

一位年龄大约六十岁的官员说："王安石的这种治理方法简直把整个饶州的正常秩序搅乱了。我从未见过这种治理方法。"

王安石坐在那里，默不作声。脖子上突出的青筋足以表明此时他愤怒的心情。

他以最大的忍耐力来抑制自己，让所有想指责自己的人把话讲完。

长期在饶州主管吏治的官员说："王安石把地方官吏都得罪了，以后的案件谁还去办？我是无法再到下面去办案了。"

此次会议简直成了批判、指责王安石的批斗大会。

王安石见没人再攻击他了，便用严厉而又不失宽容的眼光扫视了一下在会的官员们，说：

"你们了解古代是如何治理国家的吗？我认为，社会要得到治理，首先要具备宽容精神和讲究礼节，只有在礼治的基础上，才能采用刑罚。一个没有礼节的社会，并不等于说这个社会没有礼节，只是因为这个社会有不需要讲求礼节的诸多原因。

不采用刑罚的社会，也并不是因为这个社会没有刑罚，而不过是这个社会不需要使用刑罚而已。"

有几个人在下面窃窃私语道："真是奇谈怪论。这岂不成了庄子说的'窃钩者诛，窃国者为诸侯'的那种情况吗？"

王安石接着说道："某些人不理解我，以为我专抓别人的小辫子，以此来显示我办事明察秋毫，又有人认为我胆小懦弱，不敢惩罚犯了大罪的人，办事不果断。这不是我的真实意图，我之所以如此，是因为考虑到不应该随随便便使用刑罚，这样就不会出现连续不断地加重刑罚的现象，这十分有利于当今社会的安定。古代的圣贤能够治理好社会，采取的就是这种方法。我王安石虽不是圣贤，但也尽可能地效法古人，又有什么过错呢？"

王安石这一讲便一发不可收。

他滔滔不绝地继续为自己辩解道："有人说我滥用刑罚，其实是真的吗？事实上不是我滥用刑罚，而是我们这地方根本就不讲究刑罚，更不讲怎样利用刑罚的方式方法。实际上，我惩罚的只有五个人而已，轻的不过是罚款，而重的也只不过是罢免了他们的职务。这算是滥用刑罚吗？难道惩治重了吗？我王安石真不明白。"

"古代的工尹商阳讲求仁义，他不愿意杀人，但是后来他还是杀了三个人，他若不这样，就无法给君主一个交待。现在我在饶州所做的，也不过如此罢了。有道是，君子做官必须讲仁义道德，我的吏治方法是有仁有义，以仁义为先。你们认为我这样做不对吗？为了让地方的官吏办点小事，就不对他们施以刑罚，这种官官相护的作法，难道不算滥用刑罚吗？"王安石说。

王安石虽有多种理由，虽然极力辩解，但他在这里的吏治改革方法，还是受到地方官吏的反对而无法实施。

王安石想以仁义治人，整顿当时地方的吏治现状和治安状况，想在这里干一番对社会有作为的事，然而却给自己带来了很坏的名誉。

王安石在饶州的吏治改革没有获得成功，这使他感到非常沮丧和懊恼。

王安石虽在地方任职，但心里一直眷恋着他的良师益友欧阳修。在这段时间里，王安石给欧阳修写过三封信，赠送了他在此期间写的一些诗。

欧阳修也自始至终没有忘记这位年轻而又有作为的朋友。他收到王安石的诗后，赞叹不已，或拿给朋友传阅，或给朋友写信，赞扬王安石的诗写得好。

有一次，正逢佳节之时，欧阳修邀请一些政界同人和文坛挚友聚会，唯独刘敞和王安石没有到场。欧阳修恰好收到王安石寄来的十几首诗，这更令欧阳修想念远在东南的王安石。

他对大家说："如此美好的景色，多么宜人的天气，又适逢佳节之时，本当不废佳节之会，诸位应当欢聚一堂，尽情而饮，尽兴而唱。刘敞虽在京中，有事在身而不能前来，介甫则远在东南，不能参加，人世间的事情就是如此，往往难尽人意。

还好，我刚收到介甫寄来的十几首近作，写得很奇绝，我给大家吟诵一番，亦当他今日在场同聚。"

欧阳修也给王安石回了信，信中称赞王安石的诗作。

信中说："贤能志士不能留在朝廷之中担当重任，衰病的人又不肯离去，而占着重要位置，这应该归咎于谁呢？读罢你的诗，减少了我的诸多寂寞和烦扰。你要是在京中，我们就能时常相聚，也能增加许多快意。"

王安石读罢欧阳修的信，与欧公在一起的情景又历历在目，浮现在脑海中。

这年十月，朝廷又召回王安石，任命他为支度判官。

王安石从二十二岁荣登进士起任淮南判官，一直在地方任职，算来已有十七年的时间了。

接到朝廷的诏书，王安石随机吟诗一首：

> 昨日君恩误赐环，归肠一夜绕钟山。
> 虽然眷恋明时禄，羞见琅琊有邴丹。

王安石不是那种一旦得到朝廷官职就得意忘形的人，他的政治雄心始终隐藏在他那自傲和谦虚的心灵深处。与那些徒有虚名的官僚相比，他理所当然应得到朝廷的重视，与那些不图名不为利的高洁之士相比较，他又感到自己很惭愧，还做得远远不够。

现在，他还不到穷则独善其身的年龄，在中国的知识分子中，他始终不属于穷则独善其身的那种封建士大夫。

年近四十的王安石想："孔子讲：'三十而立，四十而不惑。'自己也该到有一番作为的时候了。"

第四章 为宦京师

一、上书仁宗

王安石心中十分明白，想一下子在朝廷中取得一个重要的职位和拥有重大的权力是不可能的。对现在的他来说，在朝中担任什么职务似乎并不太重要，重要的是用什么方式，以自己的真才实学和锐意进取的精神打动仁宗皇帝，取得皇帝的信任，在朝廷中取得自己的真正地位。

王安石上书指出榷茶法的十二大弊端以及改革茶法的具体建议，得到了仁宗皇帝的充分肯定。之后，仁宗皇帝命令韩绛、陈旭、吕景初等大臣在三司设置专门官署，商议解除对茶叶专卖的禁令。

仁宗皇帝的举措极大地鼓舞了王安石，他正在思考更进一步的改革措施。

王安石心里正酝酿着如何治世济民和政治改革的方略，这就是著名的《上仁宗皇帝言事书》，简称《上皇帝万言书》。

1. 变法思想

《上仁宗皇帝言事书》首先概述了北宋中叶以来所存在的一些严重问题，以及造成这种贫困局面的根源所在：

> 顾内则不能无以社稷为忧，外则不能无惧于夷狄，天下之财力日以困穷，而风俗日以衰坏。四方有志之士恧恧然常恐天下之久不安。此其故何也？患在不知法度故也。
>
> 今朝廷法严令具，无所不有，而臣以谓无法度者何哉？方今之法度多不合乎先王之政故也……
>
> 夫以今之世去先王之世远，所遭之变、所遇之势不一，而欲一二修先王之政，虽甚愚者犹知其难也；然臣以谓今之失患在不法先王之政者，以谓当法其意而已……法其意，则吾所改易更革不至乎倾骇天下之耳目，嚣天下之口，而固已合乎先王之政矣。

国家之所以贫困到如此的境地，原因究竟在什么地方呢？祸根到底是什么呢？

王安石指出："如今朝廷法规严明，政令齐备，可以说是无所不包，但在我看来，实际上大宋王朝等于没有法律制度。这是为什么呢？"

他说，现在的法令制度，绝大多数都不符合先皇治理国家的法度。如果用孟子的思想对照一下，现在的法令制度所存在的弊端，便可一目了然。

和王安石后来当政时所提出的一些政治主张、所制定的一些新法相比较而言，《上仁宗皇帝言事书》中所涉及的内容还是比较狭窄的，它还只是着重谈到有关政治方面以及吏治方面的一些问题，而没有谈及有关社会经济方面的问题。因而，不能说，这封《上仁宗皇帝言事书》就是他后来制定变法的一个蓝本或一幅草图。但是，在《上仁宗皇帝言事书》中已经透露出王安石从前代法家继承来的一些思想见解，比如他说：

> 然则方今之急，在于人才而已。诚能使天下之才众多，然后在位之才可以择其人而取足焉。在位者得其才矣，然后稍视时势之可否，而因人情之患苦，变更天下之弊法，以趋先王之意，甚易也。

意思是说，于变法前，首先必须培养出一大批能够"改易更革天下之事"的人才。而所谓培养人才，就在于"教之、养之、取之、任之"这四个方面必须都要"有其道"。

在"教之之道"方面，他提出，一定要把"朝廷礼乐政刑之事"和作为"威天下、守国家之具"的"骑射行阵之事"统统都作为士子们研习的主要科目，而不能再使士子"以为文武异事"，"以执兵为耻"；更不必再去"耗精疲神，穷日力以从事于""课试之文章"，亦即是说诗赋之类的"雕虫篆刻"的"无补之学"。因为这样的教学内容，"非特不能成人之才"，且还"困苦毁坏之，使不得成才"。王安石这种文武兼习的主张，是为儒家所罕言的，只有法家才敢于这样提出。

在"养之之道"方面，他指出，既要"饶之以财"，即使得"自庶人之在官者，其禄足以代其耕"，"等而上之，每有加焉，使其足以养廉耻而离于贪鄙之行"，并且还要"约之以礼"，即按照封建统治者们所谓的等级而定出"婚、丧、祭、养"和"服、食、器用"的各种各样的制度，以防止某些人"放僻邪侈，无所不至"。而王安石所特别加以强调的，则是"裁之以法"：

> 何谓裁之以法？先王于天下之士，教之以道艺矣，不帅教，则待之以摒弃远方、终身不齿之法。约之以礼矣，不循礼，则待之以流杀之法。《王制》曰："变衣服者其君流。"《酒诰》曰："厥或诰曰：'群饮。'汝勿佚，尽执拘以归于周，予其杀。"夫群饮、变衣服，小罪也；流、杀，大刑也。

加小罪以大刑，先王所以忍而不疑者，以为不如是不足以一天下之俗而成
吾治……凡在左右通贵之人，皆顺上之欲而服行之，有一不帅者，法之加
必自此始。夫上以至诚行之，而贵者知避上之所恶矣，则天下之不罚而止
者众矣。故曰："此养之之道也。"

王安石在这里所表述的思想，比如"加小罪以大刑"，"以一天下之俗"，刑法必
自贵近始，以刑止刑等等，可以看出全都是先秦以来历代法家所主张而且实行过的。

在"取之之道"方面，王安石对于北宋以来所推行的科举制度，包括"贤良方
正"、"茂才异等"、"进士"、"明经"、"学究"、"明法"等等，全部给以否定，认为
这些人向来只用其功力于课试之文，"大则不足以用天下国家，小则不足以为天下国
家之用"，"及使其从政，则茫然不知其方"。又因他们只"治文事"而不习武，不具
备充任将帅的才能，于是"边疆宿卫之任"，就不得不"推而属之于卒伍"，亦即
"奸悍无赖，才行不足自托于乡里"的一类人。最终所造成的后果自然是更加严重而
不堪设想的。他对于当时政府以恩荫入仕的办法更是大力反对。因为他认为这些恩
泽子弟：

庠序不教之以道义，官司不考问其才能，父兄不保任其行义，而朝廷
辄以官予之，而任之以事。武王数纣之罪，则曰："官人以世。"夫官人以
世而不计其才行，此乃纣之所以乱亡之道，而治世之所无也。

针对上述弊端，他指出，选拔人才应该从最基层做起：应先由乡党和学校的群
众推选他们当中所谓贤者和能者层层上报，最后由最高统治者"欲审知其德，问以
行；欲审知其才，问以言"。然后"随其德之大小、才之高下而官使之"。只有这样，
才能将国家治理得井然有序。

当时通行的科举制度，是从隋至唐初的最高统治集团，为了改变被士族们所垄
断把持的九品中正制度而建立起来的一种选官制度。一般读书人都可自行报名参加
考试。通过科举考试，可以把各阶层的士人、知识分子吸收到封建政权中来，使封
建政权的统治得到扩大和加强。因而它是符合中下层地主阶级的利益和要求的。所
以，尽管王安石在《上仁宗皇帝言事书》中对当时的科举制度从根本上给予否定，
而在他实行变法时，却只是把一些名目作了一些调整，比如取消了"制科"和"明
经"、"学究"等科名，同时也对进士科的考试内容作了某些变动，比如罢诗赋而试
经义之类；而科举制度却不能被取消或彻底改变。

科举制度打破了士族们垄断的仕进之路，但到了宋代，越来越滥的"恩荫制
度"，为既得利益的大官僚贵族们开辟了垄断仕途的门径。如范仲淹在北宋庆历三年
（1043 年）所上《条陈十事》的奏章中所说："假有任学士以上官，经二十年者，则

一家兄弟子孙出京官二十人，仍节次升朝。此滥进之极也"。恩荫的结果，就使得"恩泽子弟，充塞铨曹，与孤寒争路"。所以王安石对这一制度不遗余力地予以抨击。

王安石在"取之之道"这方面所阐述的意见和主张，也表明了自己用人唯贤、用人唯才的思想。

在"任之之道"方面，王安石明确提出：第一，用人不必凭其资历深浅，而要根据其才能和道德适当任用，并且要任之以专；第二，任期不能太短，而且要"待之以考绩之法"。这几点也都是针对当时社会现实的严重弊端而指出的。如《上仁宗皇帝言事书》中所指出，当今朝廷在用人方面：

> 至于任之，又不问其德之所宜，而问其出身之后先；不论其才之称否，而论其历行之多少。以文学进者且使之治财；已使之治财矣，又转而使之典狱；已使之典狱矣，又转而使之治礼。是则一人之身而责之以百官之所能备，宜其人才之难为也……
>
> 夫如此，故朝廷明知其贤能足以任事，苟非其资序，则不以任事而辄进之……明知其无能而不肖，苟非有罪为在事者所劾，不敢以其不胜任而辄退之……臣前以谓不能任人以职事，而无不任事之刑以待之者，盖谓此也。

为了改变纠正这种弊病，王安石指出：应当按照"人之才德高下厚薄不同，其所任有宜有不宜"，而用"知农者以为后稷，知工者以为共工。其德厚而才高者以为之长，德薄而才下者以为之佐属"。让每个官吏都能发挥自己专长而尽其才，且使其一生从事于某一种职守而不要来来回回地转徙变动。

《上仁宗皇帝言事书》中还写道，当今朝廷在用人方面的另一弊病是：

> 且在位者数徙，则不得久于其官，故上不能狃习而知其事，下不肯服驯而安其教。贤者则其功不可以及于成，不肖者则其罪不可以至于著。若夫迎新将故之劳，缘绝簿书之弊，固其害之小者，不足悉数也……
>
> 而至于所部者远，所任者重，则尤宜久于其官，而后可以责其有为，而方今尤不得久于其官，往往数日辄迁之矣。

如何改变这种弊病，王安石主张"久其任而待之以考绩之法"，认为：

> 夫如此，故智能才力之士则得尽其智以赴功，而不患其事之不终，其功之不就也。偷惰苟且之人，虽欲取容于一时，而顾僇辱在其后，安敢不勉乎？若夫无能之人，固知辞避而去矣——居职任事之日久，不胜任之罪

不可以幸而免故也。彼且不敢冒而知辞避矣，尚何有比周谗诌争进之人乎？

王安石在"任之之道"方面所提出的改革措施，和他在"取之之道"方面所提出的，二者是互相连贯的，也是大致统一的。而王安石在这里所反复强调的"考绩之法"和"不胜任之罪"，则也是古代法家"循名责实"思想的具体运用和体现。

王安石力主从上述诸方面培养人才，改革整个官僚体制，使其都能适应现实，适应变法革新，适应政治的需要。

最后，王安石根据当时存在的民族矛盾和阶级矛盾交织的严重局面，在《上仁宗皇帝言事书》中指出大量培养治国人才、进行变法革新的迫切性和重要性。他指出，如果不是这样，"社稷之托，封疆之守，陛下岂能久以天幸为常而无一旦之忧乎？"他引用汉唐两代覆亡的历史事实作为前车之鉴，对北宋王朝敲响了警钟："汉之张角三十六方同日而起，所在郡国莫能发其谋；唐之黄巢，横行天下，而所至将吏无敢与之抗者。汉唐之所以亡，祸自此始。"也就是说，北宋王朝如果不立即培养大量治国人才来实行变法，也难免要遭到覆亡的悲惨命运。

王安石在《言事书》中所提出的理财方针，从形式上来看，这个方针在文章中所占的比例是十分微小的，他是在"养之之道"方面力主国家应当适当增加政府官员的俸禄，也就是在"饶之以财"的项目下提出来的：

> 臣于财利固未尝学，然窃观前世治财之大略矣。盖因天下之力以生天下之财，取天下之财以供天下之费。自古治世未尝以不足为天下之公患也，患在治财无其道耳。
>
> 今天下不见兵革之具，而元元安土乐业，人致己力以生天下之财。然而公私常以困穷为患者，殆以理财未得其道，而有司不能度世之宜而通其变耳。诚能理财以其道而通其变，臣虽愚，固知增吏禄不足以伤经费也。

"因天下之力以生天下之财"，意思就是动员所有的百姓去生产天下的财富，这是一个人类向大自然要财富的见解，是一个通过劳动、通过发展生产以求增加财富的办法，也就是王安石在其他的一些场合下所说的"欲富天下则资之天地"的办法。这一办法是和当时许多大臣所提出的财富论是完全不同的。可以说，这一点正体现出了王安石的可贵之处。在后来王安石于熙宁年间主持变法时，他所制定的有关社会经济方面的一些新法，就是这一理财方针的具体体现。

一日，在王安石家中发生了一件不寻常的事。

弟弟王安礼对王安石说："近来，京城内外流传着一个南鸟北飞的故事，不知你听说没有？"

王安石说："不知道。"

"我也听说了。"弟弟王安世说。

"这个故事似乎是有意编造的，不知是针对谁？"王安礼说。

王安石听后不知其中含义。

他说："南鸟北飞之鸟即是杜鹃，传说中杜鹃本来是望帝的灵魂。杜鹃最早出现在蜀中一带，后来，在南方就渐渐多了起来。蜀把杜鹃称为子规，而越地一带把杜鹃叫作怨鸟，各地的叫法不同。它发出的声音好像在说'不如归去'。其音哀怨，诗人常常用以寄托思念归乡之情。唐人张籍有诗曰：'秦城啼楚鸟，远思更纷纷。'即是这个意思。这难道不是有所指吗？"

王安礼说："这意思我明白。但我认为是另有他意，好象与你到朝廷来就职有关系。"

"哦？"王安石略微停顿了一下说，"这话是什么意思？"

王安礼说："有人传言，一天邵雍和客人在洛阳天津桥散步，听见南鸟北飞的鸣叫声，于是便对客人感叹说：'北方没有这种鸟，现在南鸟在北方哀鸣，是很不正常的征兆。不足十年，就会有江南人以文字乱天下。'客人问道：'听到杜宇的鸣声，何以知此？'邵雍说：'天下将治，地气从北向南流，天下将乱，地气则从南向北流。现在，南方的地气到达了北方，禽鸟得地气之先，这是预兆啊。'"

王安石想到了自己的《上仁宗皇帝万言书》，他正是想以此文取得当今圣上的信任。

"南鸟北飞，乃气候所致，这有什么奇怪的？"王安石问。

他不相信这个故事与政治会有什么关系，但也隐约感到自己的政治生涯不会太顺了。

"没有任何力量能够阻止我向皇帝递交万言书。"他想。

夜里，王安石静坐在灯光下。

他把《上皇帝万言书》仔细地阅读和校对了很多遍，最后小心翼翼地封好，怀着虔诚之心转呈给了仁宗皇帝。

虽然心里急切盼望能尽快得到朝廷的音讯，但他心里也非常清楚，这事必须耐心地等待。

2.《明妃曲》风波

王安石的一举一动，似乎都能引起官僚们的注意。比如，他写的《度支副使厅壁题名记》，刻好后镶在厅壁上，马上引来许多人的观看，这是多年来没有的事了，王安石一来到朝中，便开了先河。赞赏者欣赏他的才华，但也有人持另一种态度，把他说成兴风作浪者。

一天，曾巩、吕冲之和程师孟等人来到王安石的家里。

他们谈了许多，气氛十分热烈。

他们从当今朝廷的政治经济谈到边境问题，由边境问题又谈到了以前的历史，最后谈到了汉代的王昭君。

吕冲之说："汉元帝与呼韩邪单于和亲之事，虽说缓解了边境战乱，但也造成了万代遗憾。"

程师孟说："如此之旷代佳丽，却不得不委身于夷狄。实在是千古遗憾。"

吕冲之说："这都怪汉元帝，宫妃太多，不能一一宠幸召见，枉亏了一代美人。"

曾巩说："也怪当时世风不正，画师之德不善。介甫，你意下如何？"

王安石说："这种事也怪不得画师，明妃下嫁夷狄，历来同情者很多，却都归罪于毛延寿，我以为，责任应当在汉帝。杀了毛延寿，实属不该。"

曾巩说："从来作诗赋词者都不敢责备元帝，一味同情明妃。介甫好像是在为昭君申冤。"

"事情原来就是如此。"王安石说。

四个争论者都大发议论，感慨万千。

王安石说："由王昭君，我想起了阿娇。"

程师孟说："王昭君与武帝的阿娇又有何关系呢？"

"表面看来好像没有什么关系，然其中却有异曲同工之妙处。"王安石说。

"那当然，她们俩都长得美丽无比。"程师孟说。

"阿娇是汉武帝姑母的长女，姓陈。汉武帝年纪还小时，姑母问他：'你愿娶阿娇为妻吗？'汉武帝说：'若得阿娇为妻，我当得金屋藏之。'汉武帝刘彻即位后，便立阿娇为皇后，后来，她因为骄妒而失宠，最后被打入冷宫。你们说，阿娇在宫中，与王昭君远嫁匈奴，又有什么区别呢？"王安石说。

曾巩说："介甫近日感慨良多，何不赋诗一首，以抒发胸中之感慨呢？"

"好吧，请在坐诸位各作诗一首。"王安石说。

曾巩表示赞同，吕冲之和程师孟都推辞。

于是，王安石吩咐书童展纸研墨。书童很快就准备好了。

曾巩说："介甫文才诗才在京师众所周知，你今日又是主人，理应先由你来作。"

"好，好。"王安石不再推脱，一边走向书桌一边说道，大家也跟了过来。

他想了想，提起笔，写道：

> 明妃初出汉宫时，泪湿春风鬓脚垂。
> 低徊顾影无颜色，尚得君王不自持。
> 归来却怪丹青手，入眼平生几曾有。
> 意态由来画不成，当时枉杀毛延寿。
> 一去心知更不归，可怜着尽汉宫衣。
> 寄声欲问塞南事，只有年年鸿雁飞。
> 家人万里传消息，好在毡城莫相忆。

君不见，咫尺长门闭阿娇，人生失意无南北。

王安石写一句，吕冲之随后念一句。写完之后，大家对王安石的诗都赞不绝口，拍手称好。

曾巩说："介甫的诗写得太妙了，我曾某都不敢动笔了。我只好回去把你的诗多吟诵几遍才敢提笔。"

程师孟说："王兄是写明妃呢，还是写您自己呀？"

王安石说："诗里怎么能没有自己的思想呢？"

众人说："这才真正是介甫的诗。"

晚上，王安石又把自己白天写的诗吟诵了几遍。他感到非常满意。

"人生失意无南北，难道不是如此吗？汉元帝的明妃如此，汉武帝的阿娇不也是如此吗？"他想。

王安石越细细地品味，明妃远嫁匈奴一事，越觉得有无限感慨。他想，明妃不管怎么说，在匈奴单于那里还是得到了宠爱；而阿娇呢，虽然身在汉宫，却被刘彻冷落。两件事的根源都在于当时的皇帝。

历来士大夫在朝廷任职，不也有相同之处吗？身在朝廷而得不到重视，与身在江湖又有何不同呢？在朝廷中得不到皇帝的重用，远大志向不能实现，空有满腔热血，还不如在江湖之远，以快意自己的人生。

王安石这首诗传出后，在京城名流中引起一片哗然。由此也使得王安石名声大振，欧阳修、司马光、曾巩和刘敞等人都写了和篇。在这些诗中，王安石的诗受到了很高的赞誉。

欧阳修读了王安石的《明妃曲》后，一连写了三首诗应答王安石。

欧公的诗在当时也很受人们的称赞。

有一天，王安石前去拜访欧阳修。

一见面，欧阳修便说："介甫，我看了你的《明妃曲》，的确写得超乎寻常。这首诗有感而发，真是诗如其人呀。"

王安石说："欧公过奖，欧公过奖。只不过是以诗言志罢了。"

欧阳修说："看过你的诗，我亦作和诗两首。我拿来请你过目一下。"

王安石看了欧阳修的诗，赞叹道："欧公的诗高出我的诗甚远。笔曲意深，杜甫亦难为此佳作也。"

"介甫此言过矣，过矣。这些诗都是应你的诗感慨而发，别无其他，亦有感而已。"

欧阳修高兴地对王安石说：

"虽已作诗两首，与介甫之诗对比，亦觉言犹未尽。想起当今朝廷的边境之事也何尝不与汉时有相似之处呢？试想，眼前的事情尚且如此，又何况远隔千里之遥的事情呢？想必汉元帝也是无可奈何而为之。真可谓，耳目所及尚如此，万里安能制夷狄。"

说罢，便吩咐人拿来笔墨，王安石亲自为之展纸。

欧阳修挥笔作书。写道：

> 耳目所及尚如此，万里安能制夷狄。
> 汉计诚已拙，女色难自夸。
> 明妃去时泪，沥向枝上花。
> 狂风日暮起，飘泊落谁家。
> 红颜胜人多薄命，莫怨春风当自嗟。

很明显，欧阳修的诗作可谓辞深意美，诗中也慨叹汉元帝虽杀了毛延寿，仍然无济于事，此外，他并没有像王安石那样明确地把矛头指向皇帝。

王安石把他的《明妃曲》又送给司马光看。

司马光读后，赞赏道："介甫之《明妃曲》实乃独具一格，他人莫及呀。"

司马光虽然称赞王安石的诗作得好，但是，他对王昭君的理解却明显地不同于王安石的看法。司马光表面不说王安石的诗不合情理，但在他的《和王介甫明妃曲》中观点的不同却表现出来。

在司马光笔下的汉元帝是一位有情有义的君主，昭君也是一位爱国忠君的怨女，他所指责的是欺骗君主的奸臣。这明显地表现了他们对同一问题的迥异看法。

司马光保守，王安石则激进。司马光的和诗受到了仁宗皇帝的赞赏，王安石的诗则在朝廷内外引起了更大的轰动。

当然，这种轰动既赢得了好的名声，同时也引起一些人对他的非议。

范祖禹对王安石的诗就颇有看法。他说，汉人作《明妃曲》都为明妃远嫁匈奴，失身胡虏而叹惋。读《明妃曲》者，无不悲痛感伤，历来吟咏者都是如此。而王安石所作的《明妃曲》，则说："汉恩自浅胡自深，人生乐在相知心。"这实际上就是，背弃君父之恩而言胡虏之好，王安石此举岂不是盗贼之所为吗？

范祖禹又说："王安石的《明妃曲》实则含有讽君之意。孟子有言：'无君无父，乃禽兽也。'以外邦胡虏有恩，于是便忘记了自己的君父为何许人，他不是禽兽又是什么呢？"

王安石写的《明妃曲》在京城反应很大，连他的好朋友王回，也说他不该这么讲。

各种言论传到王安石的耳朵里，他感到很不舒服。但他深深知道，这种事情不能辩解，否则越辩解越辩解不清。他自己写的诗，他自己最明白其中的情感和意思。不管它，让别人去解释议论吧。

3. 上书的反响

在这段日子里，王安石一直等待和关心的是他那篇长达万言的《上仁宗皇帝书》。他根本没在乎《明妃曲》带来的非议。他热切希望自己的文章能够引起皇上的重视。

他有信心，在当今朝廷内外没有人能写出这么有思想有条理的文章，但也把握不准高高在上的仁宗皇帝见了他的奏章，会有什么样的反应。

王安石坐在家里，思虑着这些问题，心里不免有些惶惑。他不愿多想，但却无法抑制这种思绪。

此时，王安石的长篇言事书终于转到了仁宗皇帝的手中。

皇上花了好长时间，才把这篇文章看完。仁宗并没有因为其中的言词和观点过激而把它撕掉。

其实，仁宗皇帝的心里十分清楚，王安石的这篇文章，是他多年来看到的少有的好文章，不仅文笔顺畅、结构严密，而且言之有理。

皇上也很赞同王安石的许多观点，但他拿不准该吸收哪些有价值的部分，现在该怎样在朝廷中进行一些改革。

他从乾兴元年，即 1022 年登基至今，已经在位三十八年。在这长达近四十年的漫长岁月里，大宋帝国的政治情况以及财政状况如何，他心里是十分清楚的。他又何尝不想改变一下大宋帝国的经济和政治现状呢？

让他更担心的是，有许多事情往往不变还好，一变则不可收拾，反而达不到预期的效果。

这真是英雄迟暮，心有余而力不足。

仁宗皇帝读完万言书后，便把王安石的万言书交给了宰相富弼和韩琦。

这天散朝后，仁宗皇帝把富弼和韩琦等人留了下来。当时，在场的还有殿中御史吕诲。

皇帝说："你们看过度支副使王安石的文章没有，觉得如何？"

韩琦说："王安石是一个十分有学问且文学功底好的人，在给皇上的上书中也提了许多值得考虑的建议，但也有一些不切当今实际的建议。"

"王安石毕竟太年轻，文中大谈朝廷今日之财政与人才问题，真可谓年轻气盛，缺乏冷静。"富弼说。

吕诲不认识王安石，而且也没有多少才能，他善于维护现状。他与当朝的许多老成持重的官僚关系融洽。他认为，王安石这种做法纯粹是想以文辞博得皇上的信赖和重用，以便从中谋取朝中要职。

他说："臣以为，皇上不可采纳王安石提出的建议。大宋天下成法已具规模，且沿用已久，怎能因一介书生之论而轻易更张呢？弄不好，岂不成了兴风作浪、败坏祖宗成法之举？"

吕诲又说："臣近闻王安石有《明妃曲》，诗中之意直指汉元帝，据说此中亦含沙射影地指责当今圣上。"

韩琦想起了王安石当年曾做过他的慕僚。

他说："王安石曾是我的属僚，年轻好学，熟读诗史文章，凡事好标新立异，作为一位朝廷官员，是很有特点的。但他提出的变革方案，皇上应当谨慎对待之。"

皇上说："此事不必多加议论。安石正值年轻有为，可以在朝中担任其他职务。"

王安石的长篇言事书上交给仁宗皇帝已经好久了。这期间，他一直在焦虑中等待着皇帝的回音。

他无论如何也想不到，自己耗费了许多心血的长篇报告，送去后杳无音讯，犹如石沉大海。他注重爱惜人才，也非常自信自己就是当今朝廷所需的人才。然而，皇帝和朝廷都没有这样来看待他。

这让王安石非常伤心和失望。

二、勉为朝官

朝廷曾多次授予王安石官职，他都毫不犹豫地拒绝了。

中书门下再次向皇帝报告说，度支判官、祠部员外郎王安石多次被授予官职，都坚持不任，建议升任他为直集贤院。

诏书下来了。王安石并没有兴奋起来。他的志趣并不在这里，他希望皇上能够给他一个让自己有所作为的职位，能够让他真真正正地做一件有意义的事。

王安石多次上奏说，他没能力担任这个职务。他一连辞职九次也没能辞掉，无奈之下，他不得不接受了这个职务。

北宋嘉祐五年（1060 年）12 月，王安石和司马光这两位旗鼓相当而又年轻有为的官员，一同被宋仁宗任命为起居注。

起居注是个地位虽高，但对国家政治起不了什么作用的清要之职。王安石意识到了这一点，始终坚辞不就，他再三地推辞，朝廷也坚持要求王安石就任。王安石一直以自己资历太浅，不敢超过别人为由，多次向皇帝申明他不能胜任这一职务。

对于此，司马光开始并不知道，后来他知道王安石辞职的态度非常坚决，他的辞职态度也坚决起来。

司马光对皇帝说："王安石文章浑宏壮阔，是当世少有的，举国上下的士大夫都很推崇他的才能。皇上把这个职务授给他，他况且坚持推让，拒不就任。像我这样的才能空疏之士，又有什么可称道的呢？我与安石相比，差距太大了。我又怎么敢接受这个重要职务呢？"

皇帝说:"我了解你,这个职务你完全能够胜任,朝中许多人都推举你的为人处事。王安石的文章也确实写得好,朝廷内外称赞的人很多。"

司马光说:"容我再想想。"

此时司马光与王安石相交甚笃,这个职务他如果接受,不知道王安石会如何看他。他也担心别人说自己没有王安石谦虚。

但司马光不像王安石如此固执,王安石决定要做的事,几乎很难有所改变。而司马光则与王安石不同,他不好意思像王安石那样老是推辞不就,司马光此时也不知道,王安石的心里究竟想些什么,王安石是真的出于谦虚?他知道,王安石在此之前就曾经辞任过好多次。

在这场比赛中,司马光没有胜过王安石,当第五次接到任命时,司马光接受了这个任命,王安石则依然推辞不就。

王安石的辞呈上至第八次时,中书门下的官僚对王安石开始有意见。

他们对皇帝说:"王安石已经八次提出辞呈了。司马光虽也一直提交辞呈,但最后还是接受了。而王安石却固执得要命,干脆就批准他辞职算了。"

仁宗说:"王安石不愿就任,朕亲自下达任命书。"

皇帝把任命书写好,命令阁门吏把诏书送到三司的度支副使厅交给王安石。王安石预先知道了皇帝有这一招。看到阁门吏到来,王安石便急忙躲到厕所里。阁门吏等了好久,王安石也不从厕所里出来。

阁门吏心想:"居然还有这样的官吏,皇帝亲自授予他官职都不要,还躲藏到厕所里,这真是天下一大怪事。"

没有办法,阁门吏只好把诏书放在桌案上,然后离开三司回去了。

阁门吏一走,吕冲之赶紧告诉王安石。

王安石从厕所里出来,看到诏书已经放在他的桌子上,慌了,赶紧派人拿着文书去追阁门吏。

王安石觉得,任职太多,有可能留下的憾事也就更多。尤其是那种地位甚高,而又没有实权的清要之职,他就更不愿意接受。有时担任这种职务很可能会出现费力不讨好的结果,因此,他不想轻易地接受朝廷的任命。

但王安石又考虑到,这次是皇帝亲自下令,并亲自派人送来诏书。如果太固执,也将留下不好的印象。于是他勉强接受了皇帝的任命。

仁宗皇帝虽办事优柔寡断,但毕竟是在位多年的皇帝,也多少知道点什么是人才。他虽然把王安石的万言书扔在一边,但王安石本人已给他留下了相当不错的印象。

1. 苏辙之争

嘉祐六年(1061 年)6 月 27 日,即在任命王安石为起居注之后的六个月,仁宗皇帝又任命他为知制诰。

　　这是一个非常显赫的官位，不仅能够经常出入于皇帝左右，而且在一般朝廷官员眼中，这是一个非常难得的职位。但是，王安石对这一职位仍然不是很满意：整天替皇帝起草诏书和文诰，实在是很枯燥无味的事情。

　　这次，他没有再辞任。王安石想，这毕竟是一个好机会，能更多地接近至高无上的皇帝陛下。他给皇帝写了一份谢表，在谢表中，王安石除了例行一番谦虚之辞外，又再次表白了他对人才的看法。

　　他说，皇帝陛下如果不把臣子看得贱如犬马的话，臣子当极尽忠孝。

　　此间，王安石又写了一篇题为《才论》的文章，也是针对当今朝廷的人才政策而写的。

　　他说，最高统治者在当今人才的搜求和任用方面存在着许多问题，而求才方面则显得更为突出。他认为，现在实行的人才政策有三大弊端：一是朝廷目光短浅，没有远见；二是朝廷高傲自大，不愿屈己求才；三是自以为天下没有人才。这三者表面看来有区别，但由此带来的后果是完全相同的，最终必将导致国家"败乱危亡"。

　　王安石说："朝廷说当今天下无才，我实在不敢相信。天下不可谓不大，四海不可谓不广，人物不可谓不多，我现在只是以为皇上不寻求人才，不利用人才。"

　　仁宗任命王安石为知制诰不久，八月，司马光被任命为朝廷谏官。本来，这两位原本相交甚好，但是，司马光被临时派遣负责今年考试的试卷评阅。这一次，两个人要在一起共事，由于在给考生试卷定等级的时候，两人意见不统一，由此，他们之间就产生了矛盾。

　　这一年，宋仁宗于崇政殿，亲自主持了一次测试贤良方正直言进谏科士人的朝廷考试。

　　王安石被任命为详定官。依照宋代的考试条例，由初考官阅卷后先定等级，密封后再送给复考官，由复考官再定等次，最后送给详定官复核审定。

　　王安石在审定试卷中发现，宋代的考试制度确实存在着许多弊端。他认为，本朝科举考试的辞赋和经义，如同扬雄的笔墨游戏一般无聊，这种考试制度极不利于人才的选拔，必须有所改革。考试条例虽然非常严密，但只是靠文章来衡量，不一定能选出真正优秀的人才。

　　宋代的大文豪苏轼和苏辙都参加了这次考试，司马光认为，他们两个人的答卷无论从何方面说，都是非常优秀的，都应在录取之列。但是，苏辙在答卷中言辞却非常尖锐。他批评了仁宗皇帝不关心西北边防，沉溺于后官，不关心朝政，赏赐无度。

　　在评卷的时候，关于苏辙的考试成绩问题，发生了争执。司马光和范镇都主张录取苏辙，但司马光主张苏辙应该判第三等，范镇则主张应该判为第四等。

　　考官胡宿说："苏辙的试卷中把唐穆宗和唐恭宗所在时代称为盛世，按理是不能在答卷中出现的，答非所问，不应该录取苏辙。"

司马光说："苏辙能够毫无顾虑，敢于直陈朝廷的是非得失，在考生中是比较直率坦诚的。若不录取苏辙，天下人会议论纷纷，人们知道后，又有谁还敢向皇帝和朝廷进言呢？"

双方争论不休，难分高低，最后，只好请求皇帝的裁决。

仁宗皇帝说："考试的目的就是要求考生直言，阐述自己的观点，现在你们却以直言为名而不予录取，天下将会怎样评价我呢？"

苏辙最后被定为四等。

之后，考试结果和任命书都交到了王安石这里，要王安石写制词。

王安石对苏轼的评判没有什么异议，很快就给苏轼写了制词。但他却不愿意给苏辙写制词。

宰相韩琦劝王安石给苏辙写制词，王安石就是不答应。

韩琦笑着对王安石说："苏辙的对策中说，宰相不中用，需要娄师德和郝处俊这样的人来担任，怎么能说他尊崇宰相呢？"

王安石说："不管怎样，这个制词我不写。"他始终没有接受宰相的命令，韩琦只好另派人写。

这件事使王安石得罪了不少大臣。苏东坡的父亲苏洵知道后，对王安石非常不满，说王安石不注重人才。本来，他对王安石就没有好印象，现在他更恨王安石了，他背地里将王安石痛骂了一番。

2. 再次上书

不久，王安石从别人那里得知，他的上皇帝万言书为什么会石沉大海杳无音信，是因为他在上书中反对聚敛媚君，主张贷款给百姓并且纠正因循苟且的朝廷恶习。所有这些言辞，都引起了朝廷中一部分人的强烈反对。这些人再三地在皇帝面前诋毁王安石。

仁宗皇帝虽以仁慈著称，却优柔寡断，长期在位，却不能卧薪尝胆、励精图治，每年只是依靠纳币输绢给辽国和西夏，以换取暂时的苟安。如今，仁宗暮气重重，而文彦博和富弼等重要大臣又是不思变革、因循守旧之人。

王安石又给仁宗皇帝写了一篇言辞激烈而又非常诚恳的上书。他想再次通过自己的见解和文辞引起陛下对他的重视。

王安石想再一次警示和唤醒皇上对他的记忆。

他在上言书中写道，自古以来帝王在位时间久了，假使没有最诚恳的忧患意识，即使不对天下的百姓施加暴政酷刑，天下也会大乱的。天下，是最大的器物，不大力申明法令制度，就无法维持天下，不广泛地培养贤明智慧的人才，就不足以保护天下。没有至诚之心，就不能讲求法令制度和考察天下贤能的才士。真正的人才不能重用，法令制度不建立，苟且偷安以度日，天下必有大乱之日。

依鄙臣之见，不能说朝廷已经重用真正贤明智慧的人才，当今政策的贯彻实施，不能说是已经符合法令制度。

如今，官吏混乱，百姓贫困，风俗在一天一天地败坏，人才物力在不断穷困，而皇帝陛下则高高在上，不闻不问，毫无用贤重法之意。

因循守旧，苟且偷安，贪图安逸，无所作为，可以侥幸逃过一时，却难以持久下去。晋武帝、梁武帝和唐明皇这三个皇帝，不都是因此而招致祸乱，后悔也来不及了吗？

用这些历史事实来衡量当今朝政，还可有所作为。臣以为，没有比现在更为迫切的了。时机一旦失去，陛下也将有追悔莫及之日。既然如此，当务之急，皇帝陛下您应当重才制法。

"《尚书》有言：'如果吃了药而不感到头昏眼花，他的病就不可能治好。'我希望皇帝陛下所注重的应是涉及终身的大病，而不应当把一天的头昏眼花不疼不痒的小毛病当作苦恼的事情。"

最后，王安石说："我有幸被陛下提拔任用，担任侍从之职，当与朝廷荣辱与共。这就是我为什么敢于越职进谏而冒着可能做不好本职工作的风险。"

"我再次希望陛下深思熟虑，警醒自己，那么，天下百姓就会感到十分幸运。"

仁宗皇帝拿到这篇字字铿锵、句句有力的上书，心里一阵战栗。臣子的拳拳之心，救弊的急切之情，即便是在百年之后读诵它也会为之动情的。

但是王安石最终没能从仁宗皇帝那里得到任何答复，当然也不可能从皇上那里得到任何希望。即便仁宗皇帝内心深处知道王安石作为一个臣子的忠孝之心和治世之志，但这又有何意义呢！

3. 闲居京城

嘉祐七年（1062年）10月21日，仁宗皇帝下诏任命知制诰王安石为同勾当三班院。这一职位仍然是清要之职，这对王安石来说，他的兴趣根本不在这里，这种没有实权不能实现他的主张的职务，他是根本不看在眼里的。仁宗皇帝不会把大权交给王安石，现在也不可能把大权交给他。他读过王安石的上书后曾想，他一旦任命王安石要职，将会得罪朝廷中的一大批要员，朝廷将会出现意想不到的政治风波。

一天，仁宗皇帝到龙图阁召见辅臣、近侍、三司副使、台谏官、皇子、守室、驸马都尉主兵官观看列祖列宗的御笔。又到宝文阁，写飞白体书，这一次，随从的大小官员都从皇帝那里得到了赏赐。

仁宗皇帝对大臣们说："很久以来，天下太平无事，今日朕与众卿共同分享，大家应当尽情饮酒，一醉方休，请各位不要推辞。"

此时王安石从皇上的神态和说话的语气中隐隐约约感觉出，皇上已经命近暮气，在位的日子不多了。振兴朝纲朝纪，改革政治已非仁宗所能办到的了。

皇帝点名要王安石赋诗一首。王安石从年仅五十三岁的皇帝眼神中看到了对自己的赏识，同时他也从仁宗皇帝那蒙眬的目光中看到了自己的志向是渺茫的。

皇帝把宫里的花卉、金盘、香药等物赏赐给臣下，并特意召宰相韩琦到御榻前，赐酒一杯。这天所有随从的官员都喝得酩酊大醉。

嘉祐八年（1063年）3月30日，仁宗皇帝饮食起居的福宁殿内还是如同往日一般，仍然是一片平静安宁的气氛。大臣们进进出出，请皇上批阅文书，宫妃如往常一样静候在皇帝的身边，侍候皇上。

对仁宗皇帝的生命即将走向终结，王安石不像他的同僚那样敏感，他仍为皇上草拟和抄写文件，做着他平常所做的事。

宰相韩琦和宋室忠臣司马光，及朝廷中的一些臣子已明显地看出，仁宗皇帝那平静安宁的神态下面，生命在发生骤变。皇室内外都时时在考虑朝廷皇权应该由谁来接任。

这天初更时分，仁宗忽然起身，急着向御医要药吃，并且急命近臣召见皇后。

皇后匆匆忙忙来到福宁殿，此时仁宗却说不出话来，只是用手指着心胸。皇后赶紧召唤医官诊视，给皇上下药，又用艾草按穴位烧灼，但都无济于事。

当天三更时分，仁宗皇帝驾崩于福宁殿。

王安石得知皇上驾崩的消息后，伤心得半天说不出话来。他以为自己虽然没有像其他官员那样对皇帝尽心尽责，但他认为自己对大宋帝国的天下最问心无愧。

从到朝廷做官一直到现在，王安石都是用尽自己的所有学问和智慧，企图说服皇帝进行改革。仁宗皇帝的驾崩，有可能意味着他所做的一切努力都要成为泡影。

此时，王安石待在家里，百无聊赖，潜心治学，寄兴于诗词。

他口中念念有词："国以任贤使能而兴，绮贤专己而衰。此二者必然之势，古今之通义，流俗所共知耳。何治安之有之而兴，昏乱之势虽有之亦不兴？盖用之与不用之谓矣。有贤而用，国之福也；有之而不用，犹无有也。"

"一朝天子一朝臣，这是从古到今的通则。"王安石想。

第五章 应召入朝

一、为母守丧

1. 慈母去世

自宋英宗登位以来，王安石心里很是郁闷。

母亲从四月就开始有病，一直就没有好过。这就使他的心情更加不愉快，因此对朝中的事情他也不怎么上心了。

王安石知道此次来京想大干一番事业的理想成为泡影，孝君为国不能，养亲事亲也为天经地义的事。

他想护送母亲回江宁，自己也好尽些做儿子的孝心。

母亲对王安石说："儿啊，这些天一直没见你上朝，我见你整天闷闷不乐的样子，心里是否有什么不愉快的事？"

"这段日子里朝廷也没有什么大事，您老人家现在身体欠佳，做儿子的在家里尽点孝心，也是情理中的事。"王安石说。

母亲说："以前有人对我说，朝廷多次任命你，你都因家贫而辞任，辞任达十几次之多，说我为什么不劝劝你，家庭困难只是暂时的，坚持坚持就可以过去了。我对他们说，这不是我能过问的，你的事你自己决定，我现在还是如此。"

王安石说："我从来都是按照您老人家的教诲去为人处事的。不过，我现在有个想法，想辞掉朝廷的官职回家，到地方任职，这样能够更好地发挥我个人的长处，收入或许要比现今好些，也更有条件和时间侍候您老。如此，既能为百姓做点实际的事，又能尽养亲事亲的责任，您看如何？"

"看你，都想到哪儿去了，我年岁已高，这么多年风风雨雨都过来了，我难道不是那种安于天命的人吗？既然是这样，又哪有那么多的要求呢？"

母亲笑了，笑得那么的慈祥。

王安石整日里待在家里，细心地侍候着母亲大人，到处请医生为母亲看病。此时的王安石心中充满了惆怅。

母亲静静地躺在病榻上。

六月的阳光明丽而灿烂，宽敞的厅堂在阳光的衬托下却显得十分暗淡，使人感到一种压抑感。

母亲的病越来越重，王安石几乎日夜守护在她老人家身边。八月，母亲在京中去世。

2.《辨奸论》风波

料理完母亲的后事后，王安石邀请各路好友来家里做客。在应邀的官员中，也有苏洵，但苏洵始终都没有来。王安石心中明白苏洵不到的原因，这令他想起了前时发生的事。

那天，王安石正坐在客厅里和母亲说话。

此时，弟弟安礼回到家里，进屋后，向母亲大人请过安，便把哥哥叫到书房里。

王安石说："安礼，有什么事吗？"

安礼说："听说，苏老泉写有一篇题为《辨奸论》的文章，说这篇文章是针对你的。"

"此事我已经听说了，但不知是不是真的出于苏洵之手，我仔细考虑过，我并没有得罪过他，他究竟怨恨我什么呢？难道是因为我当初不愿意为苏辙写制诰词吗？那也不只是我一个人的意见呀！即使如此，他也不应该这样办，算了算了，不必计较这些事情了。"王安石说。

安礼说："兄君来朝廷只不过几年的时间，忌恨你的人不少啊！幸亏现在你还不是朝中举足轻重的人，否则诽谤之言更多。"

"这很正常，早在几百年前，曹丕就曾说过，文人相轻，自古就是如此，何况当今世道呢？且不去管它，随它去吧！"王安石说。

王安石嘴上虽这么说，但心里肯定还是不舒服。他自己也很明白：来朝廷任职的时间不短，不经意中便会得罪一些人，现在，来自各方面的压力都有。

不过他怎么也想不到，在他还没有真正拥有朝廷大权的时候，他平常的外表，他的不修边幅，他的好谈诗书，他的好论周公孔孟之道，他的才大志大，他的固执己见等等，都成了别人称他为"奸臣"的证据。

老苏揣着他写的《辨奸论》来到老朋友张方平的府上。

老苏说："人不可貌相，有的人外表与内心是不一致的。想了解透一个人的性格是很难的，即使很聪明的人有时也很容易上当受骗。只有冷静地观察和分析，才有可能看清一个人的本质，对此，你以为如何？"

张方平说："您是话里有话？"

老苏说："先生乃熟读史书之人，你该知道王衍、卢杞是什么样的人。王衍以辩才而著称，卢杞是一位外表丑陋但却富有谋略的人。据说，主人接待卢杞时，首先把舞女歌伎屏退，怕他把家里的女人吓得晕倒过去。如果不是当时的皇帝昏庸无能，用人只看外表不看品德的话，王衍和卢杞所作所为还不至于使朝廷败坏和国家破灭。

如今，朝廷中也有这么一个人，这个人不仅有王衍的辩才，而且具有卢杞的谋略和丑相，自以为自己有周公那样的雄才大略，有孔孟那样的宽广胸怀，而事实上并非如此。我想，如果这个人得到皇上的重用，他比王衍和卢杞对当今国家和朝廷的危害作用，有过之而无不及。这个人便是王安石。"

张方平说："王安石能至于此吗？"

"你我老相识了，难道还不相信我？"老苏笑着说。

"王安石的文才和道德是大家公认的呀。先时，王安石任知制诰，工作勤勤恳恳，忠于皇上。您没听说吗？他在任知制诰时，勤于苦读，忙于政事，他的夫人看到他如此辛苦，便特意买了一个女用人来侍候他。"张方平说。

老苏说："这能说明他的道德高尚？"

"一天，王安石散朝回到家里，看到家中有个不认识的漂亮女人，感到非常吃惊。问那位女子这究竟是怎么回事？那女人走到王安石的面前说：'夫人要我来侍候大人。'王安石生气地问那女人：'你是谁？'那女人说，她丈夫负责军队的粮食运载，船沉了，货船全坏了。变卖了家中的全部家产也还不起债，丈夫只好把她卖了。王安石问那女人身价多少，那女人告诉他九百缗。王安石要女人把她的丈夫找来，狠狠地训了那个女人的丈夫一顿后，给了他九百缗钱，让他把他的老婆带走。就这件事足以说明王安石在人品道德上是无可挑剔的。"张方平说。

"这完全是一种假象，这全是道貌岸然的伪君子的表现。张公您是明白人，怎么也让假象所迷惑呢？"老苏说着，又从口袋里掏出《辨奸论》给张方平看。

张方平接过文章一看，书中写到："现在有一个人，口诵孔老之言，身履夷齐之行，收召好名之士、不得志之人，相与造作言语，私立名字，以为颜渊、孟轲复出。而阴贼狠险，与人异趣。"

老苏说："这种人能言善辩，甚至可以骗得当今皇上的信任，然而他一旦得势，一定会给国家带来不可想象的后患。"

老苏在《辨奸论》写到："夫面垢不忘浣，此人之至情也。今也不然，衣臣虏之衣，食犬彘之食，囚首丧面而读诗书，此岂其情也哉？凡事之不尽人情者，鲜不为大奸者。"

张方平说："我曾经和王安石一起监考乡试，我看出，他是一个十分固执的人，但觉得他还不至于到像你所说的如此地步。明允公是否与王安石有什么过节？"

老苏说："你我在川蜀时就已是至交，你深知我的为人，我写这篇文章并非出于个人私怨，实是察人观行，且证之以古今事，而后有所发的。"

王安石终于明白，那篇文章很有可能是老苏写的。但他一直没有声张。

母亲的病故，使王安石更没有心情留在朝廷中，根据传统的礼节和规矩，他必须辞掉官职，回家给老母亲守丧。现在，王安石正在等待日子护送母亲大人的灵柩回江宁。

母亲逝世的当月，王安石辞去知制诰的职务，得到朝廷的允许后，举家护丧扶灵柩归江宁。

处在江湖之远的王安石一边沉浸在母丧的悲痛之中，一边对仁宗皇帝的逝世给予虔诚的哀悼。仁宗皇帝在位时，王安石虽然没有受到真正的重用，甚至连他精心草拟的万言书和上书政书，都没有在已故皇上那里得到一丝回应。但也许是仁宗皇帝的宽容给王安石留下了深刻的印象，他一连给仁宗皇帝写了四首挽辞。

3. 名医陈景初

经过长途奔波，本来身体就不是很好的王安石也被累出了病。而后，全家人都因身体疲惫不堪而一一病倒。

王安石特意请了一位当时比较有名气的医生来给全家人看病。大夫名字叫陈景初，他的医术果然高明，吃了陈大夫开的药后，全家的病很快就好了。

人处在疾病和贫困之中，极易变得多愁善感。贫病是人生道路的一大灾难，也是人生的一剂良药。它可以让人感到生命的重要，感到健康的宝贵。从贫病中，不仅会思考自身，思考远方的亲朋好友，也会思考自身以外的社会和世界。

陈大夫对王安石说："先生您其实也没有什么大毛病，生病的主要原因是劳累过度所致。吃些药，好好休息一下，很快就会恢复过来。"

王安石说："先生真是华佗再世呀！全家能像现在这样，全有赖于陈大夫。"

"谢谢先生看得起我这样的平民大夫，能给先生全家人看病实感荣幸。给官宦人家看病不是件容易事，许多当官的人，都瞧不起我们这种看病的人，就是给我再多银子，我都不会给他治病。大家同样都是人，为什么他们当官的就要比我们高贵呢？有本事自己治病好了。人活在世上，不就是争一口气吗？我为什么非要受他们这口气呢？当今社会像先生这样看待我们医生的人，实在太少。"陈景初说。

"陈大夫，请你来给全家治病，有什么照顾不周的地方还望多多包涵。"王安石以为大夫说这番话是针对他的，所以回敬他几句。

陈景初说："我说话太直率，是不太讲究的，也是看先生您待我好，我才说出这种话，您千万别见怪。"

王安石说："你是有才之士，只是不愿意走仕途这条路罢了，我们都已经成为朋友了，说话哪用得着这么客气？"

"这也是人各有志吗？阳关道和独木桥各有各的优点。不过，恕我直言，你们这些当大官的既太高贵，又太低贱；高贵者则居高官享受厚禄，甚至能在一人之下万人之上，名声显赫；低贱者则舍身忘命以博取皇帝要臣之宠，钩心斗角、阳奉阴违以获得高位。可人生在世，多则百年，少则几十年，这难道不和乡间草民一样，匆匆如过隙之驹乎？"医生说。

王安石说："作为人子就应当尽孝道之心，作为人臣就应当尽忠诚之志，作为人友就应当尽坦诚之情。人在天地之间，无不有所羁也。"

"所羁者多，所累者也就越多。现在人不在朝廷中，就没有必要想太多的朝廷中事。衙门里是多事的地方，朝廷是官官相争之地。你们做官的人大都是饱读诗书之人，常常谈论的是治国平天下之事，我们这些人同你们不同，多少有点道家味道，喜欢随心所欲不受约束。王先生，你认为我说的如何？"医生说。

这的确说得在理。王安石毕竟是朝廷命官，身离京城很远，心里却担忧朝廷的事。不在那个位置上就不要参与，这句话对王安石来说并不完全适用。他由此又想到当今朝廷和社会的种种弊端。

陈医生说："人有病，需要大夫医治，国家有病，当有国医。先生应为国医，治理国家之病，鄙夫是人医，唯治人病而已。国医的病需要人医来治疗，我不知道我这个医生是不是比你要高明许多？"

这话一出口，把王安石全家都逗乐了，陈先生也大笑起来。

"国家和人一样，人有大病，国也有大病，朝廷同样也有大病。大病必须根治，人不消除病根不能健康，国不根除病源，亦难以振兴，朝廷得不到治疗，法度不确定，朝廷同样也无法振兴。现在的朝廷和国家也亟须像你这样的医生，因为它们都得了重病。如果它的病得不到治理，就很危险。"王安石对医生说。

医生说："这可是像您这样的国医的事情，人得了病，鄙夫或可一治，国之有病则与我们这些江湖中人毫无关系。"

说完，两人都大笑起来，医生看上去笑得很轻松爽朗，而王安石的笑却带有几分苦涩。

在医术高明的大夫陈景初的治疗下，王安石的病很快就康复了。

王安石为母亲守丧的时间，不知不觉就期满了，他的身体也早已恢复健康。宋英宗治平二年七月，即1065年7月，朝廷多次下诏令王安石回朝廷就职。八月，朝廷任命王安石为工部郎中、知制诰。王安石推说身体不好，不能按时到京就任，他的辞状言辞恳切，恭敬有加。

4. 好友王微之、韩维

宋英宗治平元年（1064年），王安石确实是为母亲大人在家里守丧。除了提点刑狱蔡侯邀请他到虔州去考察了一番外，他很少出去，或者在家里看书作文，或者在江宁漫步作诗。长江的滚滚波涛，玄武湖的山光水色，南国的山水风光、柔和清风，给王安石带来的是一种北国京城中难以享受到的温馨和舒适，这一切使他感到非常惬意。

历史总能把有历史感的人带进历史的长廊之中，在历史的废墟中，总让有历史责任感和现实使命感的人想起历史的故事。每一个王朝都有它兴盛的原因，又有它走向灭亡的故事。历史总有它惊人的相似之处。

在历史的废墟中行走，置身于历史的尘埃中，位于风景名胜中闲居的王安石，心中又不免升起无限的感慨。

江宁,即现在的南京。它曾经是吴、东晋、宋、齐、梁、陈六朝古都,如今展现在王安石眼中的是一片令人伤感的荒凉境地。

走在长满青苔的石阶上,仁立在南唐后主李煜建立的望月台中,此时这座望月台经历了历史的风吹雨淋之后,它昔日的神采风姿几乎消失殆尽,陈旧的斋阁上萦绕着几缕香烟。

王安石说:"江宁曾经是多么繁华的古都啊!转瞬间一切都消失殆尽了,来来往往的六朝人物都如烟尘一样飘走了,险要的钟山石城早已被冷落,只有滚滚长江水从天际奔腾而来,又汹涌而去。"于是,吟诗道:

> 六朝人物随烟矣,金舆玉几安在哉?
> 钟山石城已寂寞,只见江水云端来。

王安礼说:"兄君真可谓睹物生情,伤感无限呀?南唐后主文采卓绝,可江山易主,怎能不令人叹息呢?"

江宁知府大人王微之眯起一双小小的眼睛,仿佛想透过那历史的烟尘去洞察历史的过去,寻找盛世的风光。说到南唐后主,王微之这位富有文才诗情的知府大人,想起了南唐后主的佳作《虞美人》,于是唱了起来:

> 春花秋月何时了,往事知多少!小楼昨夜又东风,故国不堪回首月明中。雕栏玉砌应犹在,只是朱颜改。问君能有几多愁,恰似一江春水向东流。

站立在高高的望月台上,高瞻远瞩,整个钟山石城优美的风景尽收眼底。历史的风云和现实的境况就是如此地飘忽不可及之处,当初的一切又仿佛历历在目。

王安石说:"这里的宫殿曾经是那么的豪华,游乐打猎的场面,浩浩荡荡的人群,气势是那么的宏大,而现在都被废毁、湮灭。呈现在人们眼前的只是一片荒凉,这是由于南朝陈后主的荒淫奢侈,国家最后灭亡。"

在清风丽日下,玄武湖泛起微微波浪,闪现出鳞鳞波光,几只小舟在湖中荡漾,游人清脆悦耳的歌声,飘荡在翠绿的林荫碎影和亭台楼阁之中。

王微之深有感慨地赞叹道:"好一块生人养人之地呀!汹涌波涛的长江水,优雅宁静的玄武湖。天光水色,风土人情,与风沙弥漫的北国相比,此地可谓是一块风水宝地。无怪乎介甫君每当遇到不顺心的事时,都想独居江宁。"

他们一边走,一边闲聊;一边观赏,一边唱和。看上去王安石对这里的山光水色似乎并不是特别感兴趣,或许是因为他多年住在这里的缘故吧,似乎没有多少赏游的心情。

王微之说："介甫君，是我说的不正确吗？"

"又何尝不是如此呢？江宁确实是一块养人的风水宝地。只可惜在这块风水宝地里，隐藏着许多令人伤感的事情。"王安石说。

安礼说："兄君又多愁善感起来了。如此美好的日子，与微之兄结伴赏游，能不能让我们大家高兴一点。"

说话之间，他们已游览到了玄武湖旁边的景阳井。在阳光下，景阳井的水似乎泛出一股清淡的胭脂味，井水也映照出淡淡的胭脂色。

王安礼说："大家来看，陈后主与张贵妃在此艳浴留下的胭脂都好像还没有彻底褪去，可想他们当时是多么的荒淫奢侈呀。"

"什么景阳井、胭脂井，简直就是耻辱井，所以现在都称之为'辱井'。"王安石说。

"景德二年（1005年），陈后主在光昭殿前修建临春、结绮、望仙三阁，所有的窗牖、户壁和栏杆都是用结实昂贵的檀香木做成的，用金珠玉翠和珍奇瑰宝加以装饰，微风一吹，在数里之外都可以闻到这里的香味，晨曦初照，便光耀满庭。后主住在临春阁里，张贵妃居住在结绮阁中，而龚、孔二妃居住在望仙阁里，他们终日过着淫靡奢侈、醉生梦死的生活。"王安礼说。

王安石说："祯明三年（589年），隋军渡过长江，攻占宫城，后主与贵妃张丽华便隐藏在这口井里，到了半夜，就被隋军抓获，所以后人称此井为'辱井'。"

王微之说道："陈后主不但不思朝政和国家百姓之大事，反而变得更加骄奢放荡，根本不考虑危及国家存亡的边境事务。陈后主坐在张贵妃、孔贵人等八个绝色女人中间，江淹和孔范等十人参与宴会，当时称他们为'狎客'。饮酒作乐时，命令八个艳丽女子采笺，让狎客即兴吟五言诗，十客一起作诗唱和，谁的诗最后作出来，就罚谁喝酒。君臣常常喝得酩酊大醉，不省人事，从前一天太阳落山喝到第二天太阳从东方升起，是常有的事。"

"陈后主整天沉湎于饮酒唱曲，臣子附和其中，举国上下一片昏乱，作为一国之主、一朝天子，整日骄奢淫逸，竟连国家大事都不去问了，难道还有不亡国的道理？"王安石说。

王微之说："幸运的是，太祖皇帝讨伐南方诸国，统一了天下，先主也成为神明天子。"

说到这里，王微之深有感慨，诗兴大发，便吟诗赋句起来。

此刻，闲居江宁刚写过辞任书的王安石，也带着对当今朝廷和国家的叹息，与王微之唱和起来。

王安石的好友韩维常来看他，韩维是英宗皇帝的儿子赵顼的记室和侍讲。赵顼也就是后来的宋神宗，赵顼做皇帝后，王安石得到他的重用，改革理想才得以实现。

王安石说："韩维，你现在真可谓身挑重任啊。"

韩维说："何以见得？"

"你身为皇子的记室和侍讲，皇子将来发展如何，就看你如何调教了。你现在所肩负的也就是国家和朝廷的未来。"王安石说。

韩维说："我看颖王赵顼秉性谦虚，能够礼遇宫中属官。对我也很注重礼节，有事都向我咨询请教，我也是尽心回答。甚至连进退起拜这样的一些小事情，都能一一反复练习。有一天颖王赵顼闲坐，我在一边陪侍，近侍拿来一双弓样靴呈送给颖王，我对他说，颖王哪能用得上这个？颖王立即命令近侍拿走毁掉。"

王安石问："皇子悟性怎么样？"

韩维说："英宗皇帝当初病重的时候，颖王有时说话太重，有伤害太后的地方，太后哭诉于我，同时责怪颖王。我们只好耐心劝说道，皇上病重已失去太后的欢心，您应当恭顺孝敬太后才是，您不能惹她生气。如果您不极尽恭顺之礼，恐怕皇上和您都要遭到祸害。他听后便心有所悟，此后便一一改之。"

王安石说："你除教皇子礼仪方面之外，也应当教他一些古今治乱存亡之事。"

韩维说："大宋帝国建国已久，积弊已深，恐怕当有全力革新之皇帝才能济之。"

王安石并不是那种只安于现状而不想变革的人，仁宗在位时，他极言劝谏，也没能激发他进行朝政革新的思想，现在英宗多病，又与太后不和，且执政老臣循规蹈矩、苟延残喘于陈规陋习之中，英宗在位期间，恐怕难有革旧树新的行动。王安石这样想到。

这年十二月二十一日，英宗卧床不起，病情日益严重。辅臣往来于皇宫内外，宰相韩琦向英宗回报说："陛下长时间不能上朝处理政事，朝廷上下焦虑不安，应该早立太子才是安定人心之计。"

英宗皇帝点头表示同意。

韩琦请宋英宗亲笔书写诏书。英宗皇帝躺在寝宫的病榻上，脸上微微流着虚汗，用他无力而颤抖的手写道："立大王为皇太子。"

韩琦说："一定是颖王。"

英宗随后又在后面写上"颖王顼"三个字。

韩琦说："望陛下现在就命学士起草诏书。"

……

不言而喻，赵顼将是大宋帝国未来的皇帝。思考怎样振兴大宋朝廷和治理帝国天下，这一重任已经落在了他的肩上。

韩维继续向皇太子灌输他的好朋友王安石的治世方略。

赵顼问韩维说："怎么才能跨越两汉，超过三代，而后达到三皇五帝那样的盛世呢？"

从以上可以看出，这位年仅十七岁的颖王，很有一番治世济时的远大理想。

韩维说："我想再从人才这个方面来谈谈治理国家的问题。有贤才的人并且国家能够重用他，国家就会有福气，有能力的人而国家不重用他，就等于国家没有人才，国家也就不会有福气。"

颖王说："你能否举些实际例子来说明一下。"

韩维回答道："商朝的兴盛，是因为有仲虺、伊尹这样的贤才，即使商朝衰落的时候，也有三位贤者辅佐。周朝的兴盛，是因为有十个同心合德的贤能之士，即使在它衰落的时候，也有祭公谋父和内史过等人。两汉兴盛的时候，有萧何、曹参等有智谋的贤臣，在其衰败的时候，仍有王嘉、傅喜和李固这般人为朝廷出谋划策。魏晋以降，直至李唐王朝，就更举不胜举了，以史观之，这些时代无论兴盛还是衰败，贤能之士都能得到皇上和朝廷的重用。"

"当今之世，又当如何认识和利用人才呢？"颖王又问道。

韩维说："现在也和古代一样，现在的天下也如同古代的天下，如今的士人百姓也就是古代的士人百姓。国家因为任用贤能智慧之士而兴盛，放弃贤才能士一意孤行就会导致衰亡。这是必然的趋势，是古今不变之理。有了人才，才能革新政治，振兴朝纪，国家才能聚财增财，才能长治久安。"

"你讲的这些不都是王安石的观点吗？"颖王说。

韩维说："大致是他的观点。"

"王安石的确是一个难得的人才。"颖王说。

此时，王安石正以闲雅的心情悠游于金陵古城的风光中。晨曦丽日中，古松在清风朗月下，显得尤为挺拔青翠，朝气蓬勃。

金陵历史上那些开创天朝基业的君主们，历尽千难万苦而能孤身夺取江南的大片土地，而他们的子孙后代们，个个庸碌无为、不思进取，虽然拥有无数座城池和大片领土，却大都投降了敌国，成为亡国之君。

"玉树后庭花，花开不长久。"陈后主的诗写得真是太好了。可惜这么好的诗却成了亡国灭朝之音。

"商女不知亡国恨，隔江犹唱后庭花。"杜牧的诗又在他的耳边响起！

想想当今朝廷和当今国家，再想想历代的兴衰治乱之事，王安石的心中就会涌起无限的伤感和惆怅，真是世事多艰难。许多的疑问萦绕在这位政治家的脑海中。

为什么历代统治者在取得政权之后，都如此无休止地追求豪华奢侈、糜烂无度的生活呢？他们为什么就不想想江山的来之不易，为什么就不为国家和朝廷的种种内忧外患好好考虑考虑呢？为什么他们就不知道这样一个简单而又千古不变的道理呢？淫乐和祸患是紧紧地连在一起的。为什么他们总是不思进取，以使江山变得更美丽，使自己的百姓变得更加富裕？为什么历来的既得利益者都不顾国家的危难和百姓的痛苦而都只顾自己的享乐？为什么历来的统治者苟且偷生，而不善于吸取历史的教训呢？

一轮苍白的月亮高悬于天庭。王安石伫立在苍翠挺拔的古松下面。强劲有力的风吹拂着他的脸，心中随之也翻起无限的波浪。

劲风从山间四处吹来，吹拂着耸入云霄的苍劲古松，风吹古松发出声响，在寂静的夜空中回荡萦绕不息，明媚的月色照射着群峰，清凉的树影披挂在寂寞的空山上。

在这一片山林里，为什么唯独这棵松树能如此的雄伟和挺拔呢？王安石想，这不也与人类所处的社会一样吗？国家所拥有人才中的才能智慧之士，不是一般人所能培育的。它所以如此出类超群，是因为它得到了天地自然之精华，是宇宙天地自然化育的伟大功劳啊！

假若朝廷的宫殿和庙堂缺少栋梁之才，像这样的古松就应该被选择利用，但是如果没有能工巧匠，没有识才之伯乐，也只能枉然肃立于荒山野岭之中。即使有匠人砍伐了这棵松树，不能尽得其才，充分地利用，也会与朽木一样，白白地躺在阴暗的角落里慢慢浪费掉，如果这样的话，倒还不如让它静静无为地站立在这里。

于是，王安石又诗意顿生，吟诗一首：

> 森森直干百余寻，高入青冥不附林。
> 万壑风生成夜响，千山月照挂秋阴。
> 岂因粪壤栽培力，自得乾坤造化心。
> 廊庙乏才应见取，世无良匠勿相侵。

他伫立在苍翠挺拔的古松下面，从这棵郁郁葱葱的古松里，从这棵占尽了一方风光的古松的参天古树里，仿佛看到了顶天立地的国家人才，意识到了一个人才对于国家的重要性。

不知道他是否有一种预感，或许，他以敏锐的眼光看到了一个时代即将过去，一个崭新的时代即将在他的面前展开。

二、神宗征召

治平四年正月，即1067年正月，面对内忧外患和朝廷中的种种弊端，在病重中常常潸然泪下的宋英宗，显得心力交瘁。

正月初八，在位还不到四年的英宗皇帝在福宁殿驾崩。这时，只有二十岁的皇太子赵顼登上皇位，是为宋神宗。

宋神宗一登上皇位，就在自己身边的大臣中物色合适的人选。他把所有朝廷大臣的名字都看了一遍，旋即又在他的脑海中消失了。

宋神宗忽然想起了他在颖王邸时韩维提到的一个人，他就是王安石。他想起了韩维给他灌输的王安石的思想和观点，他捡起了王安石多年前写的《上仁宗皇帝万言书》，"变风俗，立法度"正是他自己的思想，也是他将来的所为。他还从别人那里打听到，王安石在士大夫阶层中，有着一般人所不具备的显赫声誉。

1067 年 3 月，宋神宗下诏书召见王安石，想听听王安石对整治国家和朝廷有什么高见。于是他立即下诏书任命王安石为江宁知府，但王安石婉言谢绝了皇上的任命，称自己有病在身，不能赴任。

当年六月底，宋神宗赵顼下诏说：

"农业，是天下人的根本，建国以来，祖宗对天下苍生曾多加体恤。但是，即便如此，却未能使国家富裕强盛，反而常有灾害。望众爱卿能献计献策。"

于是大臣纷纷进谏，但都不能拿出解决实际问题的良计良策。

九月，宋神宗又提拔王安石为翰林学士。

王安石毕竟不是江湖之人，虽身在江宁，心却始终没有离开朝廷。他心中怀揣着多年来一直未能实现的报效国家的崇高理想。没想到到江宁不久就被神宗擢升为翰林学士，王安石心潮澎湃。回想起数年前，自己苦心编写构思的万言书，送给仁宗皇帝时，仁宗皇帝看完之后便抛弃在一边，置之不理。每当想起这事还不免有些不愉快，但王安石毕竟是一个考虑问题深入、具有远见卓识的人，他深信朝廷终会有一天看重他。他决不是那种遇到挫折就灰心丧气，自暴自弃的轻薄之人。不管遇到什么样的挫折，他都有非常坚定的信心。王安石与他的好友经常保持联系，了解朝廷中的各种信息，等待提拔的机会。

人要得到权力、地位是需要机会的。一旦给了你这个机会就必须牢牢抓住。每一个升官有道或者试图向上爬的人都懂得这一点。王安石也不例外，至少从这点看王安石是如此。

这一次，他相信自己施展才华的机会来了。他一反过去那种拒官不任的做法，马上给神宗皇帝写了一道谢表，立即接受了这个官职。

尽管如此，他并没有马上赶往京城，而是写信告诉神宗皇帝自己有病在身，不能前往赴任。

王安石迟迟不去就职，神宗心里有点想不通，也有点不太理解。神宗对侍臣说："王安石过去总是拒绝到朝廷任职，不愿进京，有人说他太鲁莽，不近情理。现在，诏书已下多日，仍不见他进京任职。我不知道他是真有病还是假有病呢？还是嫌这个职位太小，在等待更高一级的官位？"

王安石的朋友，就任龙图阁直学士的韩维对神宗皇帝说道："王安石不是不懂得笃守正道的小人，而是一位不为利益所驱动的贤才，如果任命他为一个大郡的长官，他就马上上任。皇上刚刚登基，迫切地需要贤明智慧的臣士，与其共图治理天下国家，又有谁不愿意献出他的忠孝之心、图强之志呢？怎么会不愿意为皇帝陛下施展自己的才干和智慧呢？假如王安石真的没什么大病，也不至于愚蠢到了极点，倘若他没有到这种程度，那他肯定会改变态度来就职的。朝中有些人认为，可以慢慢地提拔王安石，最后可以使他愿意到朝廷来任职，而不要提拔他太快。这些人根本就不知道，有智慧才能的人只能用义理来感化他，而不能用阴谋诡计请到他。臣恭请皇帝陛下加以决断。"

神宗听了韩维这通议论后，点头以示赞同。

王安石的朋友告诉他，神宗皇帝对他一直有好感。他对神宗的心情和想法有所了解。通过以往的经验，王安石明白，历来的年轻皇帝都想干一番轰轰烈烈的事业，他们都仰望祖先的伟大业绩。神宗也不会例外。

神宗继位之时，年龄只有二十岁，年轻有为，充满了政治雄心，想使国家变得富强起来，非常希望有一位思想上具有远大的政治方略，行动上能够雷厉风行的人来辅佐自己，以实现他的政治宏图，展示他少年皇帝的风采。

王安石明白，越到此时越要沉得住气，以前的经验教训告诉自己，在这种时候干事不能莽撞，要讲策略。他要再看看神宗皇帝的意图，看看年轻的皇帝是否真心，同时也可以考虑自己下一步的路，在这段时间里好好设计一下自己的未来。

曾公亮和韩琦是皇上的重臣，他们互相猜忌，矛盾很深。韩琦曾在三位皇帝的手下担任过宰相和枢密之职，可谓权倾一时，其权力之大是一般人所难以相匹的。但他也得罪了一些人，受到不少人的恶意诋毁。曾公亮对韩琦大为不满。而现在，神宗皇帝又想重用王安石，正是动摇韩琦地位的大好时机。他极力拉拢王安石做自己的得力盟友，并不失时机地在皇帝面前推荐和吹捧王安石有治国兴邦、辅佐圣王的才干。

王安石虽然看不起韩琦，但是他明白，他现在无论如何不能得罪韩琦，因为他自己现在还不是韩琦的对手。现在韩琦在朝廷中的地位高高在上，远远超过他。后来，王安石在文坛的名气越来越大，韩琦才改变了先前的看法。虽然韩琦把他看作自己的门人，实际上，对王安石一直怀恨在心。王安石在朝廷如日中天之时，也正是韩琦罢相之日。后来王安石在日记中说韩琦除了相貌英俊潇洒之外，身上再没有什么值得称赞的东西。但此时的王安石绝对不敢惹他。若韩琦在皇帝面前和朝中说了他的坏话，皇帝就很有可能拒绝他进京就职。

韩琦在种种压力之下，只好请求神宗让他到外地任职，离开京城。最后神宗皇帝同意了他的请求。

韩琦离京之日，来向神宗辞行。神宗面对这位三朝重臣，心情十分沉重，他对韩琦说："爱卿一定要离开，我也无奈。如果爱卿离去之后，谁能担当起国家的重任呢？"

韩琦沉默不语。

神宗直截了当地问道："爱卿以为金陵王安石怎样？"

韩琦稍加停顿之后说："王安石作为翰林学士可以，作辅佐皇帝的大臣则器量不足。"

曾公亮在皇帝面前推荐王安石，主要是想扩大自己在朝中的势力，并不是因为他与王安石有多么深的交情，当然，他也知道王安石确实有才能。

曾公亮赶紧对皇上说："王安石有辅佐皇上的才能，绝没有欺骗皇上的心。"

朝中大臣欧阳修、吕公著、韩绛等人都知道王安石的才华和能力，也建议皇上马上起用王安石。

司马光在给王安石的信中也曾经这样说过，王安石"独负天下盛名三十年，才高而学富"。

刘世安对皇帝说："天下人都说，王安石才华出众，能力高、智力强而不去执政，确实是太委屈了。"

吕海和张方平等人却不同意皇上重用王安石。

现在，各种议论都有，皇帝对是否起用王安石也有些犹豫不决。他想进一步证实这些言论是否是真实，王安石的真实面貌和政治意图究竟如何。一直生活在京城的神宗，亲眼目睹了这些老臣们的不同面孔，他们是朝中重臣，身处高位，却从没有看见他们在朝廷中有多大的政绩。强烈的富国欲望，使神宗深深地感到他需要的，不是四平八稳的庸才，而是精神焕发的政治参谋。韩维多年来对王安石的推崇和赞许，也已深深地烙在皇帝的内心深处。经过再三考虑，他毅然决定排除大家的议论，起用王安石。

这也就是王安石一拖再拖，迟迟不进京的原因。如今，他终于相信神宗皇帝确确实实要重用自己。

熙宁元年（1068 年）三月，正是春光明媚，鸟语花香的季节，天空纯明，南国的山光水色一片秀丽。对于在外静待多年的王安石来说，此时的心情比以往任何时候都舒畅，这真是人逢喜事精神爽啊！

这天，王安石邀请他的好朋友聚会，尽管他极力掩饰内心的激动心情，表现出一副平静的样子，但他的喜悦之情，还是逃不过好友们的眼睛。在他起程任职之前，江宁变得更加亲切，在他的心目中，江宁也从来没有像今天这样美丽。他越想急着离开江宁，心中这种感觉就变得越加强烈。

在离开江宁之前，王安石与宝觉大师曾一块游览了金山和龙华院。两人是在京师认识的，交情不错。并有诗赠与宝觉大师云：

> 大师京国旧，兴趣江湖迥。
>
> 往与惠询辈，一宿金山顶。
>
> 怀哉苦留恋，王事有朝请。

与君京口水云间，问月何时照我还。

邂逅我还是我问，何时照我宿金山？

这两首诗表达出了王安石与宝觉大师二人之间爱好和志趣的不同，也表达出了他对江宁的留恋之情，更表现了他离开江宁的迫切愿望。

其实，王安石的心早已飞到了朝廷中。现在他只需要选择日子赴京任职了。

对他了解甚深的好朋友王介，得知他这次没有辞任而欣然应召，便写诗一首赠给王安石，此诗带有讽刺嘲笑之意。诗中写到："草庐三顾动春蛰，蕙帐一空生晓寒。"意思是笑话王安石以前屡召不去，而这次则欣然前往。

王安石读了王介的诗之后，对王介哈哈大笑着说："知道我意图的人，懂得我心事的人就是你呀！"

他针对王介这首讽刺味道很浓的诗也写了一首抒发自己情怀的诗回敬他。

偶向松间觅旧题，野人休诵北山移。

丈夫出处非无意，猿鹤从来自不知。

这真实表现了王安石的内心世界，有远大志向的人无论是出仕还是归隐，都有自己周密的考虑和深远的意图，山林里的猿鹤又怎能理解呢？这是王安石自信、自傲的一种表现。

三月的一个早晨，王安石携带着家眷，不动声色地奔向他日夜想念京城。他对这次出任信心百倍。

三月的阳光清秀明丽，青山绿水，鸟语花香。王安石怀着喜悦的心情，迎着惬意的春风出发了，游云映现出绚丽灿烂的色彩，鸟儿唱出悦耳的歌声，仿佛是在为这位胸怀大志之人送行和祝福。

白石冈头草木深，春风相与散衣襟。

浮云映郭留佳气，飞鸟随人作好音。

沐浴在南国的春风中，耳边仿佛听到皇帝的召唤，王安石走在通往京城的路上，似乎不再充满迷茫。

第六章　执掌朝纲

　　神宗皇帝为了使大宋帝国的历史焕然一新，重新整顿了朝纲，建立了一整套新的皇权机构。他保留了一些在朝廷中老成持重而又敢于直言进谏的大臣，任命吴奎为枢密副使，曾公亮为门下侍郎兼吏部尚书，文彦博为尚书左仆射兼中书令，宗谔为中书门下平章事，欧阳修仍任参知政事，陈升之任户部郎中，吕公弼为刑部侍郎。这些都是出入宫中，神宗经常见到的熟面孔，他知道这些老面孔后面隐藏的是旧思想。他需要一些新面孔和新的思想，来更换这些老面孔和老思想。

　　当今朝政积弊太多，保守陈规、不思变革者大有人在。经济状况变得越来越差，财政赤字达两千万缗。社会危机日益严重。

　　神宗皇帝明白，大宋帝国到了非改革不可的程度了，不改革不足以济世兴邦。

　　这对王安石来说，也是一个不好接受又不得不接受的礼物。

　　神宗皇帝重用王安石，是因为他从多方面了解到，王安石是一个有才识、有胆略，办事又雷厉风行的人。面对当今国家这种政治局面和财政状况，他需要王安石这样的忠臣。

　　他想和王安石共同分享这个常人难以分享的馈赠和礼物，可王安石迟迟不来就任，让他等得有点不耐烦。但他的工作还不得不继续进行。

　　神宗在看中王安石的同时，也看中了司马光。他们两位是学识和才力相当，而性格不同的中年官员。一个办事雷厉风行，一个言行沉着稳重。

　　神宗皇帝在任命王安石为翰林学士的第五天，也把同样的官职封给了司马光。

　　这是新朝廷的两面旗帜，同时也是新朝廷的一对新矛盾。

一、上《本朝百年无事札子》

　　北宋熙宁元年（1068 年）四月，王安石携带着家人来到阔别了四五年之久的京师。四日，神宗皇帝就召见了王安石。这是王安石预料之中的事。

　　但出乎意料的是，这次召见来得非常顺利。神宗不仅免掉了以往臣下向陛下进言的繁琐手续，而且允许王安石直接进宫说话。王安石获得"越位"向上说话的权力，不必再遵循朝廷各种礼规。

这样王安石更有信心，更有把握相信皇帝对他的信任。

神宗的问话来得非常直截了当。他问王安石："王爱卿，治理国家最首要的任务应该是什么？"

"治理国家最首要的是选择制定有力可行的政策。"王安石回答说。

神宗又问王安石道："祖宗治理天下，能够做到百年没有大变故，基本上能使国家太平，他们治国的经验和方法是什么？"

王安石说："我对皇帝的这个问题曾经有所考虑，然而也不是三言两语能说明白的，望陛下允许我回家把思路理顺写成文字，然后再呈送给皇上。不知陛下您意下如何？"

神宗说："可以。"

王安石心情愉快地回到了家，走到家门口，院中对门的那棵高大的梧桐树引起了他的注意。他站在大树下，凝神注视了良久。

在他眼里，这棵树仿佛不再是一棵树，而看到的是他自己。

梧桐那笔直的树干犹如人独立向上的坚韧品质，它毫不弯曲，直入云霄，年年岁岁挺立着，从来不怕骄阳、烈日、大风、淫雨，有如顽强的奋斗精神，在人们需要它的时候，梧桐也甘愿献出自己的身躯，做成五弦琴，人们用它弹奏出和谐美丽的清歌，来消除百姓的痛苦。

这难道不是自己吗？王安石这样想着。于是，便伫立在那里吟诗一首道：

> 天质自森森，孤高几百寻。
> 凌霄不屈己，色地本虚心。
> 岁老根弥壮，骄阳叶更阴。
> 明时思解愠，愿斫五弦琴。

晚饭后，王安石便开始凝神静思，坐于桌前，磨墨展纸，写了《本朝百年无事札子》。

王安石很有文采，他概括性地向皇上陈述了自己对大宋王朝历代皇帝的看法，历数历代宋皇帝治理国家的方法、策略和政绩。即使在谈到没有重用他的仁宗皇帝时也表现出极其赞许的心情。

他在札子里说：

> ……窃惟念圣问及此天下之福，而臣遂无一言之献，非近臣所以事君之义。故敢昧冒而粗有所陈。

这是写在前面的客套话，然后他便分析了大宋王朝百年天下太平的原因：

伏惟太祖躬上智独，见之明，而周知人物之情伪，指挥付托，必尽其材，变置施政，必当其务，故能驾驭将帅，训齐兵卒，外以捍夷狄，内以平中国。于是除苛赋，止虐刑，废强横之藩镇，诛贪残之官吏，躬以节俭为天下先。于其发令之间，一以安利元元为事。太宗承之以聪武，真宗守之以谦仁，以至仁宗、英宗无逸德。此所以享用百年而天下无事也。

王安石指出仁宗在位最久，宽仁过度，使恶吏刁民玩忽职守、不守法纪；虽已增兵至百万，却无一良将统帅；荒疏水利设施的修治而使天灾频仍，造成"流者填道，死者相枕"等。对于恩荫、冗员，一味岁赐；对于西夏，一味求和等，都没有提及。他懂得，改革不能急躁，更不能四面树敌，否则再好的理想，也不会实现。

这道札子，王安石不是不想把一些社会弊端提出来，既然有心要为朝廷做事，首先要得到皇帝的支持，没有皇帝的支持，自己所谈论的强国富民的改革措施全都会落空的。这不是王安石的性格，是现实如此。这也使王安石彻夜辗转难以入睡，最后他还是以温良恭谨的态度写好了那本札子。

他想要干一番事业，恰好神宗皇帝也有改革的意向。但他更明白要施展自己的抱负，就不要图一时痛快。《本朝百年无事札子》就是这种心情下定稿的。

有许许多多话只好埋藏在心里。这或许是王安石一生中最遗憾的事。

最后，王安石在札子里写到：

伏惟陛下躬上圣之皇，承无穷之绪，知天助之不可常恃，知人事之不可怠，终则大有为之时，正在今日。

神宗看过这篇《本朝百年无事札子》后，心情十分激动。神宗登上皇位以来，还没有读过如此切中时弊的犀利文章。这时皇帝已毫无疑问地确信，王安石是他的辅佐良臣。

神宗对王安石说："昨天，我披阅你呈上的奏书，文中分条陈述的种种政事得失，你必定是深思熟虑了很久了，希望你能为我详细地谈谈你的思路。"

王安石听到这句话，心里不免有些惊惶失措。倒不是因为他不能为神宗列出一些治理国家的条条文文，而是因为他十分清楚，治理朝廷和国家，不是几条简单的条文能办到的。况且，这是一个积弊甚多的朝廷和国家。

他也清楚地意识到，一个翰林学士的职位，在重臣云集的朝廷里，即使皇帝十二分地支持他，也会招来朝廷重臣们的重重阻碍。坚持旧的治国条文，不能改变的朝廷官员大有人在，他希望神宗皇帝能够沉住气，按部就班，首先通过其他的方式来鼓动改革方案。

于是，王安石说："太过匆忙是不可能把这些细则条文一一讲清楚，希望陛下要从讲授学问开始，学问明白了，道理也就清楚了，那么治理的方略不讲也就知道了。"

神宗说："虽然不能用三言两语说明白，我想请你给我说说。"

于是，王安石把自己的改革措施和方法向神宗皇帝做了简单的汇报。

神宗说："你今天讲得太多，恐怕朕难以记住，为了防止忘记，你是否把今天所讲的写下来送给我。"

王安石回到家中，非常兴奋，这就是自己四五年来静待时机所得到的结果，他又一次感觉到机会对于一个人的发展是多么的重要，此时，他抓住了机会，并且受到了皇上的重视。

在明亮的灯光下，王安石泡上淡淡的绿茶，一股清香味扑鼻而来。于是，王安石又吟诗一首，抒发皇帝的知遇之情和自己辅佐皇上的远大抱负：

> 钓国平生岂有心，解甘身与世沉浮。
> 应知渭水车中老，自是君王著意深。

他又从姜太公钓鱼的典故中得到了诗的灵感，从姜太公身上看到了自己的影子。姜太公年老而且贫困，仍然那么悠闲自得地在渭水中钓鱼。然而有才能有智慧的人，总会得到开明圣主的青睐，总会得到开明皇帝的理解和重用。

然而，那毕竟是远古的故事和诱人的传说。

王安石回到现实之中，神宗要他列出政治改革措施和改革当今财政的条条框框，这使他感到十分为难。

已是夜深人静，王安石依然独自坐在桌前，手里拿着毛笔，眉头紧锁着，时而静思，时而举笔，坐了好长时间，竟然没有写出一个字。

二、御前讲学

熙宁元年（1068 年）五月初始，神宗皇帝下诏，每逢大朝后，在文德殿讲经，由王安石担任主讲。大宋王朝自太祖赵匡胤以一介武夫，陈桥兵变黄袍加身以后，知道武力可以兴国，得主天下的道理，于是产生重文轻武，压抑将帅，自掌兵权的政策。故而宋朝文风鼎盛，到神宗皇帝之时已达巅峰。程颜权知监察御史，陈升之知枢密院事，刘敞判御史台，富弼为同平章事，吕惠卿为崇政殿说书，还有韩绛、王拱宸、钱公辅、范纯仁、苏辙、苏轼等，可以说在朝廷任事的都是一时之选。他们当中刘敞学问最好，长于《春秋》，著有《春秋权衡》《春秋传》《春秋意林》，又著有杂文《公是集》，人称公是先生，他的字原本是原父，却以"公是先生"名天下。

刘敞曾以知制诰出使契丹。在契丹，他以博学镇服北夷，尤其精通动植物学，因此欧阳修遇到有什么难题，都去向刘敞请教。他写文章又是一个快手，立马可待。

富弼也曾出使契丹，并以强硬态度反对割地闻名于海内外，故在情感上和他们较为接近，都是外交上有相当贡献的官员，称得上是使臣派。至于其他一些元老，都是三朝老臣。王安石是杨寘榜进士，算起来是后生小辈了。现在却要听王安石讲学，他们心里当然不是滋味。

王安石是想借讲学之机杀一杀那些老臣们的世故，展示一下自己的学识和才华，也要让他们改变一下那些因循守旧的观念。因此他不仅仅主张择术，更主张变更学制，对经义也都有了全新的解释。因此他的改革不是为了一朝一代的短暂设想，实在包含有更深远的打算。以儒术治国，固然要仁民爱物，以道德、诚信为治世的根本，但是在充满竞争的现实社会里，对手是不可能依照你的游戏规则，仁义道德并不能使对手服服帖帖。故在实际的政治中，儒家仅仅是政治的一块遮羞布。但自独尊孔孟以来，谁也不敢去戳穿说一套、做一套的政治骗术。熙宁变法中，攻击王安石以儒家掩护法家，就是这个原因。

在文德殿开始讲学论道的第一天，王安石和吕公著等人对神宗说："按照惯例，皇帝都是让侍讲的大臣坐着讲，从真宗乾兴年间开始，讲臣开始站着讲，而侍臣都坐着听。臣下等人私下认为，可以让侍臣站着听，讲臣则应该坐着讲。"

礼官韩维、刁约、胡宗愈说："应该依照真宗天禧年间的惯例，以显示当今皇帝效仿古人重视道德的诚意。"

王安石的朋友刘攽说："侍臣在君王面前讲授学问，讨论道德，不可以坐着不动。离开座位站着发言，是从古到今的平常道理。君主让他坐着，是显示君主尊德乐道，如果不让他坐，而自己请求要坐着讲，这就不太合乎常礼了。"

恭鼎臣、苏颂、周孟阳都附和着说："乾兴年间以来，侍臣站立着讲论，这项规定从开始实施，经历仁宗、英宗两朝，已经施行了五十年，怎么能轻而易举地加以议论和变更呢？"

神宗征求曾公亮的意见，问他说："曾爱卿意下如何？"

曾公亮说："臣当年在仁宗皇帝座前侍讲，也是站着讲的。"

有这么多人反对，王安石也只好站着讲。讲论完后，神宗单独把王安石留下。

神宗说："爱卿以为，是站着讲合适，还是坐着讲合适？"

王安石没有立刻回答，停顿了一下说："既然大臣们都认为，这是祖宗留下的规矩，不应随便改变，那我也就站着讲吧。"

神宗说："有些规矩是可以改变的。爱卿以后侍讲时，也可以坐着讲。"

《礼记》是中国历代皇帝和臣子们必须学习的一本重要参考书。王安石给神宗皇帝讲经，照例也要讲《礼记》这一重要书籍，侍臣同样要陪同皇上听讲。

王安石讲《礼记》，很有一套自己的观点，他将这部深受历代皇帝和大臣推崇的书毫不客气地批判了一通。

王安石说："《礼记》这部书，已经不适应当今社会发展。"

众多大臣都提出反对意见，对神宗皇帝说，王安石的这种理解不对，他扭曲了古人的意思。

神宗对大臣们说："现在的朝政需要的是法令制度，朕以为王安石说的有一定道理，可以打破规矩，不讲《礼记》。"

神宗又对王安石说："既然《礼记》不足为法，卿可以选择对当今社会有益的法律制度讲一讲，这样就可以了。"

王安石说："皇帝陛下不是要建立法度吗？要建立法度就不要再讲《礼记》了，要改讲其他的经书。我认为改讲《尚书》是最合适不过的。"

于是，神宗皇帝下令改讲《尚书》。

王安石六经不离手，尤其对《春秋》有很深的研究，其中对《周春秋》、《楚汉春秋》更有独到的见解。王安石一堂侍讲下来，虽然只讲了《周春秋》中的一部分，也足以显示出他知识的渊博。

在朝廷官员中，司马光也是一位知识渊博的人，如果讨论起考据来，王安石肯定不是司马光的对手。他对王安石一到任就想改革，并且想打破朝廷中的所有老规矩的作法颇为不满。

他背后对神宗皇帝说："王安石废去《礼记》不讲，讲变革的一些法令制度，这是不对的。"

神宗皇帝说："朕已做出决定，谁也不便更改，朕认为王安石的说法有一定道理。"

司马光说："圣上说得很对。"

王安石和司马光都是神宗颇为重视的朝廷大臣，尤其是他们两个人的见解和学识都为皇上所看中。司马光善于理解历史的东西，做事喜欢到过去的历史中寻找理论根据，他往往是从现实走向历史。王安石则恰恰与其相反，他善于在过去的历史中寻找能为当今社会现实服务的理论根据，他是从历史走向现实。司马光是政治家，但他保留了更多学问家的特点。王安石是学问家，但他更多的是着眼于现实社会的政治问题，却更像一个政治家。对于现实社会和当今政治经济的做法，司马光主张的是改良和修正，而王安石主张的更多是改造和变革。

这的确是互相矛盾又互相制约的两面旗帜。无论王安石还是司马光，各自都很清楚，神宗皇帝把他们放在大体相同的位置上，是经过精心策划、深思熟虑的。在皇帝任命他们之前，他俩都辞过职，但在高高在上的皇帝面前，他们都没有推辞掉。关键是，他们都年富力强，都想为朝廷有所作为，干出一番事业。

三、出任参知政事

同年十月的一天，王安石侍讲完之后，神宗又单独把王安石留了下来。王安石站在那里等待皇上问话。

"请坐，"皇帝用手示意说，"我想与你好好长谈一次。"

皇帝问王安石："唐太宗为什么要重用魏征，刘备为什么又重用诸葛亮，国家如何才能得以长治久安呢？"

王安石毕竟是一个知识渊博、富有谋略的贤能之士，他不想马上直截了当地回答皇上这个问题，他明白自己应该以怎样的语言表达方式来取得皇帝的欢心和信任。

于是，王安石对皇帝说："我不想对陛下谈其他的事，我只想谈谈尧、舜的贤臣。陛下确实有诚心想以尧、舜为榜样来治理好大宋江山，则一定会有皋、夔、稷、契那样的贤臣来辅佐您，陛下如果想以商朝高宗为表率，便自然会有傅说这样的贤臣。在良才的心目当中，魏征和诸葛亮又有什么值得称道的呢？陛下根本不用担心有无贤臣的问题。我以为，问题的关键在于能否选择有力可行的治国方略，如果治国兴邦的诚心没有或者不足，即使有皋、夔、稷、契和傅说那样的良才，也会离君而去的。"

王安石看到皇帝沉思不语，知道这些话已打动了皇帝。

他继续说："如今，陛下您正治理一个土地辽阔、人口众多的大国。经过太祖太宗几代人的辛勤治理，百年来国内太平，海内有那么多的优秀人才，竟然没有具有王佐之才的贤臣来辅佐陛下，大概是因为陛下没有制定稳定的政策，不信赖手下的贤才，没有放手让他们发挥自己才能的缘故。如果真的这样，即使现在有才高尧、舜的贤臣，也会因小人的谗言和阻挠离君而去。"

说到这，皇帝终于开口了。他说："每一个朝代都会出现一些奸佞小人。即使在尧、舜统治下的盛明时代，不是也出现了著名的四凶吗？又何况当今社会呢？"

王安石附和皇帝说："陛下说得很对。"

"问题不在于是否有奸佞小人存在，而在于怎样清除奸佞小人。尧、舜之所以能把国家治理好，就是因为他们看清了四凶的本来面目，最后把他们处以极刑。假如尧、舜继续让四凶在朝中作恶多端，他们身边的良臣猛将早就离开了。我相信，陛下治国兴邦的决心是不会改变的，陛下也会选择利用更好的人才。"

神宗提起唐代最有声望的皇帝问，"你认为唐太宗怎么样？"

王安石没有谈论唐太宗，而是越过唐太宗，谈起了更前面的圣君。

他说："尧、舜的治国方略，简单明了而不繁琐复杂，高度概括而不愚昧简陋，可行而不困难。皇上您应该以尧、舜为榜样，不要以唐太宗为表率。后人因为不了解他们，都认为用尧舜的标准来衡量后世的人，水平要求太高了。实际上，他们的治国方略是很容易实现的。"

皇帝听了王安石的这番话，脸上露出了微笑，然后很谦虚地说："你对我的期望值太高了。我恐怕达不到这种标准，会使你失望的。"

通过这次对话，双方都有了共同的好感。经过这次谈话之后，使皇帝更加确信王安石不是一般的人才。从皇帝的表情中，王安石也看出，皇帝更加相信自己了。皇帝非常感动，王安石的上述论断具有很大的吸引力。

皇帝高兴地说："你讲得很对。"

"朕知道你才识渊博，闻名海内。"神宗继续说，"我很想让卿多多辅佐我管理好财政上的事，这是目前国家的重要任务。"

王安石听了这话，心里不太高兴，好长时间都没有讲话。

神宗说："我想，你不会违背我的意愿，让我失望的。"

"理财当然是当今要务，但我想，不必太急，过急反而会适得其反。"王安石说。

神宗说："今天我俩说的太多，你回去以后，可以好好想想。"

这句话让王安石听了有点害怕，这意味着王安石必须服从神宗皇帝的旨意。

这天晚上，王安石彻夜未眠，辗转反侧。他不知道对付神宗皇帝应该用什么样的对策，本来，他想首先从人的思想观念上着手改革，让人们从思想上明白改革弊政的必要性。然而，神宗与他想的却不同。神宗需要的是王安石雷厉风行的改革行动，并且主要是经济上和财政上的改革。

王安石必须顺从皇帝陛下，按照他的意图大刀阔斧地在经济和财政上进行改革。然而，当他想这样做的时候，又感觉到有无数的身影站在他的面前，正圆睁双眼，用恶毒的目光盯着他。因为他们仍然是朝廷中拥有巨大权力的官员们。

害怕这些朝廷老臣，就将意味着得罪神宗皇帝，贬官归田。然而听从神宗皇帝命令，就必然会得罪朝廷中的大小官员，惹来许多的责骂和诽谤。

王安石十分清楚，神宗皇帝也只能把话题转到财政问题上来。作为皇帝老爷的臣子，他也必须理解和效忠于皇上。神宗登上皇位，不仅接下了两千万缗的财政赤字，而且在他登上皇位的第二年，又面临着无数的自然灾害。

这一年的七月十四日，京城地区发生大地震。二十一日，京城地区再次发生地震，到二十四日地震伴随着大雨。八月二日、四日，京城地区又一次地震。

同年的七月二十一日，河朔地区发生大地震。二十二日，河北地区发生大地震，从地下涌出许多沙子和泥浆，城墙和房屋倒塌无数。

这一年的七月二十八日，黄河决口，大水和泥沙在瀛洲地段溢出，冲毁许多村庄和庄稼。

这些灾害和神宗皇帝听到这些灾难时的痛苦表情，王安石都是历历在目，在痛苦的两难处境中，王安石当然选择了皇帝。

一天夜里，王安石披上衣服下床，拿起笔写下一首诗，题为《商鞅》：

> 自古驱民在信诚，一言为重百金轻。
>
> 今人未可非商鞅，商鞅能令政必行。

第二天，王安石把自己写的诗送给了皇帝，神宗看了这首诗，对王安石说："知朕者，卿也。"

神宗皇帝最终确定，王安石是辅佐他重振朝纲、革除时弊的最佳人选。但是，这位年轻而又稳重的皇帝，还想听听其他朝廷官员的意见。

神宗询问曾公亮说："我想重用王安石，你认为如何？"

曾公亮说："我曾经向皇上推荐过王安石，我还是认为他是辅佐陛下的最佳良臣。"

皇帝又向副宰相唐介问道："我想任命王安石做处理朝廷政事的大臣，你认为合适吗？"

唐介说："不能重用王安石。"

"你说王安石在什么方面不可重用？究竟是文学方面，还是经术方面？或者还是其他方面？"神宗问。

唐介回答说："王安石勤奋好学诲人不倦，是众所周知的事，但他做事拘泥于前人，言论也迂腐阔大，不合时用，这也是朝廷上下所共知的事。如果让他帮助您处理朝政，恐怕会出现变故和反复。"

"好，朕知道了。"皇帝没有反驳地说。

唐介认为皇上接受了自己的意见，从皇帝那里回来时，露出一副很得意的样子。

但唐介还是琢磨不透皇上的心思，他想方设法要阻止皇上重用王安石。于是，他又来到了曾公亮的家。

一到曾公亮的家，曾公亮热情接待了这位平时很少到他家来的客人。对唐介说道："你是没事不到我家来，今天这么有兴致来敝府，想必一定有什么重要的事。"

唐介坐下后，便问道："皇上没有召见你吗？"

"难道皇上有要事，一定要召见我吗？"曾公亮似乎意识到了唐介要问什么。

"皇上要重用王安石来处理朝政的事，难道你没听说吗？"唐介问。

曾公亮说："我还没有听说这事。"

"皇上如果真的重用王安石，国家一定会遭受种种困扰，这一点大家都应该明白。"唐介说。

曾公亮故意说："皇上真要重用王安石，我们这些做臣子的又有何办法呢？还是顺其自然吧。"

此后，神宗又向他的侍读官孙固询问道："我想重用王安石，想听听你有什么看法。"

孙固问道："陛下想任命王安石干什么？"

"我想让王安石担任参知政事。可以吗？"神宗不紧不慢地说。

听到皇帝要任命王安石为副宰相的话，孙固大为吃惊："王安石怎么能当副宰相呢？难道朝廷中再没有比他更合适的人选了吗？"他几乎连想也没想便要脱口而出。

孙固故意装扮成沉思的样子。

他稍微停了一下说："王安石文学功底很好，国内闻名，任命他侍从献纳的职位就不错了。作为宰相要有宰相的气度，要有宰相的雅量，王安石固执、偏激、狭隘，缺少宽宏大量的心胸。如果皇上一定想得到贤明能干的宰相，臣以为吕公著、司马光和韩维等人都比王安石更合适，更有能力，能够胜任这一重要职务。为什么非要任命王安石呢？"

面对这么多的不同意见，神宗感到十分为难："如果重用王安石，必然会招致大臣们的许多非议，如果不重用王安石，自己在位期间就有可能会一事无成。"神宗这样想。

面对各种纷繁复杂的政治和经济问题，这位年轻的大宋皇帝，面色带有憔悴，心中存有忧虑。一年很快就要过去了，无论人事安排还是改革方案，都还没有真正落实到位。

熙宁二年（1069 年）二月三日，神宗皇帝任命王安石为右谏议大夫、参知政事。

王安石刚到朝廷不久，神宗皇帝就给了他副宰相的官职，这在一般的朝廷官员眼中，已经是一个很了不起的官位了。而王安石不接受这个职务的原因，就是害怕自己手中没有足够的权力来大刀阔斧地推行他的变革方案。理由很简单，在任命王安石为副宰相的前一天，神宗皇帝已把办事稳重、思想保守的富弼任命为同中书门下平章事，也就是真正的宰相。这就等于在王安石面前增加了一堵墙。

改革时弊是需要非常大的权力的。否则，根本无法进行。

但他发现，皇帝在权力上极力限制他，这使王安石的心里产生了疑惑。

而神宗万万没有想到，王安石连副宰相的职务也想辞去不就任。

王安石在给皇上的辞职表中，除了几句对神宗皇帝简明扼要的称赞和自己谦虚辞职的话以外，还表达了他此刻的真实心理。

他对皇上说，我就任翰林学士，就有不少流言蜚语。任命我为参知政事，就更不知有多少人恶语中伤我了。

神宗决定立即召见王安石，单独与他长谈一次。

神宗说："我继位已将近两年，想对大宋朝廷和天下百姓有所作为，可时至如今，朝廷还是老样子，没有丝毫改观，希望你能辅佐我治理好国家。"

王安石说："皇上的圣明已超过以往的君王。现在这个时候正是您大有作为之时。臣虽无能，当尽微薄之力。"

神宗听到这些话，高兴地对王安石说：

"爱卿来朝廷中的时间也不短了，我也曾与你谈论过多次，我知道你的才能学识超过别人，你应当与其他大臣携手共济。老百姓的生活越来越下降，财政匮乏，国家动荡不安。不改变朝廷政事恐怕不能够纠正国家多年遗留的问题。此事只有你能帮助我解决，我有政事必须麻烦你。我知道你有学问，也想为国家有所作为，想你一定不会推托的。"

王安石说："我之所以来侍奉于皇帝陛下，本来就是想帮助陛下改革和解决朝廷政事，但是，如今的风俗以及法令制度，一切都颓废和败坏了。身居朝廷中的官僚大臣们，有一部分则安于现状，墨守成规，不学无术，没有多少智慧和才能；另一部分奸邪之人则讨厌坦诚之士，极力诋毁方正贤良之人。深怀嫉妒之心的奸佞小人，唱和于前，而胸无大志，不求有功但求无过的庸庸无才者，则在此等人的后面附会。长此以往，虽有明于天下，能够施于四方的真知灼见，也恐怕难以取得效果和成功；想实施的方案，恐怕也会在没有推行之前，就被各种各样的议论扼杀在襁褓之中了。"

神宗对王安石说："你说的这些话，有一定道理，我相信你。"

王安石说："假如皇上确实想任用我，恐怕还是不能急躁冒进。我之所以主张先讲学论道，也就是想使朝廷官吏对改革方案懂得先后顺序、轻重缓急，等到他们没有什么疑问可提了，再进行变革，就有可能获得成功。"

说到这里，两人都沉默了。

王安石很理解神宗皇帝想有所作为、大干一番事业的心情，他也确实想为神宗皇帝尽自己的最大努力，把国家政事改革好。但他心里也很明白，这样雷厉风行地变革政治和经济，将会带来多么大的压力和阻力。

神宗如此重视他，这般地礼遇他，经常召他谈话论道，还有他来到朝廷后的一言一行，自然会引起朝廷里许多官员的注意，也听到了不少议论他的话。

王安石想起曾经对自己十分欣赏的大臣文彦博，一天叫他去看晏殊的诗《吟上竿伎》的情景。

那天，文彦博对王安石说："旧中书南厅壁间，有一首晏殊写的诗，咱俩去看看，一定会对你有所启发。"

王安石开始不知道是一首什么样的诗。他与文彦博一块来到旧中书南厅，见是一首题为《吟上竿伎》的诗。

诗中写到：

> 百尺竿头袅袅身，足头跟挂骇旁人。
> 汉阴有叟君知否？抱瓮区区亦未贫。

看见这首诗，王安石想起古代思想家庄子《天地篇》中的一个故事。故事是这样说的：孔子的弟子子贡经过汉阴时，看见一个老人凿隧入井，抱着瓮盆盛水灌溉园地，花费了很多的力，但效果甚微。子贡对老人说："您为什么不用先进的机械呢？"老人不以为然地说："用机械的人，一定想投机取巧，投机取巧的人，就一定存有投机的心理，这样的人也就不再纯洁了。"子贡听后很惭愧。

王安石知道文彦博是在暗示自己做事得有分寸，不要急躁冒进。

这时，王安石的思绪又回到了神宗这里。他想："神宗如此殷勤地对自己，处理政事如此操之过急，想在很短的时间内，就收到成效。这哪有可能呀？"

神宗看到王安石左右为难的样子，于是说道：

"我已经了解你很久了，并不是现在才知道你的。别人都不能真正地理解你，以为你只懂得经术，不能处理好朝政事务，说你没有济世的才能。"

听到这句话，王安石知道有人在皇帝面前说过他的一些坏话，很明显是想与他在皇帝面前争权夺利，一见高低。

王安石说："所谓经术，便是用来管理事务的，如果真不能用经术来管理好事务，那经术又有何存在的意义和必要呢？"

神宗皇帝说："我很仰慕你的道术和德行，现在在朝廷中很难有人与你相比，你有才能在朝廷中辅佐朕，有什么方略就尽管说，朕不知你的措施和方案，以什么为最先？"

"当今最重要的事情是改变陈规陋俗，确立法令制度。"王安石对皇上说。

神宗说："请给朕详细讲讲。"

"皇上您想改变当今的风俗，就应该提拔君子，斥退小人，因为君子具有礼义和廉耻之心，而小人是不具备的，运气好则万事和顺、国家安治，运气不佳，则国家混乱。君子得势，小人被消除，就会有助于淳化民风民俗，礼义廉耻的风俗就自然会形成，中等修养以下的人，变成君子的人就会增多。相反，倘若小人得势，那么中等修养以下的人有可能就会变成小人。风俗变好了，法令制度建立起来，一切事情也就好办了。如此而实行变革也就很顺利，最后有可能取得成功。"王安石说。

神宗最后说："爱卿所言极是。变风俗、立法度、理财政，此三项是当今要务，爱卿应当竭尽全力而为之。"

神宗在变风俗和立法度之外，又加上理财政。这是王安石没想到的，封建臣子与皇帝陛下能谈得如此投机，是旷古难得的。在神宗皇帝的如此厚遇面前，王安石又怎么好意思再做争辩呢？于是王安石作出了让步。

"臣将尽力而为之。"王安石说。

这一次长谈之后，王安石终于接受了皇帝的任命。

神宗皇帝选中的两面旗帜，一位是沉着稳重的司马光，一位是急躁冒进的王安石，但最终取胜的是王安石。这不能不使司马光有一种失落感。在王安石被任命为参知政事（副宰相）的六天后，司马光就向神宗皇帝上奏书，请求外任。

神宗皇帝不希望这位直言进谏、憨厚而有学问的臣子远离他的身边，所以没有答应他。

他召见司马光说："朝廷中大家都知道你是正直的人，希望你能在朝廷任职来辅佐朕治理好国家。"尽管司马光有点委屈，但还是听从皇上的旨意留了下来，但他很清楚，自己已经不能得到与王安石一样的职位了。

王安石登上相位，占据了朝廷要职，开始了雷厉风行、大刀阔斧的改革。年轻皇帝的政治雄心和新任宰相的政治激情融汇在一起，马上就形成了一股席卷海内的旋风。

轰轰烈烈的王安石改革开始了。

第七章　决计变法

一、提出"三不足"口号

王安石清醒地意识到这场政治斗争的严重性。要变法革新，就必须要改变自北宋王朝建立以来所奉行的一些陈旧而不实用的政策法令，这必然要损害到官绅豪强等特权阶层的一些权益，因而就必然会遭到这一阶层中人员的拼命反对。

王安石是在熙宁二年（1069 年）二月由翰林学士升任参知政事的，关于"三不足"的传说也正是从这时开始盛传的，同时也说明，必是王安石本人在这时对"三不足"之说特别强调，是他在从事"造端宏大"的变法革新之前，就已开始了意识形态方面的工作了。

也是在熙宁二年（1069 年）的春天，王安石曾对神宗皇帝说：

"陛下方以道术胜流俗，与战无异。今稍自却，即坐为流俗所胜矣。"

这几句话，虽是劝说神宗皇帝的，却也表明了王安石自己在旧的习俗面前的勇往直前，敢于斗争，敢于胜利的态度和信念。而"天变不足畏"、"祖宗不足法"、"人言不足恤"，就是王安石为迎接这场严峻复杂的政治斗争而提出的"三不足"口号，用以破除迷信、解放思想。

熙宁三年（1070 年）春天，在朝廷官员中间流传着一种传说，说是王安石曾在神宗皇帝面前提出了这样三句口号：

> 天变不足畏。
> 祖宗不足法。
> 人言不足恤。

这时，翰林学士院正要对谋求"馆职"的李清臣等人进行考试，翰林学士司马光就在他所拟定的一道"策问"题中，把这三句话作为问题而向与试者质询道：

"今之论者或曰：'天地与人，了不相关，薄食、震摇，皆有常数，不足畏忌。

"'祖宗之法，未必尽善，可革则革，不足循守。

"'庸人之情，喜因循而惮改为，可与乐成，难与虑始。纷纭之议，不足听采。'

"意者古今异宜，诗书陈迹不可尽信耶？将圣人之言深微高远，非常人所能知，先儒之解或未得其旨耶？愿闻所以辨之。"

既然以"愿闻所以辨之"作为这道"策问"的结语，这就很明确地告诉给对策的人，要他们对于"策问"中所引述的"三不足"的说法用有力的证据驳辩一番。但是，当司马光把这道"策问"送请神宗皇帝审阅时，神宗却叫人用纸把这道"策问"题贴盖起来，并批令"别出策目，试清臣等"。

事隔一天，王安石去见神宗皇帝，神宗问他说：

"你听说有'三不足'这样的话吗？"

王安石回答说："没听说过。"

神宗说："外人云：'今朝廷以为天变不足畏，人言不足恤，祖宗之法不足守。'前日学士院进试馆职策，以此三事为题，这是什么道理？朝廷什么时候这样讲过？我已令改作别的题目了。"

王安石说："陛下躬行政事，从不荒淫无度、流连声色，事事唯恐劳累，此即是畏天变。陛下虚心纳谏，不分大小都能听从，这难道是不恤人言？当然人言一定有不足恤者。苟当于义理，则人言何足恤？故《传》称：'礼义不愆，何恤于人言！'郑庄公以'人之多言，亦足畏矣'，故小不忍则乱大谋，乃诗人所刺；则以人言为不足恤，未过也。至于祖宗之法不足守，则本来就是如此。况且先帝仁宗在位四十年，多次修改敕令；若按照祖宗成法，子子孙孙应守之，则祖宗为什么又多次改变？"

从神宗和王安石这次对话可知：在此以前，王安石不曾在神宗面前提到过"三不足"的战斗口号；对于"天变不足畏"一语，王安石没有直截了当地作出肯定或否定的回答。对于天变是否可畏的问题，王安石在先前自己的一些著述和言论当中，都表明他是认为不足畏的。据《宋史·富弼传》载，在熙宁二年（1069年）二月，王安石就曾发表过"灾异皆是天数，并不是人事得失所致"的言论，以致富弼惊慌失措地说什么"人君所惧的只是上天，若不是如此，有什么事不可做呢"。在这里，王安石和富弼所探讨的，就是"天变不足畏"这一观点。至于王安石在答复神宗皇帝关于"三不足"的问话时，他之所以不肯正面回答，是因为在所探讨的谈话之初，就先已说出了"朝廷亦何尝有此"的话，王安石只好把语气放得慢一些和委婉一些，不作正面的答复了。

因此，尽管王安石从来没有向神宗皇帝提出过这样的"三不足"语句，而这三句话为王安石亲口所说，却是毫无疑问的。司马光等人，即便挖空心思，也杜撰不出如此话语来描绘改革家王安石的精神面貌。

在此后的变法革新过程中，这一口号对扫除重重思想障碍，打退守旧派们一次次的猖狂进攻，都起了很重要的作用。

1. 天变不足畏

孔子在编写《春秋》之时，对于日食、彗星、山崩地震等自然现象，以及比较严重的自然灾害，都要加以记录。他认为自然界的这类变异和人类社会政治事变具有必然的联系。孔子的孙子孔伋在《中庸》当中讲："国家将兴，必有祯祥；国家将亡，必有妖孽。"西汉儒生董仲舒把这种言论用"天人感应"四个字加以高度概括，使这种思想支配着此后人们的头脑！

战国时期的荀况，在其所著《天论》一文中，对于天变的问题则提出了截然不同的看法：

> 星坠、木鸣，国人皆恐，曰："是何也?"
>
> 曰："无何也。是天地之变，阴阳之化，物之罕至者也。怪之，可也；而畏之，非也。夫日月之有蚀，风雨之不时，怪星之党见，是无世而不常有之。上明而政平，则是虽并世起，无伤也；上阇而政险，则是虽无一致者，无益也。"

人类对自然现象的这种朴素唯物主义的认识是和孔孟以及后来所有儒家们那种唯心主义的观点是完全相对立的。王安石的"天变不足畏"的口号，是和荀况《天论》中的这一思想一脉相承的。他尽管在变法之初就加以强调，却并非出于一时的激情而发，而是从很久以前就已形成的一种思想。

《尚书·洪范》有"休咎之征"的句子，其中所述"咎征"有"狂恒雨若"、"僭恒旸若"等语。董仲舒、刘向等为《洪范》作注释，全都利用这几句话当作天人感应的论断的依据加以运用。他们把"若"字解释为"遂顺"和"顺应"的"顺"字，从而牵强附会地阐释道，作为人君，如有狂荡不羁的行为，上天就会做出霖雨不止的征兆；作为人君，如有僭越篡改的行为，上天就要做出大旱的反应。王安石认为这纯属一派胡言，毫无根据，必须另作新的解说，才能使《洪范》的本意得以大明。因此，当他在江宁收徒讲学时，特地写了一篇《洪范传》文章"以通其意"。他把"若"字只根据它的本义解释为"犹如"，以为人君有了狂或僭的失德行为，正如同自然界发生了天旱地涝的灾害一样，人君的失德决不会召致自然界的任何灾异。他进而就灾异与人君的失德有无关系的问题提出自己的观点：

> 然则世之言灾异者非乎？曰："人君固辅相天地以理万物者也；天地万物不和其常，则恐惧修省固亦其宜也。"
>
> 今或以为天有是变，必由我有是罪以致之；或以为灾异自天事耳，何豫于我？我知修人事而已。盖由前之说，则蔽而葸；由后之说，则固而怠。不蔽不葸，不固不怠者，亦以天变为己惧，不曰天之有某变必以我某事而

至也，亦以天下之正理考吾之失而已矣。此亦"念用庶证"之意也。

王安石的《洪范传》虽已经把"先儒传注一切废不用"，而"断以己意"作了新的解释和分析说明；《洪范传》的大意，又正如晁公武在《郡斋读书志》中所指出的，也是强调了"天人不相干，虽有灾异不足畏"这一观点，然而，其中还没有对董仲舒等人的天人感应论加以纠正。为弥补这一缺陷，他就在为士子们出"策问"题目时，针对着以"若"为"顺"的曲解加以驳诘说：

> 《洪范》之陈五事……如其休咎之效，则予疑焉……必如《传》云："人君行然，天则顺之以然"，其固然耶？"僭常旸若，狂常雨若"，使"狂"且"僭"，则天如何其顺之也？尧汤水旱，奚尤以取之耶？

这道《策问》的大意是：汉儒对《洪范》的那种善行招福，恶行招灾的天人感应说的解释，是很有问题的。如果他们的天人感应之说应验的话，并且承认他们解释《洪范》时所说的，人君的行为过于僭越就会招致旱灾，过于狂妄就会招致水灾，那么，假如一个人君兼有这两种失德，天将如何作出惩罚呢？再如，尧和汤都是儒家称颂的古代圣王，然而尧统治时有连续九年的水灾，汤在位时有连续六年的旱灾，尧、汤究竟犯了什么严重罪行，而惹来如此巨大灾祸呢？王安石在这里把善行招福、恶行招灾这个问题提得非常明确，非常尖锐。王充在《论衡·治期篇》中曾说："尧遭洪水，汤遭大旱，水旱灾害之甚者也，而二圣逢之，岂二圣之政所致哉？天地历数当然也。"王安石在这里所表述的思想，和王充在《论衡·治期篇》中所表述的观点，完全是一脉相承的。通过这道《策问》，王安石把"天人感应"之论和《洪范》灾异之说就都给予了彻底的否定。这就无怪乎后人说王安石"最不信《洪范》灾变之说"了。

王安石还在《礼乐论》一文中，论述了有关自然界的发展变化的问题，说道：

> 是故君子之学……及其至也，天地不足大，人物不足多，鬼神不足为隐，诸子之支离不足惑也。
> 是故天至高也，日月星辰阴阳之气，可端策而数也。地至大也，山川丘陵万物之形，人之常产，可指籍而定也。
> 是故星历之数，天地之法，人物之所，皆前世致精、好学、圣人者之所建也。

意思是说，所有一切客观存在的东西，不论是天空中的日月星辰阴阳之气，还是地面上的山川丘陵万物之形，只要有人肯聚精会神地去实地观测和研究，日积月累取得数据，便可以从积累的这些知识和数据中建立专门的学科，其发展变化的规律都是可以探寻出来的。既然如此，则"薄食、震摇"也的确是"皆有常数"的，因而自然是"不足畏忌"的。

王充在《论衡·治期篇》中也曾说道："在天之变，日月薄蚀。四十二月日一食，五六月月亦一食。食有常数，不在政治。百变千灾，皆同一状。"这和王安石对于天变的认识也是一致的。但王充只把日月蚀等类的出现认作是"有常数"的"天变"，而王安石则更向前迈进一步，他把"日月星辰阴阳之气"和"山川丘陵万物之形"认为可以通过实践活动和研究而掌握其发生、发展和变化规律的自然现象。

王安石的这些言论，都是他任参知政事以前的一些言论，这说明了王安石的"天变不足畏"的思想是从很早以前就已萌生形成，只不过到他执政变法之前，才高度概括成为这样的五个字而已。

事实证明，假若王安石没有"天变不足畏"这样一个坚强精神做后盾，他的变法革新就很难实施，有可能在一开始就被扼杀了。因为，在王安石入朝执政之初，当他刚刚开始制订变法的计划时，那些官绅豪强、大地主阶层的代言人，也就是那些顽固守旧的官僚士大夫们，就全都拿"天变"来向神宗皇帝进行要挟，妄图以此来阻挠变法。吕诲在熙宁二年（1069年）的六月，就专为弹劾王安石而上疏神宗皇帝说："臣究安石之迹，固无远略，唯务改作，立异于人……方今天灾屡见，人情未和，惟在澄清，不宜挠浊。如安石久居庙堂，必无安静之理。"

吕诲希望罢免王安石，阻止变法的阴谋并未得逞。后来宰相富弼也上疏弹劾王安石。在熙宁二年十月，富弼罢相，当他即将离开朝廷时，向神宗皇帝说道，当权的王安石，"所进用者多小人"，以致天降责罚，"诸处地动、灾异"，所以"宜且安静"，也就是劝阻皇上不要再让王安石搞什么变法革新了。翰林学士范镇，在熙宁三年正月上疏说："乃者天雨土，地生毛，天鸣，地震，皆民劳之象也。惟陛下观天地之变，罢青苗之举，归农田水利于州县，追还使者，以安民心而解中外之疑。"

御史程颢，也在这年三月上疏说："天时未顺，地震连年，四方人心日益摇动，此皆陛下所当仰测天意、俯察人事者也。"

仿佛是如果皇上不停止变法，大宋江山就会出现天塌地陷的大劫了。

面对着守旧派假借"天变"来达到他们破坏变法的阴谋，王安石再三把"天变不足畏"的观点加以阐明发挥，把它用作反击政敌的锐利武器，使政敌们的阴谋不能得逞。

在神宗皇帝面前，王安石也始终坚持这一论点，随时对皇上讲明以解除其疑虑。比如《长编》说：熙宁七年（1074年）四月己巳，上以久旱，忧见容色，每辅臣进见，未尝不叹息恻恻，欲尽罢甲、方田等事。

王安石说："水旱常数，尧汤所不免。陛下即位以来，累年丰稔；今旱暵虽逢，但当益修人事以应天灾，不足贻圣虑耳。"

皇上说："此岂细故，朕今所以恐惧如此者，正为人事有所未修也。"

熙宁八年（1075 年）十月初七至十九，彗星出轸。神宗皇帝特为此而下了一道手诏给执政大臣。诏云："比年以来，灾异数见，山崩地震，旱暵相仍，变尤大者。自惟浅昧，敢不惧焉……卿等宜率在廷之臣，直言朕躬过失，改修政事之未协于民者以闻。"

颍州知州吕公著认为这又是一次阻止变法的绝好时机，他在《答手诏》的奏疏中说："臣闻晏子曰：'天之有彗，以除秽也。'考之传记，皆为除旧布新气象……今民不安业，畎亩愁叹，上干和气……又况加之以天地变异乎！"

王安石在奏疏中仍然坚持其"天变不足畏"的观点，说道：

> 臣等伏观晋武帝五年，彗实出轸；十年，轸又出孛。而其在位二十八年，与《乙巳占》所期不合。盖天道远，人道迩，先王虽有官占，而所信者人事而已。
>
> 天文之变无穷，人事之变无已，上下傅会，或远或近，岂无偶合？此其所以不足信也！

然而，神宗皇帝对于"天变不足畏"的论点一直是持否定态度，这在皇帝的《手诏》中已表述得非常清楚。王安石《答手诏》中的这些话，虽然压制了守旧派官僚的喧闹，却仍未能使神宗皇帝的思想发生转变。在事过八年之后的元丰五年（1082 年）夏季，神宗皇帝还向章惇、王安礼重新提起这次彗星出现的事，并且说："事之将兆，天常见象……孛彗示人事至直，犹如语言"，随即，就又针对王安石《答手诏》中的那段话进行了反驳。这就使我们想到，王安石在熙宁三年（1070 年）春回答皇上关于"三不足"的问话时，所以不肯直抒己见的原因所在了。

2. 祖宗不足法

孔子曾不厌其烦地再三向人们表白自己，他要"从周"，要"继周"，要"为东周"，要"宪章文武"，总而言之，他是一切都要遵守周文王、周武王、周公所制定的成法。他认为武王和周公之所以称为"达孝"，就是因为他们能够"善继人之志，善述人之事"，也就是善于继承先代成法。当季孙氏要改变鲁国征取兵赋的制度，从"以丘赋"的旧制改为"以田赋"的新办法时，特地派冉有去征求孔子的意见，孔子对此极力反对，说道："季孙氏若欲行而法，则周公之典在；若欲苟而行，又何访焉！"

孔子的思想，在这里表现得淋漓尽致：周公是鲁国的始祖，他为鲁国制定了一系列典章制度，不论社会如何发展，社会现实如何变化，都只能依照旧有制度而不能作任何变动。

孔子的这种言行，为他的继承者作出了榜样。后代的儒家们也都把"法祖"、"守成"作为反对革新、反对进步的一个主要盾牌。北宋中叶，官僚士大夫当中的那些守旧者，更是如此。例如，司马光在嘉祐六年（1061 年）曾向仁宗皇帝进奏《五规》，其中的《惜时篇》就说道："夫继体之君，谨守祖宗之成法，苟不毁之以逸欲，败之以谗谄，则世世相承，无有穷期。"

北宋王朝从其建立之始，就赋予豪绅大地主阶层以种种特权，久而久之就成为北宋王朝的一个传统政策。因此，司马光等人之所以极力维护祖宗之法，除受儒家"法祖"思想影响支配外，同时也是要借此维护自己的既得利益。

王安石在嘉祐四年（1059 年）写给仁宗皇帝的《言事书》中说了千言万语，只不过都是为了一件事，那就是要对当时的社会成法大作一番"改易更革"，以使其能适应当前的"所遭之变"和"所遇之势"。在熙宁元年（1068 年）他与神宗皇帝第一次见面后所写的《本朝百年无事札子》中，对北宋建朝以来所施行的有关财政、经济、军事、教育、选举等诸方面的规章制度，几乎全都提出了不同的看法，在列举了种种弊病之后加以总结说："赖非夷狄昌炽之时，又无尧汤水旱之变，故天下无事，过于百年。"不然的话，早就会天下大乱了。可见必须要进行变法革新，根本不存在什么奉守和取法之类的问题。

同时，王安石对于北宋前期的几位皇帝，除宋太祖赵匡胤以外，都颇有微词的。在对待契丹和驾驭将帅等的具体问题上，他对于宋太宗赵光义和宋真宗赵恒更是十分不满。王安石在与神宗皇帝的对话中，说：

> 自太宗以来，〔契丹〕遂敢旅拒，非为我财用少、器械不足故也，止以一事失计故尔。郭进守山西，可谓尽力，以憸人谗说，故困迫至于自杀。如郭进者既自杀，即憸巧能凭附左右小人者必得握兵为用，虽有犯法，必获游说之助以免。如此，则契丹何为不旅拒？自太宗以来，其失计皆以此类。

又说：

> 太宗为傅潜奏防秋太近，亦未知兵将所在，诏付两卷文字，云："兵数尽在其中。候贼如此，即开某卷；如彼，即开某卷。"若御将如此，即惟王超、傅潜乃肯为将；稍有材略，必不肯于此时为将，坐待败衄也。但任将一事如此，即便无以胜敌。

另外还说：

> 先朝用将，如王超亦尝召对，真宗与之语，退以其语与大臣谋之。臣

读史书，见当时论说终无坚决，上下极为灭裂！如此，何能胜敌？

意思很明显是指责他们父子两人都有贻误战机、败坏国事的严重过失。

对于仁宗皇帝个人的作风和他统治时期内的政治设施，王安石在仁宗皇帝晚年所上《论时政疏》中就已提出自己的见解：

> 方今朝廷之位，未可谓能得贤才；政事所施，未可谓能合法度；官乱于上，民贫于下；风俗日以薄，财力日以困穷。
>
> 而陛下高居深拱，未尝有询考讲求之意，此臣所以窃为陛下计而不能无慨然者也。
>
> 夫因循苟且，逸豫而无为，可以侥一时，而不可以旷日持久……

在上书神宗皇帝的《本朝百年无事札子》当中，也同样有这样的话："仁宗在位，历年最久……宁屈己弃财于夷狄，而终不忍加兵。"

从字面上看来，这几句话似乎是对仁宗皇帝进行称颂的，但事实上，我们不难看出其真实用意，他对于仁宗皇帝之屈服于辽和西夏却是极为不满的。

在当时守旧派的反对人物的记载中也有类似的语言，有的说王安石"遂以仁庙为不治之朝"，有的说王安石"每以汉文帝恭俭为无足取者，其心厌薄仁宗也"。看来都是符合王安石的实际思想的。

在反对派的那些人看来，王安石的这种观点和思想可谓是大逆不道，是绝对不可以容忍的。他们不惜一切代价，对王安石的变更祖宗之法进行攻击。司马光一方面歪曲汉初萧何、曹参相继为丞相所执行的路线，另外提出"祖宗之法，不可变也"的言论；再一方面又写信指责王安石，说他"尽变更祖宗旧法"。谏官范纯仁则在奏章中说："王安石变祖宗法度，掊克财利"，使得"民心不宁"。御史刘挚则在奏章中说王安石的罪之大者在于"国家百年之成法则划除废乱，存者无几"。枢密使文彦博则借议政时机而向神宗皇帝说，"祖宗以来，法制未必皆不可行"，"祖宗法制具在，不须更张，以失人心"。太皇太后曹氏则得便就向神宗皇帝说，"祖宗法度，不应让王安石轻加改变"。一些守旧的宦官，竟也在神宗皇帝面前"伏地、叩头、流涕云：'今祖宗之法扫地无遗，安石所行，害民虐物，愿陛下出安石。'"这在变法的进程当中虽也起到了阻挠的作用，但他们想借此把新法推翻是不可能的。

王安石坚持认为祖宗不足法，祖宗之法不足守，于是，他在写给仁宗皇帝的《言事书》中就提出了"法先王之政"的口号，并加以解释说，所谓"法先王之政"，只是"当法其意"，即"视时势之可否，因人情之患苦，变更天下之弊法"，使其能适合于当前的"所遭之变"和"所遇之势"。这样，"则吾所改易更革，不至乎倾骇天下之耳目，嚣天下之口，而固已合乎先王之政矣。"从此可以看出，王安石提出"法先王之政"的口号，只是想在这个口号的掩护之下，达到他"改易更革"的目的而已，改变北宋王朝长期采用的一些传统法令规章，使其能适应现实需要。

南宋理学家朱熹在其《读两陈谏议遗墨》一文中说：

"彼安石之所谓《周礼》，乃姑取其附于己意者，而借其名高以服众口耳，岂真有意于古者哉！若真有意于古……凡古之所谓当先而宜急者，曷为不少留意，而独于财、利、兵、刑为汲汲耶？……"

"及论先王之政，则又骋私意，饰奸言，以为违众自用，剥民兴利，斥逐忠良，杜塞公论之地……"

清代《四库全书》的编纂者们，在《周官新义》的"提要"中指出：

"《周礼》之不可行于后世，微特人人知之，安石亦未尝不知也。安石之意，本以宋当积弱之后，而欲济之以富强，又惧富强之说必为儒者所排击，于是附会经义以钳儒者之口，实非真信《周礼》为可行……"

朱熹认为，王安石取重《周礼》，只是"借其名高以服众口"；《四库全书总目提要》的编纂者认为，王安石之"附会经义"，只是要"以钳儒者之口"。不管是朱熹，还是四库馆臣，全都是作为王安石的一条罪状而加以指责。尽管如此，他们却恰恰道出了王安石"法先王之政"的真实用意之所在。

3. 人言不足恤

王安石的"三不足"战斗口号中的"人言不足恤"一句，在当时的记载中，有的是把"人言不足恤"写作"流俗不足恤"的。从这两句话其中两个字的换用，反映出王安石所认为"不足恤"的"人言"，而是专门针对那些流俗之见、流俗人的言论说的，并不是对朝野内外所有人的言谈议论而言。

什么样的建议是流俗之见，什么人又算是流俗之人呢？把当时王安石的言论和守旧派攻击王安石的一些言论的有关内容加以归纳，可以得出如下解答。

《长编》于熙宁三年（1070年）七月壬辰载：

"吕公弼将去位，上议所以代之者，曾公亮、韩绛极称司马光，上迟疑未决，始欲用冯京，又欲用蔡挺，既而欲并用京及光。"

王安石说："司马光固佳，今风俗未定，异论尚纷纷，用光，即异论有宗主。今但欲兴农事，而诸路官司观望，莫肯向前。若使异论有宗主，即事无可为者……"

第二天，又对执政说："京弱，并用光如何？"公亮以为当。

王安石说："〔光〕比京诚差强，然流俗必以为宗主，愈不可胜。且枢密院事，光果晓否？"

皇上说："不晓。"

王安石说："不晓，则虽强，于枢密院何补？但令流俗更有助尔。"

王安石开始是说如果叫司马光作枢密副使，则"异议"、"异论"即有宗主，第二天又改为"流俗以为宗主",由此可知,凡是反对变法,像司马光那样的,这个人便是流俗之人,他的意见便是流俗之见。王安石还曾向神宗皇帝说,富弼智略平庸,但能一切合流俗以为声名而已。可见富弼也是一个流俗之人。

再从守旧派言论中所反映出的流俗的意义来看:

谏官范纯仁在熙宁二年(1069年)曾经弹劾王安石,在他上的奏章中,就说王安石"鄙老成为无用之人,弃公论为流俗之语"。

参知政事赵抃在熙宁三年(1070年)检举揭发王安石工作失职的奏章中,也说"安石强辩自用,诋公论为流俗"。

御史中丞吕公著在反对王安石改革青苗法的奏章中说,当今的"贤者"全都以推行青苗法"为非","而主议者一切诋为流俗浮论"。

司马光的死党刘挚在反对免役法的奏章中说,天下人有喜于敢作敢为的,有乐于安静无事的;前者以后者为流俗,后者以前者为乱常。

刘挚在另一奏章中又说,自从王安石执政以来,摒弃忠厚老成人,专用侠少儇辩者,"守道忧国者谓之为流俗","败常害民者谓之为通变"。

守旧派认为公正的言论是什么呢?无非就是儒家们所讲的"天人感应"、"敬天法祖"那老一套罢了;他们所认为的贤人呢?无非就像刘挚所说的那样,那些乐于安静无事和"忧国守道"的"忠厚老成人"罢了;无非就如司马光所言的,那些因王安石变法而气急败坏的士大夫罢了。这些人岂不正是官绅豪强大地主阶层的代表人物,正是这类"人言",也只有这类"人言",才是王安石以为"不足恤"的。

对于流俗之人的议论,王安石的所谓"不足恤",实际上是要从战略上予以藐视。所以,尽管司马光写了一封长信给他,用孔孟之道对他的变法进行批驳,而王安石却只写了一封简短的回信,用犀利的语言,扼要而精辟地驳斥了司马光的论断,斩钉截铁地表示要把新法推行到底,完全是一副不屑于与之多辩的神情。当陆佃向王安石说,外间颇有人以为王安石"拒谏"时,王安石也只一笑了之,回答说:"吾岂拒谏者?但邪说营营,顾无足听!"

王安石变法的目的之一,是要限制豪绅大地主们享有已久的既得利益,使他们的不法行径受到一些限制,使地主阶级的中下层和一些富裕农户的经济地位稍稍稳定,免得再经常出现破产失业的人家,借以保障地主经济能正常发展。他知道,这种形势的变革,"所宽优者皆村乡朴蠢不能自达之穷甿,所裁取者乃仕宦、并兼、能致人言之豪右";而后一种人,却又都是"豪杰有力之人,其议论足以动士大夫"的。既然如此,则当每一种新法触犯到"豪右"们的某种特殊权益时,作为他们这一阶层的代言人,官绅士大夫们必然要跳出来大吵大闹。正像他在答复司马光的书信中所说:"至于怨诽之多,则固前知其如此也。"唯其是"前知其如此",所以就在变法之前制定出了一个"人言不足恤"的原则,而且一直坚定不移地执行着这一原则，用以排除那些守旧派顽固分子议论的干扰。

王安石还不厌其烦地劝告神宗皇帝，对于这班流俗人的流俗议论，要他也采取同样的对策。他说："流俗之人，罕能学问，故多不识利害之情，而于君子立法之意有所不思，而好为异论。若人主无道以揉之，则必为异论众多所夺，虽有善法，何由而立哉？"

他说："朝廷立法，当内自断以义，而要久远便民而已；岂须规规恤浅近人之议论！……今制法但一切因人情所便，未足操制兼并也，然论议纷纷，陛下已不能不为之动；如欲操制兼并，则恐陛下未能胜众人纷纷也。"

他还说："朝廷立法，惠在弱、远、不知所以然之人；怨在强、近、能造作谗谤者。此陛下所当察。"

他又说："如今要作事，何能免人纷纭？……文王侵阮阻共，以至伐崇，乃能成王业。用凶器，行危事，尚不得已，何况流俗议论？"

王安石多次的言谈和表白，都充分说明他对自己所主持的这次变法革新运动的前途，对其必能适应于当前的"所遭之变"和"所遇之势"，是充满了信心的。因此，他也下定决心要像盘庚迁殷时那样，不论人们怨谤如何，却决"不为怨者故"而改变其初衷，因为他是"度义而后动"的，是"是而不见可悔"的。

对于凡不属于流俗的人的言论和意见，王安石则采取另一种截然不同的态度。他不但予以考虑和尊重，而且是积极访求的。比如，在熙宁二年（1069年）三月，亦即王安石刚做了参知政事，在其变法的初始阶段，他就向神宗皇帝建议说："兴利除弊，非合众智则不能尽天下之理。乞诏三司判官、诸路监司及内外官，有知财用利害者，详具事状闻奏。诸色人听于本司陈述。"在制定和推行免役法的过程中，王安石也向神宗陈述说："议助役已及一年，须令转运使、提点刑狱、州县体问百姓，然后立法；法成，又当晓谕百姓，无一人有异论，然后著为令。"这充分表明他十分重视老百姓的意见。而且，还不只是在推行免役法时如此，在制定和推行其他各项新法时，也全都是依照同样的程序，先把新法条例内容在各地告示，须待"民无异词"后才实施。

刘挚在一道弹劾王安石的奏章中说，王安石在讨论理财的问题时，常常把"市井屠贩之人，皆召至政事堂"，备咨询，参谋议，听取各阶层、各方面的意见。这就更加证明，王安石的各项新法，并非自己空想而成，乃是在群言堂中商讨制定的。司马光把王安石形容为一个"必欲力战天下之人，与之一决胜负"的人，把"人言不足恤"曲解为"拒谏"、"遂非"和"执拗"，朱熹又把它曲解为"违众自用"和"足己自圣"，显然都是颠倒是非的恶意攻击。

二、有关"变法"问题的争议

1. 对外政策

在我国封建社会的历史长河中，有一个十分明显的历史现象：在执政当权的人物当中，凡是改革家多半执行爱国主义的路线，凡是守旧者多半执行卖国主义的路线。在北宋王朝的最高统治集团当中，特别是北宋中叶的最高统治集团当中，就其对待契丹贵族和党项贵族所建立的两个割据政权——辽与西夏的对策来说，王安石和以他为首的变法派，司马光和其他保守派，又为这一历史现象提供了最准确的例证。

王安石在其早年写有《河北民》一诗，开头几句是：

> 河北民，生长二边长苦辛。家家养子学耕织，输于官家事夷狄。

这和 12 世纪 20 年代之初发生在江浙地区农民起义的领袖方腊誓师时所说的："且声色、狗马、土木、祷祠、甲兵、花石、糜费之外，岁赂西、北二虏银绢以百万计，皆吾东南赤子膏血也。二虏得此，益轻中国，岁岁侵扰不已。独吾民终岁勤动，妻子冻馁，求一日饱食不可得！"

二者用意是完全相同的。这表明，王安石的爱国思想和民族立场，即使和下层百姓不能完全一致，但相差也是不太远的。

王安石在执政之后，也曾向神宗皇帝明确表示说："天命陛下为四海神民主，当使四夷即叙；今乃称契丹母为叔祖母，契丹主为叔父，更岁与数十万钱帛，此乃臣之所耻！"

在此以前，王安石还曾向神宗皇帝说过："今所以未举事者，凡以财不足故。故臣以理财为方今先急。未暇理财而先举事，则事难济。臣固尝论天下事如弈棋，以下子先后当否为胜负。"

在另一次谈话时又说道："秦汉以来，中国人众，地垦辟，未有如今日；四夷皆衰弱，数百年来亦未有如今日。天其或者以中国久为夷狄所侮，方授陛下以兼制夷狄，安强中国之事。"

所谓"举事"，就是指对西夏和辽大举用兵。由此可见，王安石变法的目的是为了富国强兵，而富国强兵的目标就是打败西夏和辽，彻底改变北宋王朝长期以来"外则不能无惧于夷狄"的屈辱处境。

"澶渊之盟"订立以后，尤其是在 11 世纪的 30 和 40 年代内，与西夏进行了多年的军事斗争，都未能获胜，此后，畏惧战争和忍辱求和的论调一直笼罩着北宋王朝。最高统治集团中的人，虽然更换了许多次，但都认为，作为北方一霸的辽政权碰不得，西夏也同样是碰不得的。

王安石当权执政之后，首先就想扫清这种萎靡怯懦的气氛。从他的战略思想出发，在对当时的政治军事局势进行具体分析之后，他坚信辽和西夏是完全可以战胜的。这从他与神宗皇帝的多次谈话中可以很清楚地表现出来。例如，在王安石和神宗商讨收复河湟地区的时候，他就拿必胜的信心来鼓舞神宗皇帝的斗志，说道："他时兼制夏国，恢复汉唐旧境，此乃基本。"

王称《东都事略·王安石传》在谈到建立保甲制度时也说道："保甲之法，始因戎狄骄傲，侵据汉唐故地，有征伐开拓之志，故置保甲。乃籍乡村之民，二丁取一，皆授以弓弩，教之战阵。又令河北、陕西、河东三路皆五日一教阅。"

因经营河湟而联系到"兼制夏国"，因"兼制夏国"而又联系到"恢复汉唐旧境"；而《东都事略》也说是为了戎狄"侵据汉唐故地，有征伐开拓之志，故置保甲"，接着又说"令河北、陕西、河东三路皆五日一教阅"。这样一系列话语和具体措施都完全说明，王安石的战略设想，是以经营河湟为开端，而以制服契丹为终极目标。而所谓制服契丹，也不仅是以恢复燕云十数州为限，而是要依照汉唐两代的幅员规模，由北宋王朝再一次实现统一全国的大业。

王安石还曾向神宗皇帝说："要当有以兼制夷狄，乃称天所以畀付陛下之意。今中国地广、民众，无纤芥之患；四夷皆衰弱。陛下聪明齐圣，忧勤恭俭，欲调一天下，兼制夷狄，极不难，要讨论大计而已。"

王安石于此既指明北宋国境内"无纤芥之患"，又指明"四夷皆衰弱"，要长自己的志气，灭敌人的威风。这和富弼劝戒神宗皇帝"愿陛下二十年口不言兵"的话，形成鲜明、尖锐的对照。多数保守派的人物，每当北宋王朝与辽或西夏的关系紧张之时，理应积极行动起来进行军事抵抗，但他们往往惊慌失措，提出唯恐百姓乘机起事等种种理由作为借口以苟且偷生，以掩盖其卑鄙无耻的丧权辱国罪行。例如富弼，他就曾在辽向北宋挑起重新划地界的衅端时，写奏章给神宗皇帝说："边奏警急，兵粮皆缺，窘于应用。须防四方凶徒，必有观望者，谓'国家方事外虞，其力不能制我'。遂相啸聚，蜂蝎而起，事将奈何？臣愿陛下以宗社为忧，生民为念，纳污含垢，且求安静。"

依照富弼的意思，那就只有对辽屈服忍让，以便能够专力防范下层百姓的"乘机窃发"。然而历史事实证明，守旧派对劳动人民的种种诬蔑，只能更加暴露他们本身没有爱国家、爱民族的思想感情；而王安石斩钉截铁地说北宋境内"无纤芥之患"，也正是他的爱国主义和民族立场的自然流露，这与守旧派形成鲜明的对比。

王安石还曾向神宗皇帝说："中国广大，人众，财富，加以陛下聪明，忧勤天下，若措置不失，即虽冒顿亦何足畏？汉高祖为冒顿所困，亦以中国倦兵，人思休息而已；使汉高祖有今日天下，必不复畏冒顿也！"

并且对当时辽政权的形势作了十分具体的分析："契丹大而无略，则多隙可乘。且并诸国及燕人为一，四分五裂之国也。契丹无足忧，彼境内盗贼尚不能禁捕，何敢与中国为敌？"

当神宗皇帝表示，对西夏政权的首脑人物的情况还不够了解时，王安石回答说："陛下欲详知，则须用间谍；若其大情，则不待间谍而可知。彼区区夏国……其主幼，妇人为政，所任要重皆其亲暱，虽有豪杰无由自进，则其大情已可知矣。"

根据对于敌情的估计和分析，王安石制定了较长远的战略计划和战略部署。那就是：首先必须制服西夏，斩断契丹的右臂，使其孤立无援，然后再去制服契丹。而要想比较容易地制服西夏，就必须先把居住在西夏南边的一些吐蕃族的独立部落制服，也就是所谓断西夏契丹的右臂。

从王安石所拟定的整个方案来看，可知他既能根据少数民族的实际情况来分析，断言貌似强大的辽也有其不可克服的弱点，其军事实力并非不可战胜；还能对敌我力量的对比进行切实的衡量和比较，而不陷入"无虑而易敌"的那种错误的怪圈当中。由于他具有敏锐的分析和判断能力，所以才能发出方今"四夷皆衰弱"，"欲调一天下，兼制夷狄，极不难"的呼声。然而在"皆衰弱"的"四夷"之中，终还有较强和较弱之分。他认为，"凡经力边夷，当先从事于易"，也就是，要先拣弱的打。根据这一原则而制定其行师用兵的最佳方案，他又向神宗皇帝说：

"累世以来，夷狄人众、地大，未有如今日契丹。陛下若不务广规模，则包制契丹不得。"

这就是说，在当时北宋王朝周围边境的少数民族当中，辽国是最为强大的，想制服它并不是一件轻而易举的事情。因此，必须先"坚壁清野，积聚刍粮"，"以静重待敌之衅"，尽量赶做一些准备工作，即"部分河北百姓令习兵"，于平时"修吾政刑，使将吏称职，财谷富，兵强"，待敌人有可乘之隙，然后大举进讨。

以西夏与辽相较，则西夏"国弱，主幼，妇人用事，忿而无谋，无纪律"，正是"可以兼并之时"。因而王安石曾断言："惟西方宜悉意经略，时不可失。"

这里所说"宜悉意经略"的是"西方"，而不是特指西夏。这是因为，从现今甘肃省的临洮县、兰州市到今青海省的乐都县和西宁市一带，及其以南沿洮河的一些地方，北宋时称作河湟地区。当时在这地区居住着的少数民族是吐蕃族，他们分属于互不统属的部落，"诸蕃瓜分，莫能统一"。他们如果归附西夏，便会使西夏既无后顾之忧，又可大大增强军事力量。所以，王安石就把以军事或政治力量解决这些部落的问题，作为制服西夏的开端。他曾和神宗皇帝谈论过此事：

王安石说："今所以招纳生蕃者，欲临夏国，使首尾顾惮，然后折服耳。"

皇上说："这就是所说的'图大于细，为难于易'。"

这项"招纳生蕃"的任务，在王安石的积极筹划之下，由秦凤路安抚使王韶于熙宁五、六（　　）两年内基本上顺利完成了。紧接着，王安石又把制服西夏的任务正式提到日程上来。他督促神宗皇帝说：

"陛下必欲经略夏国，及秉常幼稚之时，正宜汲汲。古人进德修业欲及时。缘天下事机变动无穷，及可为之时，不可失也。"

又说："今不取夏国，则四夷旅拒如今日，非所以宁息中国。然常人不可与虑始，此乃陛下所宜留意。"

王安石屡次督促皇上向西夏用兵，而神宗皇帝最终没有采纳王安石的意见，此后，王安石又向皇上说出了这样的话："今秉常幼，国人饥馑，困弱已甚，陛下不能使之即叙，陛下不可不思其所以。此非不察于小事，乃不明于帝王之大略故也。陛下以今日所为，不知终能调一天下、兼制夷狄否？臣愚窃恐终不能也。"

尽管王安石说出这样的话，但是仍然没有起到什么作用。

王安石能够高瞻远瞩，以豪迈的英雄气概，作出了雄伟的战略部署，符合北宋广大人民反抗民族压迫的强烈愿望，而通过河湟之役这次军事实践的检验，也进一步证明了王安石的这一战略部署是完全正确的。但是，这种战略部署，也和他所制定推行的任何一种措施一样，每前进一步都是要遇到强大阻力的。这是因为在长期被"积贫积弱"局面搞得缩手缩脚的北宋王朝，在长期为忍辱妥协和失败主义气氛笼罩着的北宋王朝，在一贯奉行卖国投降主义路线的守旧派看来，向契丹贵族和党项贵族们"屈己奉币"，让北宋王朝境内的全部人民都"纳污含垢"、苟且偷安地过日子，实在是最美妙的生活境界了，怎么还要加以改变呢？这在司马光的《请革弊札子》中暴露无遗："太祖受天明命，四征弗庭……太宗继之，克成厥勋。然后大禹之迹悉为宋有。于是载戢干戈，与民休息。或自生至死，年及期颐，不见兵革。吏守法度，民安生业，鸡鸣狗吠，烟火相望。可谓太平之极致，自古所罕侔矣。"

竟然有这般太平景象、美满幸福生活，变法派们竟还想加以改变，那就不只是"庸人自扰"，简直是"罪孽深重"，守旧派怎能不出来大力加以阻挠？于是，就在进行"招纳生隙"的河湟战役之前，司马光自称"兼领长安一路十州兵民大柄"，以这十州兵民的代表头目自居，率先出面进行反对。他上了一封《谏西征疏》，说道：

> 或者又云："国家未讨秉常，先欲试兵诛一小族。"若果如此，尤为不
> 可。何则？今者竭关中之财力，大兴师众，乃舍有罪之强寇，诛无辜之小
> 种，胜之不武，不胜为笑，将无以复号令戎狄矣。

主持军政大计的枢密使文彦博，也在神宗皇帝面前说："自古用兵非得已。今若能服契丹、夏国乃善，至于木征，不足计较。"

事实上，司马光、文彦博等人不仅反对进军河湟，而且也反对用兵于西夏或辽。在司马光的《谏西征疏》中，就能够清楚地看到他的意图。他说：

"下民惊疑，皆云'国家将以今春大举出师，长驱深入，以讨秉常之罪'……关中饥馑，十室九空，为盗贼者纷纷已多；县官仓库之积，所余无几。乃欲轻动大众，横挑猛敌，此臣之所大惧也。"

在王安石的心目中，"夏国，一妇人，一儿子，一困敝小国"是完全有能力战胜的；在司马光等保守派人物的心目中，西夏简直是无法战胜的"强寇"、"猛敌"。王安石为了能够顺利地征服西夏，提出首先要控制河湟，斩断西夏右臂；司马光等保守派人物则说河湟吐蕃诸部乃"无辜之小种，胜之不武，不胜为笑"。总之，依照保守派的观点，那就是不论对辽或对西夏，都只应采取守势，不能主动进攻，并且在他们来进行军事威胁或政治讹诈时，便再"纳污含垢"，"屈己增币"，忍辱妥协，却决不能在军事上或政治上采取任何积极主动的行动。

尽管受到保守派的阻挠，向河湟的进军并没有中止，并且在这次战役中宋军还取得胜利。战争结束之后不久，辽政权又一次向北宋进行政治讹诈，说北宋所设立的"口铺"侵入了辽的蔚、应、朔三州界限之内，辽政府要求把这三州与宋境的交界线重新加以确定。辽政府实际上就是要把这三州的南界再向北宋境内推移。北宋最高统治集团中的大多数人，包括皇帝在内，本来就最担心辽和西夏是"唇齿之国，必相连结救援"，因而契丹贵族们的要求，又使大宋朝廷内外惊慌失措起来。尽管王安石直到熙宁九年（1076年）夏间，还坚定不移地给皇帝打气说："如以尝胜之众市之陕西，则陕西之兵人人有胜气，以其气临夏国，夏国不足吞也。吞夏国，则中国之气孰敢干挠？"但最终也未能把神宗皇帝的忧虑畏难情绪打消。因此，向西夏进军的事最终被搁置起来。此后不久，王安石被罢相，他那远大的战略规划，终于因保守派的阻挠而无法实现。

2. 改革内政

王安石在嘉祐四年（1059年）写给仁宗皇帝的《言事书》中，曾经高度概括地论述了北宋中叶存在的严重问题，以及造成这种问题的根源所在。他说：

> 顾内则不能无以社稷为忧，外则不能无惧于夷狄，天下之财力日以困穷，而风俗日以衰坏，四方有志之士，谔谔然常恐天下之久不安，此其故何也？患在不知法度故也。

他在熙宁元年写给神宗皇帝的《本朝百年无事札子》当中，也说道：

> 农民坏于徭役，而未尝特见救恤，又不为之设官以修其水土之利。
> 兵士杂于疲老，而未尝申敕训练，又不为之择将而久其疆场之权……
> 其于理财，大抵无法。
> 故虽俭约而民不富，虽忧勤而国不强。赖非夷狄昌炽之时，又无尧汤

水旱之变，故天下无事，过于百年。

《长编》于熙宁三年（1070年）七月丙申载：

王安石……因为上言："国之大政在兵、农。"

皇上说："先措置得兵，乃及农。缘治农事须财，兵不省，财无由足。"

王安石说："农亦不可以为在兵事之后。前代兴王知不废农事，乃能并天下。兴农事自不费国财，但因民所利而利之，财亦因民财力而用也。"

熙宁四年（1071年）二月，神宗皇帝与王安石又讨论如何制胜辽和西夏的问题，王安石最后表示：制胜之道，只应先在平时"修吾政刑，使将吏称职、财谷富、兵强而已。虚辞伪事，不足为也。"

同年三月，王安石在驳斥文彦博的"祖宗法制具在，不须更张以失人心"的言论时，又说道："法制具在，则财用宜足，中国宜强；今皆不然，未可谓之法制具在也。"

《长编》于熙宁五年三月甲申又载：

王安石……因为上言："西事稍弭，边计正当措置。天下困敝，惟兵为患。若措置得兵，即中国可以富强。余皆不足议也。"

守旧派中的韩琦在熙宁八年写的《答诏问北边事宜疏》中也说道：

"臣尝窃计，始为陛下谋者，必曰：'自祖宗以来，纲纪法度率多因循苟简，非变之不可也。'治国之本当先有富强之术，聚财积谷，寓兵于民，则可以鞭笞四夷，尽复唐之故疆。然后制作礼乐，以兴太平。"

韩琦这里所说"始为陛下谋者"，当然是指王安石了。韩琦所说"窃计"云云的这段话，实际上是把王安石以前曾发表过的一些言论和主张集合而成的，因此，我们完全可以把它当作王安石自己说的话看待。

把上面所列举王安石的几段言论综合来看，可以看出，变法是王安石历来的一贯主张；变法的终极目的是要富国强兵。

王安石的富国强兵目标，一方面是为了扭转北宋王朝当时严重存在的积贫积弱现象，另一方面也是为要彻底摆脱"内则不能无以社稷为忧，外则不能无惧于夷狄"的衰危困境，而最终确定下来的奋斗目标。而与此同时，这个富国强兵的奋斗目标，又是他的改革思想与当时政治、经济、军事等现实状况紧密结合的产物。从战国时期的吴起、商鞅开始，每一个在政治上握有实权的改革家，大都是把富国强兵作为自己施政的终极目标。

北宋中叶的顽固保守派们，针对王安石的富国强兵的变法主张，几乎是万箭齐发，都拿孔孟之道来极力反对。比如，范纯仁一再上书，把"讲五霸富国强兵之术"作为王安石的一大罪状而加以弹劾。孔文仲应"制科"荐举，在其"对策"当中，极力攻击"王安石所建理财训兵之法为非是"，竟博得了反变法派范镇、韩维、陈荐、孙永等人的一致欢呼和同情。司马光则在其《谏西征疏》中说："所说的兵器是凶器，圣人没有办法才使用它。自古以来，国家富强，精兵良将，由于君主好战不已，造成国家危乱的，可谓很多啊！"其中文彦博也引用《老子》的话，说什么"以道佐人主者，不以兵强天下"。

苏轼在他的《上神宗皇帝书》中，更是大放厥词："只有商鞅变法，不顾及人言，虽然能够迅速使国家富强，但也招致天下多怨……虽然得到了天下，结果却马上死亡……

"所谓国家的存亡，在于道德是否深入人心，而不在乎强弱；纵观历史上的各朝代，都是重视风俗是否纯厚，而不在乎贫与富。道德深入人心，风俗纯厚，虽然贫穷和弱小，也不妨碍国家的长期存在。道德歪曲，风俗不纯厚，即使国家富裕强大，也免不了短祚而亡……

"臣下希望陛下推崇道德，注重风俗，不希望陛下贪图功利，假使国家富裕像隋代，强大像秦朝，西取灵武，北面取得燕蓟，可以说是立有大功，但国家的长治久安却不在此……

"我朝仁宗治理天下，法律宽松，用人得当，专门致力于自己的过失，没有草率地改动祖宗成法，但论其功绩，则可以说没有多少；就用兵而言，多次失败；就库存而言，仅仅足以维持而已。只是知道以仁德待人，百姓们仁义礼让，风俗纯厚，当仁宗皇帝升遐之日，天下百姓如同失去父母。江山社稷的长久，还是要依赖于仁义道德，而不能依赖其他。"

一个国家越是繁荣富强，它便灭亡得越快；一个国家越是贫穷落后，它便越能存在得久长。这就是苏轼和当时所有守旧派顽固者反对王安石变法图强的混蛋逻辑。由于他们死死抱住这个逻辑，因此，凡王安石围绕着富国强兵这一中心思想而采取的各种措施和制定推行的各种新法，无不遭受这些人的强烈反对，使变法革新的前进步伐因他们的阻挠而不能顺利推行。

王安石早年做州县官吏时，就曾在其《与马运判书》中写道：

"我曾经以为当今国家之所以穷困匮乏，不只是浪费无度，不知道节制。而且又没有生财之道的缘故。……

"如今假如关起门来和你交易，而门外的任何人也不能进入，即使你取得全部财产，也还是富不起来。"

这所谓"穷空"，就是指北宋王朝财政方面所出现的"积贫"情况而言。王安石认为，之所以出现"穷空"问题，主要原因不在于支出的多少，而在于生产的多少。支出再少而生产不出来，最后还是会财政匮乏的。因而，解决"穷空"问题的办法，主要也不是在于节流，而是在于开源，即开发自然界的资源，充分利用天地所赐予的财富。在写给仁宗皇帝的《言事书》中：王安石认为，最好的理财办法，是依靠天下众多的劳动力，动员他们去开发自然界的资源；而在尽力开发了自然界的资源之后，掌管政府财政的官员还必须要通权达变地加以周转调拨才行。在11世纪的中叶，王安石所说的自然界的资源，实际上，主要还是指农业生产，如果农业生产上的粮食增多了，税源自然就会充畅增加，政府如能恰到好处地加以运筹、周转和调配，那么军政多项开支自然也不会再感困窘。这种论点，随着变法革新的不断深入，又不断地加以发挥和运用。例如，他曾向神宗皇帝说："今所以未举事者，凡以财不足故。故臣以理财为方今先急……"

他还曾向神宗皇帝说："欲钱重，当修开阖敛散之法。"并且说："泉府之官，先王所以摧制兼并，均济贫弱，变通天下之财，而使利出于一孔者，以有此也。其言曰：'国事之财用取具焉'。盖经费则有常赋以待之；至于国有事，则财用取具于泉府。后世唯桑弘羊、刘晏粗合此意。自秦汉以来，学者不能推明其法，更以为人主不当与百姓争利。今欲理财，则当修泉府之法，以收利权。"

前文中所说的"以农事为急"和"去其疾苦"，"便趣农"等等，意思是指兴修水利、平整土地等事，使农业劳动者都能安心从事于农业生产劳动，给百姓创造一个良好的生存条件。后文中所说的泉府之官，是指北宋王朝财政部门的主管官员，应当把财政经济上的开阖敛散、变通周转之权操之在手，而不要使其旁落在豪商富贾手中，这样政府就能掌握大量的财富，使国家强大。也正如他在《兼并》诗中所说的，"人主擅操柄"和"赋予皆自我"的那个意思。

王安石所认为的，"以为人主不当与百姓争利"，即反对政府"收利权"的人，也是指当时司马光之流的儒家保守派而言。司马光等人顽固地坚持保守主义的观点，认为凡属于财政经济之事，是既不应当加以治理，也根本不可能加以治理，一切都应按照祖宗成法去办才行。司马光早在嘉祐七年（1062年）就在其《论财利疏》中说道："天地之产有常，而人类日敏，耕者寝寡而游手日众，嗜欲无极而风俗日奢，欲财利之无屈得乎？"

司马光认为，自然界所能生产的物资财富，永远是保持一定的数量而不变，既不会增加，也不会减少，只因水旱凶荒而减产，却不会因人为的措施而增产。从而得出的结论是：社会生产物资是无源可开的，政府财政经济的积贫之局是无法改变的。这与王安石的生财和理财的观点是完全对立和相反的。因此，当熙宁元年（   ）两人一起任翰林学士时，进行了一次关于理财方面的问题的争论。

几天之后，王安石就被任命为参知政事，即副宰相。王安石首先为创立新法设置了一个机构，叫作"制置三司条例司"。这是一个创立新法的机构，负责制定一些有关国家财政和社会经济的法令制度。后来，通过这一机构，制定出了一系列的新法。它制定出来的第一个新法是"均输法"，通过它的实施，不但要使"民不加赋而国用饶"，而且要把天下利权收归政府掌握；随后，又依照"理财以农事为急"的原则，制定了"农田水利法"以大兴水土之利；制定了"青苗法"以抑制豪强之家的高利贷；还把"差役法"改为"募役法"，以使农业劳动者尽可能多地参加农业生产劳动。这些新法，既然体现了王安石的理财观点和方针，就不可避免地遭到官绅豪强阶层代表人物的强烈反对。司马光接二连三地写信给王安石，对他进行攻击。在其第一封《与王介甫书》中说道：

> 财利不以委三司而自治之。更立"制置三司条例司"，聚文章之士及晓财利之人，使之讲利。
> 孔子说："君子喻于义，小人喻于利。"樊须请学稼，孔子犹鄙之，以为不知礼义。况讲商贾之末利乎？……
> 于是言利之人，皆攘臂圜视，衔鬻争进，各斗智巧，以变更祖宗旧法……
> 孟子说："仁义而已，何必曰利。"又曰："为民父母，盼盼然将终岁勤动，不得以养其父母，恶在其为民父母也？"
> 今介甫为政，首制置条例，大讲财利之事；又命薛向行均输法于江淮，欲尽夺商贾之利；又分遣使者散青苗于天下，而收其息。使人人愁痛，父子不相见，兄弟妻子离散。此岂孟子之志乎？

谏官范纯仁，也与此同时一再向皇帝上奏章，弹劾王安石"任用小人，专兴财利"；"欲求近功，忘其旧学。舍尧舜知人安民之道，讲五霸富国强兵之术。尚法令则称商鞅，言财利则背孟轲"；还说什么"陛下有尧舜之资，而安石议桑弘羊之术，不恭甚矣！"

王安石只是对司马光的第一封来信作了答复，这就是那封有名的《答司马谏议书》。他在这封回信中首先指出：

> 窃以与君实游处相好之日久，而议事每不合，所操之术多异故也。欲强聒，终必不蒙见察，故略上报，不复一一自辩。

意思是说，我们之间关于变法和反对变法的争论，乃是因为政治见解和路线不同而造成的。如果是这样，当然就没有调和的可能和商榷的余地，也就没有必要一一争辩了。因此，对于司马光在来信中用什么义利之辩反对理财的许多观点，王安石只是简单地回答说："举先王之政以兴利除弊，不为'生事'；为天下理财，不为'征利'。"

事实上，王安石是把司马光和所有守旧派的这些言论，都一块儿归纳到"流俗不足恤"那一类别当中去了，没有必要去进行讨论和争辩。

此外，在王安石刚被任命为参知政事，开始议行新法时，就曾经谈到周代曾设立泉府之官，目的是为了要"摧制兼并，均济贫弱，变通天下之财"，于北宋王朝，为了理财，也应当"修泉府之法，以收利权"。在《兼并》诗中，他又说，古代国家所采取的财政经济政策，都是"人主擅操柄，如天持斗魁。赋予皆自我，兼并乃奸回"。而在他提议于河北路行"俵籴"法时，又说道：

> 俵籴非特省六七十万缗岁漕之费，且河北入中之价，权之在"我"，遇斗斛贵住籴，即百姓米无所粜，自然价损。非惟实边，亦免伤农。

综合王安石以上的种种言论来看，可知道他之所以要"摧制兼并"，是有两方面的目的：一是要限制和裁减官绅豪强大地主和豪商富贾们享受已久的特权，使得地主阶级中下层和自耕农民们于一定程度上多少获得一些利益，以免再经常遭受兼并之害，防止随时因被蚕食鲸吞而致破产流亡的悲惨状况发生；二是把官绅豪强地主和豪商富贾们操纵物价、垄断居奇等等的权利全部收回，由北宋王朝直接掌握。

断绝大地主和富贾豪商的兼并之路，把天下大权全部收归政府，这实际上是西汉桑弘羊曾经实行过而且是收到很好效果的一些政策。这说明，王安石的摧制豪强兼并的主张及其采取的措施，都是根据桑弘羊的思想，并把历史上其他改革人物的施政经验取作借鉴的。但是，尽管主张是非常明确的，议论也是非常动听的，实际上却是声势大，成效低的。王安石在其制定和推行新法的过程当中，在所谓摧制豪强兼并的问题上，只是在极为有限的范围之内实行的。比如，对于已被豪绅地主们非法兼并了的广大土地，就决不去触动它的所有权。有人提出要恢复古代的井田或均田制度，王安石也持否定态度。他的理由是：

> 今朝廷治农事未有法，又非如古备建农官、大防圩埠之类；播种收获，补助不足，待兼并有力之人而后全具者甚众，如何可遽夺其田以赋贫民？此其势固不可行；纵可行，亦未为利。

农民的全部剩余劳动乃至一部分必要劳动，都被地主们特别是豪强兼并之家剥削殆尽。利用农民的贫困，豪强富户用钱或粮放高利贷，对他们进行更残酷的剥削和压迫。这种罪恶行径，却被王安石说成是农民因"播种收敛，补助不足，待兼并有力之人而后全具"，这说明，受当时所处的时代和阶级所局限，即使像王安石这样杰出的政治家，对于封建社会生产关系的性质，也完全不可能具有正确的理解和认识。基于这样的理解和认识而决定不去触动豪强兼并人家的土地所有权，是其本质使然。王安石在变法时所实际采用的"摧制兼并之术"，就只能如同他自己所说的那样：

> 然世主诚能知天下之利害，以其所谓害者制法而加于兼并之人，则人

自不敢保过限之田；以其所谓利者制法而加于力耕之人，则人自劝于力耕
而受田不能过限。然此须渐乃能成法。

夫人主诚能知利害之权，因以好恶加之，则所好何患人之不从？所恶
何患人之不避？然利害之情难识，非学问不足以尽之。流俗之人罕能学问，
故多不识利害之情，而于君子立法之意有所不思，而好为异论。若人主无
道以揆之，则必为异论众多所夺，虽有善法，何由而立哉？

王安石把他的这套理论，具体地运用到他所制定推行的一些新法中去，那就是：

由于"青苗法"的施行，不仅仅限制和夺取了豪强之家出放高利贷的一些权利，
使得"昔之贫者举息之于豪民，今之贫者举息之于官"，而且还强迫豪富之家也都借
贷青苗钱十五贯，每半年向政府交纳三贯的利息；

由于"农田水利法"的施行，在各地兴修水渠堤防等排灌设施时，豪强之家也
必须依照他们的户等出备相应的工料和费用，并且不得利用权势再把沿流水利加以
垄断；

由于"免役法"的施行，取消了过去官绅豪强户所享用的免役特权，而迫使他
们也要按户等或地亩数量的多少交纳"助役钱"；

由于"市易法"的施行，使豪商富贾们再不能随意操纵市场，哄抬物价，囤积
居奇，以便牟取暴利；

由于"方田均税法"的施行，在一部分地区基本上查清了豪绅大地主隐瞒地产
偷税漏税的情况，迫使他们按照所拥有土地的实际数字向政府交纳课税，这样，使
得赋税或多或少得到均平。

事实上，如此等等的一些法令条文，"加于兼并之人"，并非可以使他们"不敢
保过限之田"，反而可以说基本上是做不到的。

有一次，当神宗皇帝向王安石说青苗法也可以起到制裁兼并的作用时，王安石
回答他说："此于治道极为毫末，岂能遽均天下之财，使百姓无贫。"可以看出，把
王安石自己对于青苗法所作的回答，移植到他所制定推行的其他各项"新法"上去，
也都是十分恰当的。也就是说，凭借王安石所采取的这种"摧制兼并之术"，想把当
时因土地集中而产生的社会矛盾加以缓和，是不可能办到的。

而王安石及其新法在陆续制定推行之后，之所以受到守旧派人物的不遗余力的
围攻，主要是因为，新法的制定和推行，终究还是对官绅豪强大地主阶层的特权和
利益有所触犯之故。

虽然如此，在北宋中叶，甚至在整个北宋一代的统治集团内部，能够认识到豪
强兼并之家"侵牟编户齐民"已成为当时的一个严重社会问题，并且要把摧制豪强
纳入法令、政策之中的，毕竟还只是王安石和变法派当中的少数人物。

守旧派认为一个人之所以富和所以贫，乃是由于这个人聪明或愚蠢而造成的必

然结果，贫穷的人是依赖富人来生活的。他们根本不理解也不承认存在着豪强兼并之家"蚕食细民"、"侵牟编户"一类的事实，而且更加错误地以为，豪富人家才是北宋政权赖以生存和发展的后台，应当紧紧依靠他们，而不应当制裁和打击他们；打击他们，也就等于削弱了自己政权的主要社会支柱，那可以说是自毁长城，当然是不可以的。

司马光在其《乞罢条例司常平使疏》中曾这样说：

"夫民之所以有贫富者，由其材性愚智不同。富者智识差长，忧深思远，宁劳筋苦骨，恶衣菲食，终不肯取债于人。故其家常有赢余而不至狼狈也。贫者浮窳偷生，不为远虑，一醉日富，无复赢余，急则取债于人，积不能偿，至于鬻妻卖子，冻馁填沟壑而不知自悔也。是以富者常借贷贫民以自饶，而贫者常假贷富民以自存。虽苦乐不均，然犹彼此相资以保其生。今县官乃自出息钱，以春秋贷民……必令贫富相兼，共为保甲，仍以富者为之魁首。贫者得钱，随手皆尽……因不能偿，吏督之急，则散而之四方。富者不去，则独偿数家所负……贫者既尽，富者亦贫。臣恐十年之外，富者无几何矣。富者既尽，若不幸国家有边隅之警，兴师动众，凡粟帛军须之费，将从谁取之？"

苏辙也在他晚年所作的《诗病五事》中如此说：

"惟州县之间，随其大小，皆有富民，此理势之所必至，所谓'物之不齐，物之情也'。然州县赖之以为强，国家恃之以为固，非所当忧，亦非所当去也。能使富民安其富而不横，贫民安其贫而不匮，贫富相恃以为长久，而天下定矣。

王介甫小丈夫也，不忍贫民而深嫉富民，志欲破贫民以惠贫民，不知其不可也。方其未得志也，为《兼并》之诗……及其得志，专以此为事，设青苗法以夺富民之利，民无贫富，两税之外皆重出息十二，吏缘为奸，至于倍息，公私皆病矣！"

王安石是想通过新法的制定和推行，把夺取豪强兼并之家的部分既得权益作为稳定北宋政权的统治，缓和阶级矛盾，并使地主经济得以正常发展的方略之一，是为整个地主阶级的全局利益和长远利益着想的；而守旧派的人物则顽固地维护豪强兼并之家的特权和利益，甚至是不许去触动他们的一丝一毫。对于这些鼠目寸光的议论，王安石把它视为流俗，认为不足顾惜。

王安石有一首《兼并》的诗，全文是：

　　三代子百姓，公私无异财。
　　人主擅操柄，如天持斗魁。
　　赋予皆自我，兼并乃奸回。
　　奸回法有诛，势亦无自来。
　　后世始倒持，黔首遂难裁。
　　秦王不知此，更筑怀清台。

礼义日已偷，圣经久埋埃。

法尚有存者，欲言时所咍。

俗吏不知方，掊克乃为材。

俗儒不知变，兼并可无摧。

利孔至百出，小人私阓开。

有司与之争，民愈可怜哉。

这首诗所表达的主要意思是说，豪强兼并之家从大权在握的皇帝手中巧取豪夺了财政、经济等方面的部分特权，从此遂有了难以制衡的特权阶层。政府对他们是必须加以制裁的，否则，久而久之，就会由于尾大不掉而危及国家政权。但当时一些守旧派人士认为"兼并可无摧"。这首诗充分表达了王安石"摧制兼并"的主张和决心。只是，王安石还作有《寓言》一诗，全文是：

婚丧孰不供，贷钱免尔萦。

耕收孰不给，倾粟助之生。

物赢我收之，物窭出使营。

后世不务此，区区挫兼并。

从最后一句来看，他对制裁兼并倒又似乎不以为然了，这样我们可以看出与前一首所表述的主张是自相矛盾的。因此，当时就有人据此对王安石进行攻击，南宋时，作《王荆公诗笺注》的李壁也对此"不能无疑"。李壁在《寓言》诗的笺注中如此说：

"余尝见杨龟山志谭勋墓云：'公雅不喜王氏，或问其故，曰：'说多而屡变，无不易之论也。世之为奸者，借其一说可以自解，伏节死谊之士始鲜矣'。'始余以勋言为过，今观此诗，不能无疑……

"公诗尝云：'俗儒不知变，兼并可无摧。'而此诗乃复以挫兼并为非。"

李壁对这首《寓言》诗作了全面的注释，但他却把最后一句孤立理解以为是"以挫兼并为非"，断章取义，这如果不是有意的"欲加之罪"，那就是过于不求甚解了。

王安石曾说："今朝廷制农事未有法，又非如古备建农官、大防圩埠之类；播种收获，补助不足，待兼并有力之人而后全具者甚众，如何可遽夺其田以赋贫民？"这段话最能与《寓言》诗互相印证。这段话的意思是，当时的豪强兼并之家，当农民无力播种和收获时，也常常能加以"补助"，当然这种"补助"是有条件的，尽管如此，也多少会对百姓有益。而话又说回来，这种"补助"，却本是北宋政府的事；北宋政府既然还做不到，那就不应先夺兼并之家的土地给贫民。这首《寓言》诗的寓意也正是如此。大意是说：凡在婚丧嫁娶或耕敛等事上财力不足的，政府均应贷之以钱粮，以度过难关。滞销的货物政府应当予以收购，民间急需求购的货物，政府应当赊贷出去，这样才能防止富商巨贾们以暴利伤民。政府如果能这样做，就自然会使兼并之家无机可乘；不实实在在地去做一些事，而却奢谈制裁兼并，那就只是徒托空谈而不会产生实效。

依照王安石所提出的这些措施去做，能否就收取到制裁兼并之家的实效呢？熙宁年间的种种事实已经证明，是可以收到一些实效，王安石的《兼并》和《寓言》两诗的寓意并不是自相矛盾的，认为《寓言》诗"乃复以挫兼并为非"，乃是一种误解。

3. 与司马光的争论

熙宁元年（1068 年）王安石被召入朝廷任翰林学士之职后不久，为了裁定登州妇女阿云恶其夫貌丑，"谋杀，已伤，按问欲举，自首"这一案件的刑名，曾与司马光进行过一次争论。

王安石与司马光二人之间的政治分歧在王安石重返京城的当年就表现出来。对于他们两人的政治表演，神宗皇帝似乎是导演也是观众。

第一场表演始于一场杀人未遂案件的争论。

登州女子阿云，许配给一个叫韦阿大的人为妻。因为韦阿大长得很丑陋，阿云很不情愿。于是她便在韦阿大晚上熟睡田间的时候，用刀砍伤了韦阿大，并砍断了他的一个手指。

案发后，县尉逮捕了阿云，阿云害怕用刑就自首了。知州许遵依照《编敕》中杀伤自首条例，给阿云减刑二等。但是，上报朝廷后，被大理寺和刑部驳回。许遵不服，御史台把这一案件送给两制处理。当时司马光和王安石都同为知制诰，却给予了两种截然相反的处理意见。

王安石坚持认为许遵的减刑二等的判法是正确的。司马光则认为阿云是故意杀人，不能因为自首就给予减刑，如果这样做就会败坏社会风气。

就这么一个简单的案件，竟然争论了一年多，最后，神宗皇帝同意按照王安石的意见办，并且处分了站在司马光一边的知侍御史刘述、集贤校理丁讽、审刑详议官王师元等人，有的人还甚至被贬官。

司马光十分不满。他给神宗皇帝上书，指责王安石固执己见，反对大多数人的意见，在朝廷中与多数臣官对着干。

假如说神宗这一次是站在王安石一方的话，另外一次争论，神宗又给了司马光一次面子。

这年八月的一天，王安石和司马光一块儿到延和殿向皇帝进奏，朝廷中的大臣们正在谈论河朔地区受灾一事。曾公亮等人建议，国家财政拮据，今年皇上祭祀天地时，就不要再赏赐给中书省和枢密院官员金帛等物了。

司马光说："当今国家财政拮据，救济灾荒节约费用，节省不必要的支出，应该从皇上的贵近大臣开始。可以采纳两府的辞赏主张。"

其实节用也是王安石的一贯主张。

王安石说："大宋王朝，皇上赏赐大臣，所消耗的费用并不多，即使不赏赐大臣，也起不了多大作用，反而有伤国体。从前，常衮辞谢政事公膳，大家反而都认为，他自知不能胜任此职，应该辞掉的是执政之职，而不应当辞谢食禄。况且，在我看来，国用匮乏，也并非是当今急务。"

他明知这些话是不合时宜的。神宗曾经明白地对他讲过，理财是当今头等大事，而王安石偏偏却说国用不足不是当今急务。

他不是想在众臣面前标新立异，当然也不是要与众臣过不去。此时，是神宗的理财观念在支配着王安石，当然也是他头脑中固有的想法。他要推出的目的不只是思想，而且是理财的策略。

王安石有自己的想法，他想通过这话来刺激司马光，通过与司马光的直接对话来表达自己的理财思想。

司马光说："常衮辞掉食禄，说明他还知道廉耻二字，难道不比那些享受国家和朝廷的高官厚禄，而没有才能，却又固守官位的人强得多吗？自真宗末年以来，国家费用匮乏，近年来更加拮据，国用不足难道不是当今的头等大事吗？我认为，王安石的话不对。"

"我认为，司马光的话没有道理。"

王安石似乎胸有成竹，他知道神宗支持自己。于是一字一句地说："当今国家财政如此，不是因为财货不足，问题的关键在于，朝廷没有任用善于管理财政的人才而已。"

听到这里，司马光这位平时很沉得住气的大宋要员，顿时气红了脖子。他站起来然后说道："我非常理解你的意思，知道你所指的善于管理财政的人是指什么人，善于管理财政，无非是让官吏拿着大簸箕敛取赋税，搜刮民财而已。最终造成的后果是百姓穷困，盗贼四处活动，这难道对国家有利吗？这是古今常理，你难道不知道吗？"

司马光话一落下，真把王安石给气坏了，只见他双手按着桌子，立即站了起来，两腮鼓胀，青筋勃起，倾着身子对司马光大声说道：

"你怎么能这样说呢，善于理财的人，能够不增加百姓的赋税而增加国家的财政收入。"

"汉代桑弘羊欺骗汉武帝的言论又在今日出现了，太史公司马迁早就在汉武帝面前指出过桑弘羊的错误，也早就说过汉武帝不够明智。天地所产财货百物，数量是固定的，不在民间，就在官府，分布有时不均，但总数是不会变的。譬如下雨，夏天下得多了，秋天必定干旱。赋税不增加，国家财政却可以增加，不过是有些人想方设法暗中盘剥百姓的利益而已，这样做所造成的危害，比增加赋税更为严重。桑弘羊能增加国家的财政收入，不是敛聚民间财物，那会是从何处而来的呢？正因为如此，汉武帝末年盗贼蜂起，连官府的要员都不得不出动，到处去追捕盗贼。如果百姓不太困苦不太疲惫，能够安稳生存，难道会起而为盗贼吗？不增加百姓的赋税而增加国家的财政，这样的言论符合实际吗？"

司马光一连串的提问直逼王安石，几乎让王安石没有喘气的机会。神宗和官僚们在凝神注视着两位才子的精彩表演。

"夏天下雨、秋天干旱与治理财政是风马牛不相及的。前者乃天道，后者却可人为。难道不是这样的吗？"王安石据理力争道。

王安石又继续说："本朝太祖的时候，赵普等人做宰相，从太祖那里得到的赏赐累以万计。而现在的臣子们从神宗皇帝那里得到的赏赐只不过是三两千而已，难道臣子所得的算多吗？"

"赵普等人与太祖一起平定天下，运筹帷幄，建立了大宋王朝，作为开国功臣，给他赏赐数以万计，难道算多吗？而现在两府的官员所做的都不过是帮助皇上祭祀等一些小事，怎么能同赵普等人相比呢？"司马光反驳说。

王安石说："运筹帷幄平定天下与改革弊政振兴财政，难道不是同为大宋天下吗？"

争论越来越激烈，却始终没有结果。

神宗坐在那里，看这两位得力助手的精彩表演。

王安石是十分强调刑名的。他在写给神宗皇帝的奏疏当中就曾这样说：

> 臣以为有司议罪，惟当守法，情理轻重，则敕许奏裁。若有司辄得舍法以论罪，则法乱于下，人无所措手足矣。

王安石做了参知政事以后，不但立即创设了"制置三司条例司"，由他本人负责该司，把原属"三司"的部分职权收归该司；而且还因司法部门的官员在处理一件刑事案件时不能达成共识，他就又以副宰相的身份提出处理意见，亦即要把司法部门的部分职权收归中书省的掌握之中。在这以前，所有有关"议定刑名"的事情，只是由司法部门的审刑院和大理寺两法司作最后的判决，按照惯例宰相和副宰相是从不过问的。因此，当王安石出面过问此事之后，宰相曾公亮就不以为然，认为"以中书论正刑名"是错误的，是不符合祖宗成法的。王安石对此提出反驳意见说：

> 有司用刑不当，则审刑、大理当论正；审刑、大理用刑不当，即差官定议；议既不当，即中书自宜论奏，取决人主。此所谓国体。岂有中书不可论正刑名之理。

王安石的意见得到了皇帝的肯定，从此后，中书不但可以"议刑名"，而且紧接着就对当时通行的大宋刑律提出了许多疑问，认为应当加以改正，并得到了神宗皇帝批付"编敕所详议立法"。

王安石在执政之初，就十分重视关于刑和法的问题。

自从董仲舒以来，儒者都把《春秋》的地位抬高到其他诸"经"之上。因为他们要以《春秋》决狱，要依《春秋》经义"断天下之事，决天下之疑"。王安石在熙宁三年改革科举考试办法时，罢诗赋而改试"经义"，把《诗》、《尚书》、《周易》、《周礼》、《礼记》都列为一般士人举子们研读和应试的经典，却独独把《春秋》排斥在外。这说明，在王安石的眼里，是不把《春秋》作为"大经大法"看待的。与此同时，在王安石的建议之下又增添了一个叫作"明法"的新科，考试科目是律令、《刑统》大义和断案。凡不能或不愿参加进士考试的，都可参与新增加的"明法"新科的考试。凡应"明法"考试而被录取者，即由吏部把他列入司法人员的备用名单当中，其名次且列在及第进士之上。十六年后，司马光做了宰相，在科举方面最先废弃了明法新科。他的理由是："至于律令敕式，皆当官者所须，何必置'明法科'，使为士者预习之？夫礼之所去，刑之所取，使为士者果能知道义，自与法律冥合；若其不知，但日诵徒、流、绞、斩之书，习锻炼文致之事，为士已成刻薄，从政岂有循良？非所以长育人材，敦厚风俗也。"这就非常明白地反映出来："明法"新科的设置和废除，正好说明是关于法治和礼治的，也就是变法派路线与保守派之间的一场尖锐斗争。后来，程颐的弟子杨时又攻击王安石说："王氏只是以政刑治天下，'道之以德，齐之以礼'之事全无。"这就更加充分证明，王安石与司马光在这一问题上的斗争，恰恰是属于改革与保守两派之间的斗争。

到了熙宁六年（1073年），不但"明法"新科的考试还照旧举行，并且又进一步作出新的规定，凡是参加进士和诸科的考试而被录取了的人，一律须再参加一次"律令大义或断案"的考试，合格后才能委以重任。这就是后来被苏轼用"读书万卷不读律，致君尧舜知无术"的诗句所讽刺的内容。然而正是在这类问题上，王安石的注重立法和法治的精神表现得尤为突出。

在王安石平时的一些言论和主张中也可看出，他对于前代的改革者推行法治的经验，是经常取作借鉴的。他既曾用"商鞅能令政必行"的诗句歌颂了商鞅，又曾对神宗皇帝说："陛下看商鞅所以精耕、战之法，只司马迁所记数行具足。若法令简明扼要，则在下易遵行；烦而复杂，则在下既难遵行，在上亦难考察。"对于吴起在楚国变法时"务在富国强兵，破驰说之言纵横者"的做法，他也在神宗皇帝面前大加称赞。《长编》于熙宁六年五月甲子还载有一事：

神宗又称周世宗善驾驭。

王安石说："乘天下利势，岂有不可驾御之人臣，不可制服之强敌？世宗斩樊爱能等，则兵不得不强；选于众，举李谷、王朴，则国不得不治……但此二事，足以成大业矣。"

冯京说:"世宗酷暴。"

皇上说:"闻世宗上仙,人皆恸哭。"

王安石说:"'告汝德之说于罚之行'。人悦德乃在于罚行。罚行,则涎慢、偷惰、暴横之人畏戢,公忠趋事之人乃有所赴愬,有所托命。此世宗上仙,人所以哭也。"

《宋史·兵志·保甲篇》也载有关于王安石的一段谈话:

"自古作事,未有不以势率众而能令上下如一者。任其自来自去,即孰肯听命?若以'法'驱之,又非人所愿为。且为天下者,如止欲任民情所愿而已,则何必立君而为之张官置吏也?"

南宋的张九成在《尽言集》所作序言中说:王安石所学的是法家申不害、商鞅等的刑名之术,而其文章则是以儒家六经为准则。从上述种种例证来看,恰好证明张九成的这句话是完全正确的。

王安石在《字说》里解释"除"字说:"除:有阴有阳,新故相除者,天也;有处有辨,新故相除者,人也。"

"新故相除"意思就是新陈代谢。这表明,在王安石看来,新陈代谢乃是自然和社会共同的变化规律。

王安石有拟寒山、拾得的诗二十首,其第一首是:

> 牛若不穿鼻,岂肯推人磨?
> 马若不络头,随宜而起卧。
> 乾地终不流,平地终不堕。
> 扰扰受轮回,祇缘疑这个。

王安石还在他所作的《老子》一文中,把"道"区分为本和末两个部分,说:"本者万物之所以生也,末者万物之所以成也。……末者涉乎形器,故待人力而万物以成也。……故圣人惟务修其成万物者,不言其生万物者。"文中还根据这一前提,对于老子要"抵去礼乐刑政而惟道之称"的无为学说进行了强有力的批判。

把《老子》文中所说的"圣人惟务修其成万物者"和上面所引的这首诗合在一起进行分析来看,王安石的观点是:对于自然界的万事万物,要设法去改造和征服,以促使其变革;对于社会政治问题,也要竭尽全力去治理和完善,以促进其变革。诗的结尾两句是说,正是由于对这一观点表示怀疑,人们才不肯竭尽力量和智慧去改造社会和自然,所以大自然和人类社会都没有得到大的改观。

再把《字说》中对"除"字的解释与这首诗、这段引文合在一起来看,更可知道,王安石虽承认自然与社会有着共同的变化规律,却还必须把人的作用添加进去,依靠人的巨大力量才更能促进其发展和变化。无所作为地静止等待其自然变化发展是不可以的。可以说王安石的这一思想，具有朴素的唯物辩证法观点，是超乎常人的。

王安石的这些朴素的唯物观点和辩证观点，都是源于先秦的法家荀况的。

《荀子》的《天论》篇说："天有其时，地有其财，人有其治，夫是之谓能参。舍其所以参，而愿其所参，则惑矣。"

意思是说，天有寒暑四时的变化，地能供应财富资源，人类生长于天地之间，必须能顺应自然界的变化发展，并且对自然界施加自己的作用，才称得上与天地相参。

《天论》篇还说："大天而思之，孰与物畜而制之？从天而颂之，孰与制天命而用之？望时而待之，孰与应时而使之？因物而多之，孰与骋能而化之？思物而物之，孰与理物而勿失之也？愿于物之所以生，孰与有物之所以成？故错人而思天，则失万物之情。"

意思是说，自己与其只想象上天的伟大，为什么不把它作为一种东西而加以控制呢？与其只是对上天加以赞颂，为什么不掌握其规律而加以利用呢？与其坐待时机，为什么不乘时加以役使呢？与其依赖物类的自然增多，何如施展才干使其化育呢？与其只想象使用万物，何如加以整治而使其发挥作用呢？与其只指望万物生长，何如促进其成长呢？总之，放弃人的主观努力而只是寄希望于大自然的赐予，那就违背了世间万事万物发展的规律了。

对比而言，王安石的思想，和荀况《天论》中的这些思想见解，完全是相辅相承的，只是与王安石的话相比，《天论》篇说得更加精炼和概括而已。然而，荀况一生不曾进入最高统治集团内部，没有机会通过政治实践把自己的这些思想见解体现出来，王安石却有了这样的机会。

在仁宗皇帝的嘉祐年间，王安石在《上时政疏》中就曾批评北宋当时的政治是"因循苟且，逸豫而无为"；到熙宁元年王安石做翰林学士时，在给神宗皇帝《本朝百年无事札子》当中，他又把"本朝累世因循末俗之弊"、"一切因任自然之理势，而精神之运有所不加"、"上下偷惰取容"，作为北宋王朝多年以来最大病痛之所在；在他执政以后与神宗皇帝的许多次谈话当中也多次指出，当时的"风俗法度，一切颓坏"，"万事颓惰如西晋之风，滋益乱也"，说"中国如大物，要以大力操而运之"；而在他的《答司马谏议书》中，他更向司马光表明自己的心态说："如君实责我以在位久，未能助上大有为，以膏泽斯民，则安石知罪矣；如曰今日当一切不事事，守前所为而已，则非安石之所敢知。"于此王安石所说的"精神之运"，"要以大力操而运之"，"大有为"和"事事"，即全部是指要发挥人的作用，使人的精神力量能成为主宰社会和自然界的现实的一种物质力量。而王安石之所以"用能于期岁之间，靡然变天下之俗"，就是因为在整个变法革新的过程之中，他不但把自己和变法派的一些人的主观能动性淋漓尽致地发挥出来，同时还能把其他行业的大量成员的积极性调动起来。

王安石在变法革新的行程中，对士、吏、农、商诸行业人员动员之广，在当时的时代环境条件的限制下，应该说已经达到了极大的限度。在顽固守旧的司马光、刘挚等人攻击王安石变法的一些言论当中，也充分地反映出来，司马光在他《与王介甫书》中说：

"更立制置三司条例司，聚文章之士及晓财利之人，使之讲利……又于其中不次用人，往往暴得美官……徒欲别出新意以自为功名耳……

又置……使者四十余人，使行新法于四方……所遣者虽皆选择才俊，然其中亦有轻佻狂躁之人……"

"从司马光的这些文字里，反映出王安石喜欢选拔少年新进担当制定和推行新法的职责，而他们也都能尽心尽力，为创建一系列的新法而献计献策。《与王介甫书》中又说：

"今介甫为政，尽变更祖宗旧法，先者后之，上者下之，右者左之，成者毁之，矻矻焉穷日力继之以夜而不得息。使上自朝廷，下及田野，内起京师，外周四海，士、吏、兵、农、工、商、僧、道无一人得袭故而守常者，纷纷扰扰，莫安其居。此岂老氏之志乎！"

在字里行间中，明显含有很大的渲染和夸大的成分。王安石的变法，当然无论如何也做不到使"士吏兵农工商僧道，无一人得袭故而守常者，纷纷扰扰，莫安其居"。尽管如此，即使从最低限度来看，司马光也认为王安石在"变风俗、立法度"方面肯定取得了一定成效。

刘挚则曾在其《论助役法分析疏》中说道：

"陛下即位以来，注意责成，倚以望太平，而自以太平为己任，得君专政者，安石是也。

"二三年间，开阖动摇，举天地之内，无一民一物得安其所者……

"其间又求水利也，则民劳而无功；又淤田也，则费大而不效；又省并州县也，则诸路莫不强民以应命……

"其议财也，则商贾市井屠贩之人皆召而登政事堂……

"今数十百事，交举并作，欲以岁月变化天下。使者旁午，牵合于州县；小人挟附，佐佑于中外。"

刘挚的这段话，和司马光在信中所说的那些话是大体一致的，其中必有夸大失实之处，也与司马光的那些话相类似。他在最后说"欲以岁月变化天下"，却也非常切合实际地反映出王安石那种改天换地的雄心壮志。他为实现这一壮志雄心，广泛发动了社会各阶层人群，这也表明，王安石对于社会各阶层在改造自然和社会的工作当中所能提供的力量，所能发挥的作用是极为重视，并且是心中有数的。

三、设立"制置三司条例司"

王安石变法期间，天下发生了自然灾害，黄河决口了，冲毁了无数良田；河东地震了，死了不少百姓；河石闹旱灾了，庄稼颗粒无收。神宗皇帝心中十分害怕和恐惧，他从皇宫正殿搬移到偏殿中居住。

一天，王安石和神宗皇帝面对面地坐着。

神宗问王安石道："现在想变革，管理好国家财政是当务之急，你看该从哪里下手？"

"积累的问题大多，时间太长，想改变的事情太多，真是千头万绪。管理好国家财政，基本上有两条路，一是兴修水利，开荒垦地，广种多收；再就是改变现有的国家财政制度，不增加平民百姓的赋税，但可以增加国家的财政收入。"王安石说。

对于急于改变当今朝廷财政状况的神宗皇帝来说，当然要选择第二条道路。

神宗皇帝说："试以后者言之。"

王安石说："这种法令也不是我杜撰出来的。"

"早在周代，官府就选派专职的官员，抑制富豪大族的兼并，调节缩小贫富之间的差距，沟通天下的财富。可是，这样好的法令一直没有得到很好的执行，在随后的朝代中，只有汉武帝时的桑弘羊及唐代的刘晏继其余端。后来的学者们都不理解古代圣君圣王法令的精神。更有甚者认为，做皇帝的就不能与百姓争夺利益。现在皇上不是要增加国家的财政收入吗？在目前境况下，要理好财，就得效法先王，从富豪大族手中收回本属于朝廷的财政大权。"

神宗说："倘若采取的法令既能增加国家的收入，又有道理，当然可以成为强国富民的策略。倘若法令不合乎百姓的意愿，过于严酷，搜刮贫民百姓，积怨于朝廷上下和民间，也是朕所不取的。"

"依陛下之见，臣应该怎样去理财？"王安石问。

王安石的这一问，神宗皇帝倒没有话说了。

皇上沉思了片刻，他终于说："此事就由卿决定吧。"

王安石得到了神宗皇帝的许诺和支持，就意味着他拥有了决定国家大事的权力，作为朝廷的宰执之一，他已经具备了进行变革的条件。变革需要权力，拥有权力就能够推行变革措施。

王安石请求皇上成立一个策划改革方案的专职机构，这个机构起名为"制置三司条例司"，用现在人的话来说，就是经济改革委员会或者说经济改革办公室。这个机构的设立很快就得到了皇帝的允许，并任命王安石和知枢密院事陈升之统领条例司。

这个机构权力很大，负责策划国家的方针政策，变革旧有的体制，发布新的法律，而且这个机构还可以自行组织人马，王安石推荐的人选都得到了神宗皇帝的同意。

这样，王安石就悄悄地拉开了大宋变法的序幕。

在王安石宽敞明亮的客厅里，坐着几位变法骨干人物。

其中一位是吕惠卿，深得王安石赏识。他是王安石向神宗特别推荐的官员。王安石对神宗说："吕惠卿是个贤能人物，即使是前代的大儒，也很难与他相比，既学有先王之道，又能用先王之道于今日者，唯吕惠卿而已。"于是神宗便任命吕惠卿为三司条例司检样文字。吕惠卿在历史上被称为王安石的"护法善神"，但在后来的变法历程中他却背叛了王安石。

另一位是韩绛，此人做事尽心尽力，善始善终，积极参与、肯定和赞成改革，在历史上又被称为王安石的"传法沙门"。

再一位是变法的重要人物，是有作为的豪俊，博学多才，能诗善文的章惇，神宗特别重视他。此人一直站在王安石的改革立场上，直至最后。

还有一位是曾巩的弟弟曾布，曾巩是王安石的朋友，曾布的励风俗、择人才的为政策略和劝农桑、理财赋、兴学校、审选举、责课吏、叙宗室、修武备和制远人的方法，也很受神宗皇帝的重视。三天之内，封了他五次官职。曾布也是王安石变法的骨干成员。

王安石说："变风俗、立法度、理财政是国家当今的重要事务，皇帝陛下把此项任务交给了大家，受皇帝陛下命令，诸位要尽心尽力把这项任务完成好。"

他们在这里商讨了变法的纲要，发言人主要是王安石，吕惠卿在旁边作笔记。

王安石说："现在国家的财政非常紧迫，已所剩无几，而管理国家财政的官僚大臣又谨守弊法，不思变革，国家和地方的财政情况都互不了解。各路各方供给朝廷的财物年年都有定额，丰收之年，交通便利，便可以多增收一些赋税，这样国家的财政必然会增加。倘若碰上歉收之年，物价上涨，供不应求，也能够保证国家的财用。"

曾布向王安石提出了皇帝早先与王安石讨论过的问题。

曾布问王安石道："理财要讲究法术，那准备用什么法术聚财呢？"

王安石说："国家收回财政大权，不可能没有财，管理好天下的财物，当然不可以不讲道义。用道义来管理天下的财政，就必须解决财物在运输过程中的困难，就必须掌握好天下财物使用时的诸多问题，还必须制定财物的发放和收回的具体措施，当然，经营、征收和发放也必须讲究策略和方法。"

后来由吕惠卿整理，王安石进一步修改论证，变法的重要纲领《制置三司条例司条制》经神宗批阅同意后就颁布实施了。

　　王安石认为，手中有了神宗赋予他的权力和变法机构，改革的道路上就毫无阻力。实际上，变法还没有真正开始，他就遇到重重障碍。

　　三司条例司已在朝廷中成了呼风唤雨的行政机构，王安石把自己的号令当作皇帝的圣旨发下去，朝廷中的老臣们对此很不满。

　　宰相富弼对神宗如此放权给王安石，心中常感到很不高兴，于是就称脚有病，不朝拜神宗皇帝。

　　在这以前，苏辙曾向神宗皇帝上过一道奏疏。

　　苏辙对神宗说："所谓使国家财政富裕，并不是因为索取钱财就能使国家的财政大大增加，最好的办法是免除一些有害于财政的事情。有害于财政的事，无非有三件：一是将一些多余无事的官员除去，二是裁减多余无事的兵丁，三是不应支出的费用少支出。"

　　很明显，这与王安石的理财方式完全不同。

　　没过几天，中书省和枢密院两府一同向皇帝汇报朝廷政事，宰相富弼又对皇帝说："大臣与大臣之间应该互相宽和，才能把朝廷的事情办好。现在朝廷任用的都是一些刻薄的奸佞小人，看起来小人都很可爱，但是，败坏国家大事，伤害国家风俗的也是这些人，皇帝应该利用淳厚朴实的好人，不要用那些奸佞小人才对。"

　　神宗说："大臣自然应该为朝廷分辨邪正，邪正分辨清楚了，事情也就好办了。"

　　经过富弼这么一说，神宗确实对王安石的人事安排有了新的疑虑，他又想方设法在三司制置司里安插一个可以制衡王安石的人，此人就是苏轼的弟弟苏辙。

　　神宗问王安石道："制置条例拟得怎样了？"

　　王安石说："方案已经检查过了，现在大体已有头绪。但现在要理好财，陛下一定要选用有才干的人，但是。"王安石说到这里，稍稍停了一会儿。

　　神宗以为王安石有什么难言之处，便说："你有什么话尽管直说。"

　　王安石说："现在，朝廷中很多人对改革法令有意见。他们只看到朝廷以任用有能力的为先，而不是任用有道德的人；他们只看到朝廷以理财为先，而在礼仪道德教化方面则无所顾及。恐怕国家的风俗会由此变坏，社会就会变乱出现很多弊病。我认为陛下应该注意到，国家体制的改革应有先有后、有快有慢。"

　　神宗害怕王安石撤退，便对他说："朕以为，要想使天下得到大治，只有首先使国家富强起来才有可能。现在县官的费用都给不起，民间的财物更为匮乏，即使我们日夜操劳，也不知道拿什么给他们。为此，朕把特诏辅臣，安置在司内，变革当今国家各种弊政，使我朝五谷丰登。"

　　"条例司想派一部分人到各路调研，了解地方的一些情况，以便作为制定新法的依据，可以吗？"王安石问道。

　　神宗说："你以为可以，就可以。"

　　这年四月，三司条例司派遣刘彝、谢卿材、侯叔献、程颢、卢秉、王汝翼、曾佑和王广廉等人分路巡察，了解农田、水利和赋役等各方面的情况。

此时，朝廷内外都知道皇上重用王安石，八人考察团的出使，说明了王安石的大变法就要开始了。

四、吕诲弹劾案

这天，司马光正急匆匆地走在通往资善堂的道路上，这时恰好碰到御史中丞吕诲。两人便并排走在了一起。

司马光偷偷地问吕诲道："今天奏对，君有何要事可言？"

吕诲举了举自己的左手，说道："想说我衣袖中这篇检举新参政王安石的文章。"

司马光心里一颤，装出一副很害怕的样子说："介甫富有文学盛名，行为节义端正，任命他为参知政事，大家都觉得皇上得到了贤能之辈，你怎么去弹劾他呢？"

吕诲非常认真地说："君实，你怎么也说这种话？"

司马光又说：

"王安石现在是个很了不起的人物，皇上也很器重他。然而，他固执己见，不懂得人情事理，轻信小人之言，无可救药，喜欢听从别人的好话。听从他的话的人，则与之为善，勤俭务实者，则受到他排挤。倘若让他当一般的侍从我们也倒可以接受，把他安置于宰相的位置，一定会危害朝廷和天下。"

吕诲这种做法司马光不太喜欢。

他对吕诲说："我向来与你交情很深，如果心里有什么想法，不敢不对你说。今天你打算要说的话，倘若没有见到王安石有何不好的地方，就上言弹劾他，似乎太匆忙了点，如果你有其他的章疏，就先进呈给皇上，上言弹劾王安石这件事就暂时别提，把事情搞清楚了，再上奏给皇帝陛下，不知君以为然否？"

吕诲说："皇上刚刚继位不久，现在他这个年龄正是年少气盛的时候，整天与他一起谈论国家大事的人，只不过就是两三个宰相、大臣而已。假若这些宰相和大臣不是正人君子，必将败坏国家大事。这些事情就是我最大的心病，这种人罢免他都来不及，还顾得上考虑那么多？"

说着说着，司马光和吕诲就走到了朝廷门口。

这时司马光并没能阻止吕诲给神宗皇帝上奏书检举王安石。

吕诲对神宗皇帝说："王安石的外表看上去朴实忠厚，内心却暗藏机巧狡诈，骄傲自大，轻视皇上，阴险不定而破坏朝廷政事。"

吕诲向皇上列举了王安石的十大罪状。

他说："从前，王安石在仁宗嘉佑年间就处理公事不当，仁宗皇帝就没有给他定罪，他竟敢不进入朝廷给皇帝谢罪，反而自己狡辩无罪。他倨傲不恭，不遵守朝廷礼节，直到英宗皇帝在位，始终是这样，此为第一大罪状。

"王安石在担任地方官员时，一直谦虚辞让，但皇上任命他为翰林学士时，他就一改以前的作风，不再辞让了。英帝即位他隐居山林，陛下神宗一即位，他就赶快进京任职，王安石是如此地轻慢于前而恭敬于后！王安石沽名钓誉，投机进取，这是他第二大罪状。

"王安石侍讲于文德殿，自以为自己学识渊博，要求坐着给皇上侍讲，这是漠视皇上的尊贵，博取作先生的尊严，漠视上下的尊卑礼仪，有失君臣名分。要挟君王以捞取自己的名誉，此为第三大罪状。

"王安石自从神宗皇帝执政皇位后，无论大小事，与官僚大臣们讨论起来意见都不统一。有时借与皇上谈话之机，单独留下来与皇帝对话，多次要求皇上御批的奏书直接从宫中下达，正确的批文说是自己的功劳，错误的就归罪于皇帝陛下。巧动心机，上欺骗君主下坑害国家，此为第四大罪状。

"去年许遵误判一起杀人案件，王安石极力支持他，其中里面挟带私人感情，破坏国家法律，此为王安石的第五大罪状。"

神宗皇帝边看吕海的奏状，边摇头。心想，吕海为什么如此不讲道理呢？他真想放下吕海的奏书不看了，但是，他一想自己毕竟登位不久，现在还不是看臣子的文章看得不耐烦就发脾气的时候，因此他又觉得，作为大宋皇帝，无论什么臣子上的什么奏书，都应该有耐心把它看完。

吕海继续对皇帝说："王安石担任宰相不到半年，就自我卖弄，作威作福，无所不至，违背公利，网罗死党。此为第六大罪状。

"王安石身为宰相，不写敕文，这是自从宋朝以来还未有过的事情。王安石实行专权坑害国家，此为第七大罪状。

"王安石专横霸道，连宰相也不敢与他争夺权力，谈论是非。欺压同僚，此为第八大罪状。

"王安石用骇人听闻的言论错乱皇上视听，与下作卑邪的官僚相勾结，挑拨离间，此为第九大罪状。

"如今国家的财政经费，都集中在三司，王安石与枢密大臣一起主持制置三司条例司，名誉上为商讨国家财政问题，而实际上是在动摇天下，扰乱社会治安。只能对国家对人民有害无利。此为第十大罪状。"

神宗拍着御案，大声地说道："简直是胡说八道！"

神宗命令近侍说："请传御史中丞吕海上朝，我有事与他面谈。"

这时吕海正与他的一些朋友议论王安石。

吕海说："即使我的官职被罢免，我也要竭尽全力把王安石从宰相的位置上拉下来，他想凭他的文章出名，靠他能说会道，胡言乱语蒙骗皇帝，就得到宰相的位置，实在是太便宜他了。更有甚者，王安石一上台，就想变更祖宗之法，这祖宗之法是随便变更的吗？王安石是败坏朝廷坑害国家的小人。"

有几个人附和着吕海说："御史说得对，御史说得太对了。我在朝廷待这么多年，为大宋帝国的天下效劳这么多年，在皇上面前，也没有得到像王安石这样的厚遇，这太不公道了。"

吕海听到皇帝请他，便立即起身，走了几步，又回过头来，对他的几位朋友高兴地说："皇帝陛下有请，你们在这里等着看王安石的好戏吧。"

吕海到得皇宫，一见神宗皇帝，他便磕地有声地跪在神宗面前说："谢谢陛下，敝臣能亲受皇帝陛下垂训，身感荣幸，虽斩首也心甘情愿。"

神宗说道："大可不必如此，站起来吧！"

"叩谢皇上，叩谢陛下大恩大德。"吕海边起边说。

"你所列举的王安石的罪状，是真有其事？"神宗问吕海道。

吕海回答道："敝臣害怕皇帝陛下欣赏他的学识和辩论的才干，长时间地依赖于王安石，王安石乃大奸，大奸当道，则小人纷纷进入朝廷，掌管朝廷大权，而贤能有识之士均纷纷离陛下而去，如此，祸乱必定发生，贻害无穷。"

说到这里，吕海瞧了瞧神宗皇帝，沉吟了片刻。

神宗说："你可继续说下去。"

"王安石根本就没有长远的谋略，不过是为了变更朝廷已有的法令制度，喜欢标新立异而已。他善于用动听和巧辩的言辞掩饰自己的谬误，作欺上瞒下的把戏。臣以为，害天下苍生者，必定是王安石。若王安石长期在朝廷执政，那朝廷和国家，就不会有安宁之日。"吕海说。

"卿列举的王安石的十大罪状，能为朕一一陈述吗？"神宗问吕海道。

"臣所想均已列奏给皇帝陛下，王安石其人，明白人一见便知，用不着再一一列举了。敝臣只是想在皇上没有彻底被王安石所欺骗的时候，能够及时妥善处理王安石。"吕海说。

神宗听后，很不高兴地说："你所列举的王安石罪状，既然不能说出证据，又怎能在皇上面前诬告检举他呢？你可以退下去了。"

吕海很扫兴地拜过神宗皇帝而退下去了。

王安石在神宗皇帝那里看过吕海的奏书之后，心中无头绪。他自己预感到，这场改革将面临着尴尬，最后很可能难以收场。

神宗说："爱卿不必在乎，可视事如初。"

第八章 抑制豪强兼并

官僚豪绅大地主阶层是北宋王朝进行封建统治的最可靠的基础。从北宋建立之初，在其所制定的一系列政策法令当中，首先就赋予这个阶层以种种特权。他们可以肆意兼并土地，又在各种名目之下可以免除赋税、徭役的大部分以至全部。其结果是，大量的土地都集中到一小部分人的手中，而广大百姓却丧失土地，成为流民。从而极为严重地影响了北宋政府对于赋税的征收和徭役的征发，成为导致北宋政府"积贫积弱"的重要原因之一。

对于这种奉行已久的传统政策，究竟是要继续贯彻执行下去呢，还是要加以变革和调整呢？这牵涉到地主阶级内部财产和权力是否重新分配的问题，也是以王安石为首的改革派和以司马光、韩琦、富弼等人为首的守旧派进行斗争的一个焦点问题。守旧派利用所有能利用的旧势力，顽固地要把一部分官绅豪强大地主阶层的既得权势长久维护下去；而王安石却从整个地主阶级的利益和前途出发，要"摧豪强"，"抑兼并"，制止土地兼并，借以保证地主经济能获得一个比较稳定发展的局势，最终能使得封建统治长治久安。

王安石经常提及抑制豪强兼并。不但在诗文中，还特别在与神宗皇帝面谈时，都曾三番五次地提及它。

当他与神宗皇帝商讨"免役法"的利害时，他说道："兼并积蓄富厚，皆蚕食细民所得。"

当神宗皇帝指出市易务监卖果实有伤国体时，王安石又向他说道：

> 至于为国之体，摧兼并，收其赢余，以兴功利，以救艰厄，乃先王政事，不名为好利也。

当他与神宗皇帝商谈怎样处理某一官吏的职位、俸禄的问题时，他又说道：

> 今一州一县便须有兼并之家，一岁坐收息至数百贯者。此辈除侵牟编户齐民、为奢侈外，于国有何功？而享此厚俸！……
>
> 今富者兼并百姓，乃至过于王公，贫者或不免转死沟壑，陛下无乃于人主职事有所缺，何以报天下士民为陛下致死？
>
> 秦能兼并六国，然不能制兼并，反为寡妇清筑台。盖自秦以来，未尝

有摧制兼并之术,以至今日。臣以为,苟能摧制兼并,理财,则合与须与,不患无财。

一、推行"均输法"

熙宁二年七月,即公元 1069 年 7 月。

此时,三司制置司派往东南各路考察的官员都已经陆续回到京城。王安石根据他们调查的结果,加以综合,与吕惠卿一起,起草了一项财政改革措施。

这就是王安石变法的第一项内容,名为"均输法"。

北宋都城开封,聚居着很多的皇族、贵戚和官僚上绅,并且还驻扎着专为保卫京城安全的数量极大的军队。为了供应这些寄生虫的衣食和享用,北宋政府在两税等项赋敛之外,还要在各地居民家中榨取数量巨大的油、绢、绫、罗、锦、绸、布、丝、绵、麻和糯米等物品。也同样勒令各地居民无偿供应,制造军器需要的翎毛、箭干、牛皮、筋、角等物品。在征收的方法上,北宋政府强制规定各地民户按户等高低或占有上地的多少分担,不论某地是否生产某种东西;而且常常是一有所需,即匆忙去办理,不论何时是否生产某物。对于开封各种仓库当中的贮存量,地方政府也并不知晓,各地政府只按照定额进行征收,及至集中到开封之后,又常因物品过剩而必须低价大量抛售。加之"诸路上供岁有常数",以致各地政府"丰年便道,可以多致,而不敢取赢;年俭物贵,难以供亿,而不敢不足。远方有倍蓰之输,中都有半价之鬻。"以上各种情况都给豪商富贾们提供了机会,使他们得以"乘公私之急,以擅轻重敛散之权"。

封建国家的皇上不能掌握轻重敛散之权,而使此权落入豪商大贾手中,这一直被王安石看作是一个非常严重的问题,他认为这也是因为国家理财不当而导致的一个恶果。他在嘉祐五年(1060 年)所写的文章《度支副使厅壁题名记》一书中说:

> 夫合天下之众者财,理天下之财者法,守天下之法者吏也。吏不良,则有法而莫守;法不善,则有财而莫理。有财而莫理,则阡陌闾巷之贱人,皆能私聚予之势,擅万物之利,以与人主争黔首,而放其无穷之欲,非必贵强桀大而后能。如是而天子犹为不失其民者,盖特号而已耳。虽欲食蔬衣敝,憔悴其身,愁思其心,以幸天下之给足,而安吾政,吾知其犹不行也。然则善吾法而择吏以守之,以理天下之财,虽上古尧舜犹不能毋以此为先急,而况于后世之纷纷乎?

为求把以上所举例的各种情况加以扭转和改善，王安石和吕惠卿等人，于熙宁二年（1069 年）七月制定了均输法并颁布实施。选派薛向去江南东西、浙江、荆湖南北、淮南六路做发运使。薛向除了主管以上六路的漕运和茶、盐、酒、矾各项收入之外，还要总管这六路的财政赋税，熟悉这六路的生产情况。开封各地仓库的库存量和需求量，他也都及时得知。还从朝廷的国库中拨出五百万贯现钱和三百万石粮米，作为发运司的籴本，使其得以就这六路的范围内通盘筹划，在丰收和价钱低廉的地区，灵活机动地收购一些可以"变易蓄买"的物资。不论征收或籴买各种物品，都要按照"徙贵就贱，用近易远"的原则，要尽量做到在生产的地区征收或购买，且尽量要在交通便利的生产地区征收或购买，以此节省费用和运输带来的麻烦。对于非生产地区的民户，命令他们改交税款，不向他们强迫征收实物。如某地某年遇灾荒歉收，则可以和丰收地区互相调剂。发运司既有储备物资，因而也得以作应变的措置。

通过均输法的施行，变法派希望，一是可以从豪商富贾手里"稍收轻重敛散之权归之公上，而制其有无"，二是可以"便转输，省劳费"，三是可以"去重敛，宽农民"，这样最终达到"庶几国用可足，民财不匮"的目的。

均输法实施时间不长，守旧派的刘琦、钱颛等人就出来写奏章给神宗皇帝，加以反对干涉。他们说：

"薛向小人，假以货泉，任其变易，纵有所人，不免夺商贾之利。"

刘琦、钱颛都因此而被贬职。但苏辙、范纯仁、李常等又相继上奏反对，他们也都因此而受到罢免官职的处分。最后苏轼又上书反对，他说："从均输法推行实施以来。豪商大贾皆疑而不敢动，以为虽不明言贩卖，既已许之变异，变异既行，而不与商贾争利，未之闻也。"

从守旧派的这些意见来分析，均输法确实是能够把豪商富贾们过去所操持的"轻重敛散之权"收到北宋政府的手中。从守旧派反对均输法而遭到贬斥来看，可见神宗皇帝对于推行均输法是具有很大决心的。因此，不知是从何时开始，北宋政府又把发运使的权力扩大，既使他兼领"提举逐路巡检、兵甲、贼盗"等要职，还要他兼领"都大提举江浙福建广南路银铜铅锡坑冶市易铸钱"等要职。这样一来，发运使的职权范围及任务真可谓繁重了。直到熙宁八年（1075 年），皇上才又下了一道诏令，重新规定发运使的职权："除所管钱物斛斗，就贱人买，贵处粜卖，或就近便计置点检纲运盐矾事，及诸官吏因本司（按指发运使司）有违法者许纠举外，其余事并不得管勾，仍只以'江淮荆浙等路制置盐矾兼发运使'结衔"。这也就是说，把上述不知从什么时候起让发运使兼领的那两项职务又一并裁减掉了。

二、实行"青苗法"

青苗法是将以前的常平仓法进行改革后的一种新法，所以也被称为常平新法，或仍称之为常平法。

太祖、太宗皇帝建立北宋政权以后，曾效仿前代的做法，陆陆续续在各路州县城内设置常平仓。其规定是：凡遇五谷丰收年月，为怕"谷贱伤农"，即由各州县政府适量提高粮价，大量收购粮食；凡遇灾荒之年，为了照顾灾民度过饥饿之年，州县政府再以比市价稍低的价格将库存粮食大量卖给灾民。规定虽是这样，具体办事人员并不认真去做。有的地方官把有限的籴本的大部分移作营私之用；有的地方官则又"厌籴粜之烦"，不肯根据年景的好孬而进行籴粜；有的则又与豪商富贾或囤积居奇的大户人家互相勾结，利用收籴和出粜的机会共同谋利。在 11 世纪的 30 年代内，兵饷不足，北宋政府还曾挪借过各地常平仓的本钱赞助军费。这种种情况表明，到北宋中期，各地方的常平仓已名存实亡，它所具有的调剂粮价和救济灾荒的作用几乎已经不存在了。

在常平仓名存实亡，甚或名实俱亡的情况下，有的地方官吏便采取其他的办法，以解决灾荒期内或青黄不接时农民的缺粮问题。除了王安石曾在鄞县实行过的"贷谷与民，立息以偿"的做法之外，李参在其知盐山县任内，也因"岁饥，渝富室出粟，平其直予民。不能籴者，给以糟粝，所活数万"。到李参做陕西路转运使时，由于陕西"多成兵，苦食少，参审订其缺，令民自隐度麦粟之赢，先贷以钱，俟谷熟还之官，号青苗钱。经数年，廪有羡粮"。十分明显，李参在陕西为征购麦粟而发放的青苗钱，其主要目的是为了解决军队粮食不足的问题。

1. 公布"青苗法"

王安石和变法派的吕惠卿等人，参照了在鄞县的经验，并且着重参考了李参在陕西贷钱还谷的经验，于熙宁二年（1069 年）的秋季又制定并颁布了青苗法。内容可分为两部分。一部分是申明立法用意的：

"如今各路常平广惠仓，大约储存粮食和钱一千五百万贯石左右。以前由于征收和发放未得其法，因而给百姓的恩惠不多。如今我们想这样处置常广惠仓的粮食，在粮食价格昂贵时，按照低于市价的价格卖给百姓；遇到价格低廉时，按照高于市价的价格买进来。都是用现钱交易，仍以陕西青苗法为例，允许百姓自愿借贷，收获后随税收百分之十交纳粮食。如果愿意交纳实物，或者由于交纳时价格昂贵，而愿意交纳现钱的，都可以随便。如果偶遇灾害与其它困难，亦可以推迟日期交纳钱币。如果还是不能防止灾荒的发生，百姓就可自行放贷，这样穷困百姓也不担心没有粮食吃。因此，可以选派官吏劝诱百姓，令其兴修水利，平整土地，这样的话各地的农事就会搞得很好。

"青黄不接之际是穷苦百姓一般较为困乏之时。此时，豪富之家乘机放高利贷敲诈老百姓，常常使百姓困苦不堪。常平广惠仓的粮食，已积贮多年，等到收成不好、物价上涨后才开仓卖出，但得到粮食的大多是一些城市游手好闲之人而已。如今广通一路之有无，贵则粜出，贱则买入，增加蓄积，以平衡物价，这样使得农民可以赴时趋事，而兼并之家不能乘机而入。这一切都是为了百姓，而政府却没有得到什么实惠，这也是先王恩惠于百姓，防止兼并之家侵夺百姓的深刻用意……"

另一部分是对于贷和还的一些具体规定：

"把广惠仓的铜钱贷给百姓，依陕西青苗钱法为准，于夏秋未熟以前，根据收成好坏酌定物价，确定借贷价格，许百姓自愿借贷。仍以夏秋还贷各二分之一……

"愿意借贷粮食的百姓，按照当时价格估作钱数借给。但不得亏损政府的本钱，要依现钱为例，来采取粮食还贷。

"客户愿意借贷的，可与一主户作为自己的保户，根据主户物质财力的多少借贷。

"如果借贷给乡村百姓后还有剩余，可以按照以上借贷办法，转贷给有偿还能力的人家。"

在这一通行法令中未曾列入，而在各地方所加的补充条款中却都必须列入的，还有：

"1. 鉴保请贷青苗钱，必须是第三等户以上有偿还能力的人充当保头。

"2. 第五等户和客户，每户借贷不得超过一贯五百文，第四等每户不得超过三贯文，第三等每户不得超过六贯文，第二等每户不得超过十贯文，第一等每户不得超过十五贯文。

"3. 按照以上标准，贷出以后，还有剩余本钱，第三等以上百姓委派本县估量自家财物。除以上所规定数额外，还可以多贷。

"4. 在夏秋两次收获后，随同两税一起还贷，必须在原贷数量基础上多交三分或二分不等的利息钱。"

在青苗法制定和公布之后，朝廷准备先在京东、淮南和河北三路试行，"候成次第，即令诸路施行"。但事实上，在上述三路试行并没有多久，尚未成次第，亦即尚未取得多少成绩和经验，其他路线也相继派去了提举官，决定在全国范围内普遍推行了。

各地方的州县政府发放青苗贷款，和借取青苗钱的民户归还贷款的情况一般，据王安石在《答曾公立书》中所说，是：

奸人者因名实之近而欲乱之，以眩上下，其如民心之愿何？始以为不请，而请者不可遏；终以为不纳，而纳者不可却。盖因民之所利而利之，不得不然也。

在《上五事札子》当中，王安石又向神宗皇帝说：

> 昔之贫者举息之于豪民，今之贫者举息之于官，官薄其息而民救其乏，则青苗之令已行矣。

当神宗皇帝因韩琦上疏反对青苗法而向王安石说："常平取息，奸雄或可指以为说，动百姓。"王安石回答说：

> 常平新法乃赈贫乏，抑兼并，广储蓄以备百姓凶荒，不知于民有何所苦？
>
> 民，别而言之则愚，合而言之则圣，不至如此易动。
>
> 大抵民利害加其身则自当知，且又无情，其言必应事实；惟士大夫或有情（按即私心用事），则其言必不在事实也。

从当时新旧两派及除此之外的其他人来看，除官绅士大夫中的那些兼并豪强的代言人，对青苗法提出这样那样的反对意见，搞得纷纷扰扰外，在民间和农村中，并没有由于青苗法的实施而引起强烈反抗事件。这说明，平民百姓是拥护和使用"青苗法"的，王安石"不至如此易动"的推断是不错的。

王安石不把庶民当作群氓，他却强调说，人民"合而言之则圣"，这与当时统治集团的其他人物相比较，也应算是难能可贵的人物。王安石在《洪范传》中也有谈论庶民的一段话，他说：

> "庶民惟星，星有好风，星有好雨"，何也？言星之好不一，犹庶民之欲不同。星之好不一，待月而后得其所好，而月不能违也；庶民之欲不同，待卿士而后得其所欲，而卿士亦不能违也。故星者庶民之证也……
>
> "月之从星，则以风雨"，何也？言月之好恶不自用而从星，则风雨作而岁功成；犹卿士之好恶不自用，而从民，则治教政令行而王事立矣。
>
> 《书》曰："天听自我民听，天视自我民视"，夫民者天之所不能违也，而况于王乎？况于卿士乎？

以上表明，王安石对于庶民的这种看法，是他一贯的看法。而对有关青苗的法令，他又具有坚强的信心，认为那是"因民之所利而利之"的事情，并不是他自己用这个法令在皇帝面前讨好自己，而是服从"庶民之欲"而制定的一种政令，因此他就敢断言不会因此而引起庶民反抗。

还不只是没有引起反抗的事件，就连王安石所说"请者不可遏"和"纳者不可却"的情况，也是真实存在的。做山阴知县的陈舜俞记述该县散发青苗钱时的情况说：

"方今小民困乏，十室八九，应募之人，不召而至，何可胜计。"

毕仲游也描述推行青苗法的情况说：

"自散青苗以来，非请即纳，非纳即请，农民憧憧来往于州县。"

一般需要借贷的民户都借得了青苗钱，豪强兼并人家放高利贷的出路自然被堵塞，至少要有大部分人家被堵塞。这样，青苗法就起到了王安石所说的"以其所谓害者制法而加诸兼并之人"的作用，也起到了"抑兼并"的作用。

2. 文彦博的阴谋

然而，在王安石和变法派的人们所创建的各种新法中，受到守旧派人物最强烈攻击的，莫过于这条青苗法了。

富弼罢相，司马光、吕诲内心感到愧疚不已，富弼的顶罪外放等于给司马光和吕诲开脱了罪责。富弼只要在朝堂上供出同谋，恐怕被罢官的不止富弼一位，而是一批人。

经过这次合谋也没能把王安石扳倒，他们不肯就此罢休，否则就对不起那些冲锋陷阵的盟友，如韩琦、富弼这批人。司马光和文彦博邀来吕诲，决定与王安石那批变法派斗争到底。他们已经没有妥协的余地了。

从神宗皇帝支持王安石的情形去判断，要想从朝廷中把王安石排挤掉，完全是不可能的事。

文彦博突然想起王安石曾经任常州知府，兴水利、疏浚运河这个计划流产，是地方豪绅和地方官吏联合起来共同反对的结果。这段往事，可供借鉴的地方很多，何不故技重施？

文彦博灵机一动，脸上露出了笑容。

韩琦在相州。

御史钱颛在秀州。

刘琦被贬职到处州，现在迁往歙州。

流放到外地的人很多，这些都是因反新法而贬官的人，都可以联起手来。新法虽然在朝廷得以顺利颁行，但终究需要地方官吏去实施，王安石再行，你只有一个人一双手。

妙极了！

拉帮结派有灭族之罪，不能有目的的联合，必须巧妙的安排，不要迎着势头上。

文彦博仔细研究"青苗法"，看了一遍又一遍，想找出其中破绽。突然发现，吕惠卿虽说聪明绝顶，毕竟有疏忽的时候。

他仔细查找"青苗法"的破绽。其中有句："诸路平常广惠仓钱谷，略计贯石为千五百万石以上，敛散未得其宜，故为利未博。今欲以现斛斗，遇贵量减市价粜，遇贱量增市价籴，可通融转运司苗税及钱斛，就便转易者，亦许兑换，仍以现钱，依陕西青苗钱例，愿预借者给之。随税输纳斛斗，半为夏料，半为秋料，内有清本色，或纳时价贵，愿纳钱者皆从其便。如遇灾伤，许展至次料丰熟日纳，非惟足以待凶荒之患，民既受贷，则兼并之家，不得乘新陈不接以邀倍息……"

立法是好意，不过漏洞就出在借贷自愿与强贷上，在这里是以偿还能力为标准的。

"青苗法"内未清楚地规定借贷是否自愿，是所有农民都可以借贷，还有借贷户分等级？贫穷的人，也是最需要借贷的人，却因偿还能力有问题，反而不可以多贷，故"青苗法"是有联保规定的借贷法，因此还不能说明"青苗法"是完全为贫穷的农民所设想的法律，故给保守派及反对派以可乘之机。

文彦博还发现，"青苗法"实际是陕西转运使李参曾经在陕西实行的"青苗钱"。当年陕西境内粮食储备不足，于是命令百姓将自己剩余的粮食存起来，政府须先借给农民粮民钱，等农作物成熟以后，以粮食抵押借款；后来王安石在鄞县任职时，也曾经使用过这种方法，而且很成功。所以严格来讲，"青苗法"不是什么新法，是吕惠卿太聪明，聪明反被聪明误了。

文彦博想现在只要联合一下被贬的官员，从借贷条例上动动手脚就行了；愿贷者当然同意借出，不愿贷的也强迫借贷，这样一来，不愿借贷的就要多负担利息，而急需资金的，却又不能多贷，必然造成百姓怨恨。这时文彦博不得不佩服苏辙。在拟订"青苗法"之前，苏辙就说："此法本以救民，并非为利，然出纳之际，吏缘为奸，虽有法不禁。钱人民手，虽良民不免妄用；及其纳钱，虽富民不觉逾限。"文彦博想起这些，便哈哈大笑起来。

"百密一疏呀！王安石啊！恐怕这就是你失败的原因。"

办法想好了，他却不愿承担破坏新法的罪名，是让欧阳修去干，还是让韩琦或者司马光去干？文彦博还没有想好。不过他相信，只要把破坏的方法传给别人，不论谁干都会对王安石造成无法弥补的伤害。

于是他就以剖析新法的姿态，逢人就讲，把他的想法说了出去。文彦博非常清楚，反对变法被贬的人，绝不情愿就这样倒下去，在京一定安置有心腹来了解朝廷的动向，以图反扑之计，当然这些消息是他们需要搜集的了。

3. 神宗的支持

保守派阻挠新法实施的过程中，一位戏剧性的人物出现了。

范仲淹在抵御西夏入侵时立功，西夏人常说："有范仲淹在，永不做入主中原的梦。"范仲淹有两个儿子：老大纯祐，追随父亲在西北带军作战，一生侍奉父母，从未在京作官；弟弟纯仁，后来当过御史，知谏院。

实行青苗法中，纯仁正在陕西任转院副使，三年任职期满，进朝述职。他曾经与薛向同事。如今薛向当了天下第一转运使，纯仁心里很不舒服，但并没有表示出来，而富弼是范仲淹推荐给晏殊的老臣，如今被贬徙，再加上刘琦、钱颛都因对新法不满而被流放到外地，这一切使范纯仁更加气愤不平。故借入朝述职的便利，这位名臣到京的第二天，就进见了神宗皇帝。

神宗问起纯仁陕西的兵备情况时。他回答说："城郭还算好，武器粗俗……"反正是不夸不浮，都照实说。他是弊了一肚子火在回皇上的话。

"陕西地处前线，面对的是野心不死的西夏人，听你这一说，陕西的兵备情况令朕担忧。"神宗很想听听这位来自边防前线大功臣对新政的看法，"朕整天待在宫中，实在不了解下面百姓对新政的看法与新法对社稷的利弊，有话直说。"

"天下人是敢怒不敢言。"纯仁说。

神宗问："卿所指是什么事？"

"回陛下，凡与新法对立者，都被贬官外放，'均输法'等于与商争利，'青苗法'有利有弊，贫穷的人借不到钱，借到钱的只是那些豪强富户。三司条例司所草拟颁布的法令，都是桑弘羊和商鞅之类的法律。如今与朝廷唱合的人被视为贤能之辈，相反者则排斥贬谪！谏官、言官三缄其口。被贬徙者多数是爱出风头的官，有些人只为保官职，贪俸禄，不是阿谀附庸，就是好自为之。杀子自宫，易牙、竖刁、开方之流充满了朝廷，陛下除了听到歌功颂德之声，哪里还听得到民间疾苦……"

这一番话，等于打了神宗皇帝的耳光。皇帝想想范纯仁的这些话还需要时间的检验，不便有所斥责，何况他又是大宋皇帝的忠臣，虽然肚子有火，还是忍着不发。不过范纯仁利用易牙等人的典故，把神宗皇帝比喻成齐桓公，只因齐桓公重用管仲而称霸，最后却饿死于寿宫，这样的比喻是多么伤人！皇上已是火冒到喉头了。

"你的父亲是我大宋功臣，也是庆历新政的实行者。说实话，庆历新政和现在的改革，实际上是有因果关系的，他们都是为了我大宋江山社稷设想，新法真的那么让人厌烦，王安石真是那么可恨和可恶吗？"

"庆历新政，也是变祖宗之法，所以实行不到一年就废除了。"这时范纯仁已经昏了头脑，口不择言地说，"当然，那也是先父失职的地方……"

"那么你连仁宗也诋毁了，新政不是出自令尊大人之意，而是西夏寇边，军费开支庞大，改革实在是仁宗的旨意！"

这等于皇上暗示，变法看是谁的主动。范纯仁听了感到十分惭愧，但话已出口，收也收不回来了。

"臣惴惴不安！"

"庆州是防止西夏人入境的要关，你到庆州任职去吧！"

刚从陕西回来，如今又要被外放到甘肃去，这下范纯仁的脸都被吓绿了。可是他能反抗皇帝的圣旨吗？

侍御史刘述有今天，是得到范仲淹提拔和关照的，刘述便出来替范纯仁说话，公开指责王安石弃儒术，而兴法家苛政，又侵三司大权，开局设官，为满朝百官鄙视，妨碍贤能，除了请求罢免王安石外，凡未尽职尽责而帮王安石说话的官，都应贬斥。神宗皇帝一生气，把刘述也贬职到江州。

一天之内罢免了那么多大官，是宋朝建立以来未有的先例。

神宗皇帝坚定不移地支持王安石改革。由此可以看出，王安石得罪了不少人，这对新法的实施增加了难度。

欧阳修在京的家人，得知"青苗法"有很多漏洞，很快把这些信息传到欧阳修、韩琦的耳朵里，他们又把此消息再传给被贬的同僚们。而且，这些人在自己管辖境内，普遍放贷青苗钱，把两分利息变为三分，对不愿借贷的农民，强迫他们借贷。陕西、河北一带的农民都叫苦连天，而韩琦、欧阳修、司马光都暗自庆幸。

其中最得意的是文彦博，他坚信自己燃烧起一把野火，火势倾刻之间就能遍及全国的农民，可以动摇社稷根本。而制定新法的那一批改革者还在睡梦中，梦见田野都是金黄的稻穗、麦穗和仓廪的充实。

苏辙在距青苗法创立实施三十多年之后，在其《诗病五事》中咬牙切齿地写出了"王介甫小丈夫也，……志欲破富民以惠贫民……设青苗法以夺富民之利"等等之类的闲话，可想而知，在创立此法的当时，为了"富民之利"反对派曾经是如何气愤。

守旧派的这些言论，其目的无非是要尽可能维护豪强兼并之家所拥有的出放高利贷的权利。王安石在创立新法之初，就制定出"以其所谓害者制法而加诸豪强兼并之人"的原则，他对于这些言论自然认为是不合"义理"和"不足恤"的。因此，当神宗皇帝为了韩琦所提的意见而对青苗法存有疑虑时，王安石就向他说道：

> 臣以为此事至小，利害亦易明。直使州郡抑配上户，俵十五贯钱，又必令出二分息，则一户所陪止三贯钱，因以广常平储蓄，以待百姓凶荒，则比之前代科百姓出米为义仓，未为不善。况又不令抑配，有何所害，而上烦圣心过虑？臣论此事已及十数万言，然陛下尚不能无疑。如此事尚为异论所惑，则天下事何可为？

通过以上谈话，王安石察觉到皇上"为异论所惑"，对青苗法存有种种疑虑。第二天，他就"称疾不出"，并上奏请求皇帝罢免他的职务。神宗皇帝让翰林学士司马光为他起草一道批复王安石奏章的诏旨，敦促王安石照常出朝做事。司马光却利用皇帝给他的这次机会作为与王安石进行竞争的重要环节。他在代写的这一道诏旨中，大肆舞文弄墨，借用神宗皇帝口吻把王安石痛加斥责了一番：

"朕以卿材高古人，名重当世，召自岩穴，置诸庙朝，推心委诚，言听计用，人莫能间，众所共知。今士夫沸腾，黎民骚动，乃欲委远事任，退处便安。卿之私谋，固为无憾，朕所素望，将以诿谁？祇复官常，无用辞费！"

很明显，司马光是非常不希望王安石再出而视事的，他是想用这番话把王安石彻底激怒，让他更加愤愤然辞职不干。王安石接到这道诏旨非常气愤，气愤之余，立即"抗章自辩"。皇帝看到这封自辩章疏，才猛然醒悟，原来司马光所替他拟诏旨是有其用意的，然后封还了王安石的自辩疏，并亲笔写了一封向他道歉的回谕，说："诏中二语，乃为文督迫之过，而朕失于详阅，今览之，甚愧！"

这样司马光的阴谋没有得逞。十天后，王安石上朝处理政事，神宗皇帝召见了他，又一次向他解释说："青苗法，朕诚为众论所惑。寒食假中静思，此事一无所害，极不过失陷少钱物尔，何足恤？"

王安石答道："但力行之，勿令小人坏法，必无失陷钱物之理。预买绅绢，行之已久，亦何尝失陷钱物？"

一场轩然大波，至此才暂时平息下去。从那以后，王安石对于青苗法更持坚信态度，神宗皇帝听到反对派议论王安石变法时，也不再像以前那样动摇了。

三、改革役法

1. 差役法的弊端

王安石的免役法是对旧时行用的差役法的改革。

北宋时期的纳税户，在王安石没有变法时，除交纳国家规定的赋税之外，还要根据其户等高低不同而轮流到各级政府去服差役。当时的差役有以下几种：

衙前——主管运送官物或看管府库粮仓或管理州县官厨房等。

里正、户长、乡书手——掌管督催赋税。

承符、人力、手力、散从官——供州县衙门随时驱使。

耆长、弓手、壮丁——"逐捕盗贼"。

由于摊派差役的原故，北宋政府把民户分为九等级别，并且规定，下五等户全部免役；上四等户则根据家产的多少而分别给以轻重免役：第一等户轮充衙前、里正；第二等户轮充户长、乡书手、耆长等；弓手、壮丁则皆由第四等户差充。其实，这些规定实际上有似虚文。因为，官绅豪强大地主仍享有免役特权；在各级各地政府衙门中有些挂名职务，比如太常寺的乐工之类，他们也有免役特权；考中进士的户家及僧、道、女户和单丁户一律免役；城市居民和商贾也都免役。这样，各种差役就都落在中下层的地主阶级和比较富裕的自耕农户的身上了。就在乾兴元年（1022 年）已有人上书加以论列：

"且以三千户之邑,五等分类,中等以上可任差遣者约千户,官员、形势、衙前将吏不啻一二百户,并免差遣;州县乡村诸色役人又不啻一二百户;如此则三二年内已总差遍,才得归农,即复应役。"

欧阳修在《乞义勇指挥使代贫民差役状》中曾说河东路地区的情况也是如此:

"兼自兵事以来,州县差役频并,素来力及之户,累世勤俭积蓄,只以三五年重叠差役,例各减耗贫虚,逃亡破败。而州郡事多,差役难免,往往将第三、第四等人差充第一等色役。亦有主户少处,差稍有家活客户充役勾当。"

河东路的客户也有服差役的,其他各路也未必没有同类情况,只是我们至今未发现文字记载罢了。

在各种有名目的差役中,负担最重的是衙前,其次是里正。轮充衙前的人,如遇到库存财物或运送官府使用的物品有伤耗损失,必须照原数原价赔偿。外州的衙前,押送上供物资到都城,因受库吏的勒索阻难,挑剔成色,以致长时间不得归还。因此,凡轮充到这些差役的,大都受到倾家荡产的结果。轮充里正的,如遇乡里有些民户不能按期交纳赋税的,或根本没有能力交纳赋税的,或交纳不起赋税而逃亡了的,只好自己垫付或代为交纳。遇有恶霸地主,里正无法催促他们交税,这也必须代交。所以,一旦轮充里正,也往往是"倾家而不能给"。

衙前、里正除外的其他差役,也同样是这些纳税户的一种沉重的负担。苏辙在其《再言役法疏》中对此曾有所概述:

"国朝因隋唐之旧,州县百役并差乡户,人致其力以供上,使岁月番休,劳佚相代。吏若循理,不以非法加民,则被役之人本无大苦。然役人既是税户,家有田产,诛求必得;吏少廉慎,凡有所须,不免侵取。故祖宗之世,天下役人除正役劳费之外,上自衙前,有公使厨、宅库之苦;中至散从官、手力,有打草供柴之劳;下至耆长、壮丁,有岁时馈送之费。习以成俗,恬不为怪。民被差役,如遭寇虏。神宗皇帝昭知此害,始议立免役之法。"

人们想方设法地躲避这种种差役,特别是负担最重且任务繁忙的衙前差役,因而产生了一连串的社会问题:有的人把田地家产隐寄于官绅人家或特权户,冒称为他们的佃客;有的人尽量少养牛马,少耕种土地,甚至少种一些桑麻,以降低自己的户等;有的则抛弃家乡的家产和事业而流亡他地,使自己的田园趋于荒芜。这样,农业生产受到极严重的影响,而其原因只是为了逃避差役。

有些负一路或负一州之责的官吏,从仁宗皇帝在位的后期开始,就已在少数地区试行了对衙前之役的改革办法。例如,张诜在越州做通判时,因为当地民户"患苦衙前役",他就"科别人户,籍其当役者,以差人钱为雇人充"。钱公辅任明州知州时,因看到应衙前役的乡民"破产不能供费",就把当地的酒场卖掉,把卖酒场所得的钱,分别以乡民服役之轻重而偿以钱,一概不许调集乡户再去轮充差役。李复生做两浙转运使时,因"浙民以给衙前役多破产","悉罢遣归农,令出钱,助长召人承募"。后来，守旧派领袖人物司马光也在嘉祐七年所上的《论财利疏》中说：

"臣愚以为，凡农民租税之外宜无有所预，衙前当募人为之，以优重相补；不足，则以坊郭上户为之。彼坊郭之民，部送纲运，典领仓库，不费二三，而农民常费八九。何则？儇利、戆愚之性不同故也。其余轻役则以农民为之。"

赵顼登基之后，三司使韩绛也上疏陈述轮充差役的弊端，特别是衙前重役"戕贼农民"的种种情况，希望神宗皇帝下诏，令中外臣僚"悉具差役利害以闻"，裁定一种妥善的解决办法，以便使"农民知为生之利，有乐业之心"。神宗皇帝接纳了韩绛的建议，下诏指出："州县差役仍重，劳逸不均，喜为浮冗之名，不急之务，以夺农时而害其财"，要朝廷上下的官吏"有知差役利害可以宽减者，实封条析以闻"。

这道诏令下了不久，全国各地官吏纷纷上书，诉说差役法的利害。远在四川梓州路做转运使的韩琦，也根据该路实际情况做出一个"并纲减役"的提议。依据这个建议，仅梓州一路每年可减少纲运一百二十多次，下属各州县可减少衙前役人二百八十多名，其他名目的役人五百多名。韩琦还建议全国各地都应当对自己州县所用吏员名额严加限制。

2. 制定免役法

上述概括起来说明，到王安石人参大政之日，差役旧法的弊病已完全暴露出来，对于这项法令制度的改革，已经成为举国上下的普遍要求。因此，王安石在做参知政事之后，在制定推行青苗法、农田水利法的同时，也把如何改革役法的事提到日程上来，作为他着重考虑的问题之一。

全国各地土地贫瘠肥沃状况不同，各州县人口的疏密程度不等，贫富差别不一，各地差役之轻重多少也因此而有一定程度的差别。这些因素在制定新的役法时是必须想到的。正是因为意识到它的复杂性，王安石和制置三司条例司的官员们经过比较详细周密的实际调查和研究之后，在熙宁二年（1069 年）的十二月，才只确定了一个总的原则，那就是："应昔于乡户差役者，悉计产赋钱，募民代役，以所赋钱禄之。"并在这一总原则下，订立了许多详细的条目，交付与各路的转运使和各州县的官吏们去"论定"，以期"博尽众议"。所订立的条目如下：

第一，各州县的衙前重役和承符、散从、弓手、典吏等夫役，不再由各地方四等的民户轮流应差，改为雇募第三等以上的税户充当，根据服役的轻重而规定他们禄钱多少。当招募弓手时要加试武艺，典吏要加试书计。

第二，运送官物和主管仓库、公使库、场驿等事，不再作为衙前的职任，皆改由"军员"负责主管，每人月给食钱三千文左右。

第三，耆长、户长等仍由第一、二等户轮流担任，只负责一甲内的征收赋税诸事，一年轮换一次。应役期内，免纳役钱十五贯。壮丁由不纳役钱的下等户充当。

第四，凡前此应依次轮充差役的四等以上民户，都不再服役，都要依其所有土地的数量多少，随同夏秋二税交纳一定数量的"免役钱"。

第五，女户、单丁户、未成丁户、僧道户和城市中的上五等户，以前没有差役负担者，也一律按其田产数量多少减半出钱，称为"助役钱"。官绅户也不再享有免役特权，也要按其户等高低或田产数量多少减半交纳助役钱。

第六，根据"以一州一县之力，供一州一县之费；以一路之力，供一路之费"和"诸路各从所便为法"的原则，诸路州县均须分别预计一年应用雇值若干，由各州县的上四等民户分别摊纳。在实际应用数目之外，还必须多交纳百分之二十，称为"免役宽剩钱"，贮存起来以备水旱灾荒年份之用，到那时候就不再向民户征取免役钱了。

各级有关官员对这项新法审核之后，从熙宁三年（1070 年）的冬季起，首先在开封府内的州县试行。那里的官员先把所订立的条目张榜公布，"揭示一月"，须待"民无异词"，然后才照条目贯彻实施。在开封府界内试行了一年，取得了许多经验之后，便在熙宁四年的十月向全国各地公布施行。而在各地实施之前，也仍然按照在开封府界内试行办法一样，要先把新法条目"揭示一月"，须待"民无异词"，然后再推行。

之所以要收取"免役宽剩钱"，这和青苗法取息二分的用意是大致相似的。对此，曾布曾在答复守旧派的反对言论时作过这样的说明：

"今役钱必欲稍有羡余，乃所以备凶年为朝廷推恩蠲减之计，其余又专以兴田利，增吏禄。"

王安石也曾向神宗皇帝说过：

> 若遇本路州军有凶年，以募人兴修水利，即既足以赈救食力之农，又可以兴陂塘沟港之废。陛下但不以此钱供苑囿陂池侈服之费，多取之不为虐也。

把"免役宽剩钱"用在诸如此类的一些用途上，这在王安石及变法派人们看来，大概也同样认为是"公家无所利其入"，不算是"国之财用取具"的。

在制定免役法的过程当中，王安石还曾向神宗皇帝说过：

> 今所以未举事者，凡以财不足故。故臣以理财为方今先急。未暇理财而先举事，则事难济。臣固尝论天下事如弈棋，以下子先后当否为胜负。又论理财以农事为急，农以去其疾苦，抑兼并，便趣农为急。此臣所以汲汲于差役之法也。

在王安石看来，有关理财的各种新法当中，免役法是最为重要的一种。而之所以如此，则是由于通过免役法的实施，是可以取得"去其疾苦、抑兼并、便趣农"

一举三得的效果。这在王安石的一些言论中可得到印证。比如：当谏官刘挚上疏反对募役法时，《长编》载有王安石与神宗皇帝的一段谈话：

上因刘挚言，与王安石论助役事，安石辩数勘力。

皇上说："无轻民事，惟艰。"

王安石说："陛下固知有是说，然又须审民事不可缓。"

皇上说："修水土诚不可缓。"

王安石说："去徭役害农，亦民事也。岂特修水土乃为民事？……"

意思是说免役法对农民具有"去其疾苦"的作用。《长编》还载有王安石和神宗皇帝的一段谈话：

皇上对王安石说："浙西役钱，上等有一户出六百贯者。然如此数十户皆兼并，多取之无妨。……"

王安石说："出六百贯者或非情愿，然所以摧兼并，当如此……"

意思是说免役法具有"抑兼并"的作用。在王安石的《论五事札子》中有论及免役法的一段话，说道：

> 免役之法出于《周官》。……然而九州之民，贫富不均，风俗不齐，版籍之高下不足据，今一旦变之，则使之家至户到，均平如一，举天下之役人人用募，释天下之农归于畎亩，苟不得其人而行，则五等必不平，而募役必不均矣。

故免役之法成，则农时不夺而民均矣。

这是说免役法对农民具有"便趣农"的作用。

从以上也可以更清楚地看出，王安石的所谓制裁兼并，始终都是有限度的，只是局限在他所讲的"以其所谓害者制法而加诸兼并之人"的范围之内，只是使兼并豪富之家多出一些免役钱而已。想以此而使兼并之家"不敢保过限之田"的目的，这无疑是办不到的。而对于官户和城市当中的兼并之家，只令其按田产或家资等第，比照原服役人户等减半输纳助役钱，就连神宗皇帝都感觉未免太少了。《长编》载有神宗皇帝和王安石关于此事的一段谈话说：

上初疑官户取助役钱少，安石因是白上曰："官户、坊郭户取役钱诚不多，然度时之宜，止可如此，故纷纷者少。不然，则在官者须作意坏法，造为论议；坊郭等第户须纠合众人，打鼓截驾，遮执政；恐陛下不能不为之动心。若陛下诚能熟计利害而深见情伪，明示好恶赏罚，使人人知政刑足畏，则奸言浮说自不敢起，诡妄之计自不敢施，豪猾吏民自当帖息。如此，虽多取于兼并豪强以宽济贫弱，又何所伤也。"

这又可以看出，对于官僚地主人家，对于城市中的豪商富贾，王安石还把自己所定的制裁幅度打了一个折扣，其实就是不敢更大限度地去触动他们的既得利益，因而就不得不以种种借口对他们进行妥协和让步。

不过，对于官户所征收的助役钱，是否"减半"，也存在着几条类似互相矛盾的记载。例如，《长编》于熙宁五年（1072年）十二月庚寅载：

"李中师前知河南府，时朝廷初令民出钱免役，中师率先诸州推行。富弼告老家居，中师籍其户等，令与富民均出钱。"

《宋史》的《李中师传》则以为李中师对富弼怀有私怨，故意乘此机会对他进行打击报复。如果是这样，则好像只有李中师对待富弼这一官户不使其减半输纳助役钱，而对其他的官户则是减半的。但是，在《宋史·神宗纪》中，却于熙宁八年（1075年）八月丙申载："减官户役钱之半。"《长编》于同一日也较详细地记载了这一诏令：

诏："官户输役钱，免其半。所免虽多，各毋过二十千。两县以上有物产者通计之。两州两县以上有物产者，随所在输钱，等第不及者并一多处。"以司农寺言："官户减免钱数及人户两处有产业者，出钱不一，故也。"

《长编》于此年的九月辛巳又载一事说：

司农寺言："州县官户多处，例减免役钱，则人户出钱偏重，不为之节制，则人户经久不易。今方造薄，欲诏诸县：'产钱十分，官户占及一分以上，官户止减役钱分；所免虽多，毋过二十千。两州两县以上有产者亦通计。'"从之。

从《长编》八月丙申条所载司农寺的话来看，当时官户交纳助役钱的标准，各地方执行情况并非一致。有的地方按照"免役法"规定的条文执行了，使官户减半输纳；有的地方却并没有按照"免役法"条文规定执行，而是像李中师对待富弼那样，"令与富民均出钱"。由于"免役法"条文中原来就有官户减半输纳的规定，而且确实也有按照这条规定实行的，所以在熙宁五年神宗皇帝就认为官户所交纳的助役钱未免过少；又因有些地方官吏不肯依照条文规定实行，使减半输纳的特权在官户中得不到较好的执行，所以八年八月又重申"官户出助役钱减其半"的规定。但是，官户所减助役钱数，都是要分摊到当地一般的纳税户身上的，假使官户较多的州县，则转嫁之数过多，又将形成一般纳税户负担过重的局面，所以在《长编》的八、九两月的记载当中，在提到减免官户免役钱的同时，又做出了"所免虽多，各毋得过二十千"的限制规定。这条限制规定若真的能得到贯彻执行，则大部分官户所减免的免役钱，必然达不到一半之数，甚或远远不及。

如果是这样，则免役法对于官户的优待便极为有限了。

免役法首先在开封府实施，实施之后很快收到了良好的效果。在熙宁三年（1070年）的十二月上旬，权知开封府的韩维就向皇帝陈报说：

"本府衙同，投名及乡户衙前等，人数差遣不平均，百姓深受其苦。大都是由于条例繁杂，奸猾胥吏从中舞弊所致。这次减少本府乡户衙前差役八百三十五人，总减重难达十八万一千多缗。其它诸如：或者召税户及诸色人等，或者就差现充押录，或者创差三司军将，或更不差人。"

在得到皇帝的应允之后，事情就这样办了，而其结果，如当时做咸平县知县的范百禄所说："役法之行，罢开封府衙前数百人，而民甚悦。"《长编》也说："事既行，时以为便，乃降诏奖谕。"但在半年之后，出现了两次风波：其一是，东明县的几百家民户，声言自己户等被提升得不当，而知县贾蕃不予受理，百姓遂成群结队来到王安石的住宅控诉，要求还以公道，经王安石当面解说之后才回去；其二是，开封府界内有一些"大户"扬言，愿依照旧法服役而不愿交纳免役钱。后来北宋政府下了一道诏令说，上三等户不愿纳钱而愿依旧充役的，可以依照其旧来服役的时限赴官充役，不再令其纳役钱；并禁止将四等以下户任意升于三等。到下一年的冬季，朝廷将免役法向全国公布并推行，在推行过程当中，不免又发生这样或那样的一些问题。正如王安石自己所说那样："缘以今之官吏行今之法，必多轻重不均之处。"例如，在四川的利州路，每年应用募役费用为九万六千余贯，而地方官吏却从百姓身上敛取了三十三万余贯；在河北的镇、定二州，有的甚至于逼迫居民拆卖屋木以纳役钱。尽管如此，像利州路那样严重的问题，随时就会受到揭发和制止，而从一般状况说来，则基本上没有发生太多太大的问题。

3. 守旧派的反对

然而这并不等于说，在制订和推行免役法的道路上，没有受到守旧派人物的攻击和阻挠。真实情况是，自从开始商讨改变役法的时候，守旧派们就开始其反对活动，而带头的则是司马光和苏轼、苏辙等人。苏辙在其《制置三司条例司论事状》中提出了反对改变役法的理由是：

"徭役一事，议论者很多，有的官府想让乡户助钱而另雇人，有的想使城郭等第之百姓与乡户均分服役，有的想使品官之家与百姓一同代劳。这三项皆看到它的利益而看不到它的害处。

"服徭役不可不用乡户，就如同官府不可不用士大夫一样。有田地就能够生存，而没有则有流离失所之忧；纯朴粗鲁而不会欺诈，因此没有欺骗辱谩之忧。如今舍弃这不用而用一些浮游不守本份之人，我真担心掌管财产的人会有盗窃行为，追捕强盗的人会有作奸之嫌疑……然而议论的人皆说：'助役法，要让百姓专力务农。'我观察，三代之间，务农是最重要的，而打仗、狩猎皆出于农，假使和徭役相比较而言，则轻重缓急自可明了。

"豪富人家虽然号称兼并，然而非常之时，郡县有所依赖：比如灾荒岁月，可以劝其把粮食分给百姓；出现盗贼之时，可以借助其力量以抵抗。因此说，财货在他们手中和在官府没什么两样。现今天下太平，而三路的刍粟之费用，多取自京师，其余银绢，贸易百姓，皆在豪富。倘若反复让其服役，将用什么来接济百姓？因此，不如以宽待之，使之休养生息。这实在是国家之利而非百姓之利益。

"品官之家，免服徭役已经很久。议者不究其根本，只是听说汉代就连宰相的儿子都不可避免去戍边，遂就想使有身份的人与百姓同样服徭役。一岁之更不过才三天，三天之雇才不过三百，如今三大户之役，自公卿以下没有一个逃脱的。以三大户之徭役和三日之更相比较，则已经很重了，怎么可以再增加呢？"

应"制科"之举的孔文仲，在其对策当中，"力言王安石所建理财训兵之法为非是"。他对于"免役法"所提出的反对意见，确实是说出了官绅豪强和大地主们的心里话，所以曾引起守旧派人物韩琦、陈荐、范镇等人的共鸣。他的《制科策》说：

"如今的上等户，收取穷苦百姓的财物十分多，但他们缺乏力气；而所谓的下等户们，没有能力交纳赋税代替服徭役，但他们却十分有力气。当时的比例是上户占其一，而下户能占到十。这是困扰少数而使多数安逸。

"农家有两个丁口，古时候必须有一人必须当兵，如今都在家游手好闲而不能用，反而聚敛他们有限的财物，以贷给不努力耕种之人，这难道是周公的志向吗？"

司马光则在熙宁三年（1070年）二月所写的《与王介甫书》中就说：

"又设置提举广惠仓官吏下余人，派往全国各地推行新法，先散发青苗钱，再接着想让每户出助役钱……

"分割官吏，扰乱政府，王介甫以此为治国之策而最先施行；放贷收取利息钱是不齿之事，王介甫更以此为行王政而身体力行之。徭役自古皆从老百姓中收取，王介甫更想敛取百姓钱物，雇用游手之民而使用。这三项措施从来都认为不可取，而王介甫却偏偏认为可以实行……"

同年十一月，司马光在其《乞免永兴军路苗役钱札子》中又说：

"……如今又听到许多人议论，想命令各州县把各种服役人全部放免，由政府雇人来应役，却命令百姓按户等摊派免役钱，随二税一同交纳；以至于单丁、女户、客户、寺观等皆不能免。如果真的实行此项措施，它的危害更大，超过了青苗钱，为什么呢？上等民户从来都是轮流出役，有时间休养生息，如今年年交钱，是等于没有休息之日，下等民户和单丁、女户等从来没有徭役，如今下令让他们都交钱，就连孤贫鳏寡之人也不免除。如果钱少则不能雇人，如果钱多就必须向百姓征收重税。雇人不足，则耽误政府的事情，重敛于民，则百姓发愁埋怨。自古以来，徭役皆出于民，今一旦变更，未见其利也。并且受雇的人皆是游手好闲之人，让他们充当守卫，则政府的财物一定会被侵盗，让他们处理公事，则一定会作奸犯科。一旦事情败露，就会一走了之，没有田宅亲族之拖累，倡导者亦自知这个办法行不通，于是说'如果雇人不足，还是依照旧法轮流充差'。如果招募人花的钱多，则自当有人应募；如今既然没有应募，必定是钱少不足充役。这是徒有免役之名，而徭役没有免掉，又无故增加数倍的赋税。

"那青苗钱贷给百姓而收取利息，已是扰民之法，则今又无缘无故地增加数倍赋税，百姓哪有不困乏的。"

苏轼在熙宁四年（1071年）二月写给神宗皇帝的《万言书》中，对改革役法提出反对意见，说道：

"从古到今，服役都是用乡户，这就如同吃饭必须吃五谷，穿衣必须穿桑麻，渡河必须使用船只，行走必须要借用马牛。虽然，其间有时可以用它物来替代，但终不是长久之计，只是临时应急而已。现在只是听说江浙一带雇人应役，就想在全国推而广之，这就好比看到燕晋之地的枣栗，岷蜀一带的蹲鸱，而想废除五谷，难道不是太难了吗？

"又想卖掉官府经营的坊场，以此钱来雇人应役，虽然有长役，但却没有报酬，长役所得十分微薄，长此以往，一定会逐渐衰落，那么州县诸事，憔悴可知。

"士大夫们抛弃亲人和坟墓，而自己却为官于四方，工作之余，也想消遣，这是人之常情。如果国家凋敝太甚，犹如处在风雨飘零，这恐怕不是太平盛世之气象。"

枢密使文彦博和枢密副使冯京也都对改革役法持否定态度。《长编》记其事云：

"熙宁四年三月戊子，上巳假，上召二府对资政殿。……"

文彦博说："朝廷的所作所为，务在迎合人心，以静重为先。凡事应当先采纳众人的建议，不宜有所偏听。陛下即位以来，励精求治，但人情却没有稳定，大概是改革太甚吧。祖宗以来，所制定的法令制度未必都不可行。

皇上说："三代圣王之法令本来也有弊端，国家承平百年，怎么能不有一些小的改变？"

王安石说："朝廷只是想要把扰害百姓的部分去掉，有什么不可以？任何事都颓废到尊崇西晋时期风气，会更加混乱。……"

冯京说："府界之内已经淤田，又分派差役，作保甲，百姓极其疲劳。"

皇上说："淤田对于百姓而言，又有什么担心的？……询问附近百姓，他们也皆以免去徭役而高兴。虽然令他们出钱代役，但却没有了追逼刑罚之苦，这是百姓情愿之故……"

文彦博又言："祖宗成法俱在，没有必要改张以失去人心。"

皇上说："改革法制，士大夫多不高兴，然而，对于百姓而言，又有何不可以。"

文彦博说："我们是用士大夫一起治理天下，而并非和百姓一道治理天下。"

王安石说："法制健全，而财用该足，中国应该强大；如今却不是这样，这不能说法制健全吧？"

宋末元初的马端临，在《文献通考》的《职役考》中也记载了这件事的全部，并在其后有一段短评，说：

"潞公的观点不正确，王安石推行新法，敢于任劳任怨，而不为毁誉所动。然免役法的推行，坊郭、品官之家皆令输钱，墩场、酒税之收入尽归助役，因而士大夫以及豪富不能没有怨言，而实际上农民获得了利益。因此，神宗皇帝说'对于老百姓有什么不便呢？'而潞公，他讲的这些话，与苏东坡所讲的'国家已凋弊得十分厉害'等语，皆是王安石所指责的'流俗干誉，不足恤者'，难道足以纠正过失，而救国家弊端吗？"

步苏氏兄弟和司马光后尘，出面而力攻免役法的，还有御史中丞杨绘和监察御史刘挚等人，他们所举的理由，大体上与苏辙、司马光所述的无甚差别。守旧派为何极力反对免役法，其实质是什么呢？

司马光早在嘉祐七年（1062 年）所上的《论财利疏》中就已提出了"凡农民租税之外宜无有所预，衙前当募人为之"的主张，为什么变法派要征收免役钱、募人充衙前等役时，他和守旧派的所有人都坚决反对，一口咬定衙前等役一定要用乡户和农民不可。道理很简单，问题就发生在免役法中规定：过去享受免役特权的豪强大户和官户等，按照免役法的规定，也都必须按照自己的等第高下出钱之故。变法派在制定免役法时，也早已料想到了守旧派一定会反对。

"如今州县的差役，尤为民事所难，而现在制定的条例，务在除去久已存在的弊端，让百姓能够接受。但得到实惠的都是穷苦百姓，而受到制裁的都是为官者、兼并之家以及一些豪右大户。如果条例一旦确定，即使衙司县吏也不可改变。因此，新法推行，尤所不便。"

上述这段话，反映了苏辙和司马光等人，正是代表了"仕宦、并兼、能致人言之豪右"的利益。

苏辙的话说得比较简洁明了，没有加以掩饰；和苏辙不同，司马光的话则对于自己的观点立场颇有一些掩盖。例如，他一方面说免役法使上等户年年出钱，无有休息，因而它对于上等户是有害而无益的；同时又说免役法也令下等人户出钱，增加了下等户的困苦，因而它对于下等户也是有害无益的。前一句话，所表达的是司马光的真实观点立场，而后一句话，则是用来掩盖他的真实观点和立场的。因为，在元祐元年（1086 年）司马光做了宰相，"罢免役、行差役"时，知枢密院的章惇在驳斥他的意见时曾描述了这样一件事，说：

"司马光《乞罢免役行差役札子》称：'如果衙前乡户力难从事，即令官户、僧寺、道观、单丁、女户等有屋宅者每月交纳助役钱十五贯，乡村大户每年收成在百石以上者，令其依财产多少和户等高低出助役钱。达不到以上标准者不纳，其他产业皆以以上标准为准。'我曾仔细研究：……命令乡村大户每年收成在百石以上者，令其出助役钱，实在是刻薄。凡是内地收成相当之年收成达到百石粮食，粗细粮统算起来，其价值不过二十千钱；如果是水路不通的州郡，不过值十四五千钱而已；即使是河北边境，才不过值三十来千；陕西、河东界边各州郡值四五十千钱；免役法中皆是达不到出助役钱的人。类似此等的官户、寺观交纳助役钱本来就不合时宜，况那些单丁、女户甚是孤弱，如果令他们交纳，岂不是危害更大吗？这样的助役法万万不能实行。"

从章惇的这段话中可以看出这样两个问题：首先，依据免役法的规定，农户当中的平常年份岁收粗粮细粮在百石以下的，全不交纳免役钱或助役钱，这和曾布驳斥杨绘、刘挚的奏章中所说"下等人户尽除前日冗役而专充壮丁，且不输一钱，故其费十减八九"的情况是完全一致的。如果是这样，司马光所讲免役法令下等人户出钱，增重下等户的困苦，结论是如何得出的呢？其次，司马光既然宣称废除免役法是为了减除下等民户的痛苦，为什么偏偏要向以前"在免役法中皆是不出役钱"的单丁、女户等在内的那些下等民户征收助役钱呢？所以，最终说来，司马光等守旧派人物反对免役法，只是为要维护官绅豪强兼并人家的免役特权而已。于此，也可以知道，司马光在嘉祐七年（1062 年）之所以提出"凡农户租税之外当一无所预，衙前当募人为之"的主张，必是他当时只是想从政府的财政税收当中拨出一部分作为雇募役人的经费，那样就丝毫不会触动官绅豪强、兼并人家免税免役等特权；而变法派所创立的免役法，与他所设想的却大相径庭，在相当程度上触犯了官绅豪强兼并阶层所享有的特权。因此，他就不顾及自己的前后自相矛盾，迫不及待地拼命主张衙前非用乡户和农民不可了。

守旧派人物反对免役法的另一理由，是北宋的赋税本来就很重，现在，在两税和另外的一些税敛名目之外，又要征收免役钱、助役钱和免役宽剩钱，这就使得百姓负担成倍增加。甚至神宗皇帝也觉得"民供税敛已重"，因而向王安石建议，不要把原在下等的纳税户"升等"使其交纳役钱。

王安石在答复神宗皇帝的提议时说：

> 陛下以为税敛甚重，以臣所见，今税敛不为重，但兼并侵牟尔。此荀悦所谓"官家之惠优于三代，豪强之暴酷于亡秦。

北宋政府要百姓所纳赋税，除两税之外，还有丁口之赋和杂变之赋，此外还有名为"和籴粮米"和"和买绢帛"等的税赋，而这许多名目繁多的赋税则近似无偿交纳。这对于当时的普通百姓来说，确实是很重的负担。就连神宗皇帝，有一次也说道："天下之民，所纳二税，至有十七八种者，使吾民安得泰然也！"神宗皇帝不加分析地认为所有的纳税户都因为交纳繁重的赋税而不得"泰然"，这当然是不正确的；地主阶级，把从百姓身上剥削来的财富中抽取若干分之一，作为课税交纳给政府，这有什么"不得泰然"的呢？对于这些，皇帝或许不知，或许是装着不知。但如果把神宗皇帝的这几句话只用在仅仅拥有小片土地的广大百姓身上，可以说是与实际情况完全符合的。另一方面，王安石不考虑纳税户当中包括有各种不同经济状况和生活状况的人，不考虑其中的最大多数是生活在最低层的自耕或半自耕农民，却含糊其词地说"今税敛不为重"，这也是十分片面的。根据这种错误观点而制定的新法，对于普通百姓来说，又怎么能真正"去其疾苦"呢？但如果专对依靠剥削农民的剩余劳动为生的地主阶级的各个阶层来说，则说"今税敛不为重"则是完全符合实际的，也是没有什么不可以的。王安石曾引用了荀悦《前汉纪》中的话作为自己的"今税敛不为重，但豪强侵牟尔"的理论根据，可惜他只是断章取义，没能从全文意义来理解，只引用了其中的两句话，就断然下结论。荀悦是如此说的：

"古者什一而税，以为天下之中正也。今汉氏或百一而税，可谓鲜矣；然豪强富人，占田逾侈，输其赋太半。官收百一之税，民输太半之赋。官家之惠优于三代，豪强之暴酷于亡秦，是上惠不通，威福分于豪强也。今不正其本，而务除租税，适足以资豪强耳。"

荀悦所说的薄税敛和除租税适足以资豪强的道理，不只适用于汉代，在整个中国封建社会历史时期之内都是适用的。王安石正是根据这一道理而制定免役法的，在免役法中规定，凡属农村的上三等户和城市中的上五等户，即当时被公认为兼并之家的，都要在以前名目繁多的各种课税之外，再交纳一份免役钱或助役钱。王安石以此作为制裁兼并之家的最重要手段之一，对于制裁兼并而言，其作用是微乎甚微的。尽管如此，他毕竟还是在新法制定之时寓有制裁兼并的用意，这在当时封建统治阶级的上层人物当中，已经是很难能可贵了。而对于守旧派所提出的免役法"又使横出数倍之税"的攻击，王安石斥之为"浅近人之议论"，认为"不足恤"。于此也更证明，王安石与守旧派人物相较，其见解确实是略高一筹的。

四、颁行"市易法"

王安石和变法派所制定推行的市易法，大致上是以西汉中叶桑弘羊所推行的平准法为蓝本加以完善而建立的。其目的，是要把都城开封和其他几个相对较大的商业城市中市场物资的"开阖敛散之权"，主要是对物价起落的操纵之权，从豪商富贾的手中转移到政府手中，由政府直接控制市场。一则可使物价基本稳定，二则可使一般小商贩得免于豪商富贾的欺凌压榨，三则北宋政府可以从中获得部分利权。所以王安石在一次与神宗皇帝对话时说："直以细民久困官中需索，又为兼并所苦，故为立法耳。"不久又在《上五事札子》中向神宗皇帝说道："市易之法成，则货贿通流而国用饶矣。"

市易法是在熙宁五年（1072 年）三月公布和实施的。但是，早在熙宁三年，秦凤经略司主管机宜文字的王韶，曾对北宋政府建议说：散居在北宋西北边境外的那几个少数民族部落，每年到秦凤路来与汉族百姓进行贸易往来，每年贸易额"不知几百千万"，"而商旅之利尽归民间。欲于本路置市易司，借官钱为本，稍笼商贾之利。即一岁之入，亦不下一二十万贯"。北宋政府采纳了王韶的建议，就在作为"蕃、汉交通要道"的陇西古渭寨设置了一所市易所，把这地区的蕃汉贸易之权完全掌握在北宋政府手中。

大约是在熙宁五年的年初，有一个自称草泽的魏继宗上书给北宋政府说：

"京师百货聚集，市场上没有固定的价格，忽高忽低，有的价格相差数倍。巨商豪右趁势从中捞取大量不义之财。当商旅长途贩运到达京师后，由于不应时，他们就极力地压低商旅们的价格，然后自己再大批收购。当商贩们不能及时到达京师之时，京师财物极缺，百姓又有些必需品要购买，豪右则往往藏匿起来不卖，等到价格上涨之后再出售，往往获利百倍。外地的商旅由于没有利润可图，而不愿意从事长途运输，而京师百姓却由于购买困难，而生活日益穷困，不得安生。财物都被巨商豪右所聚敛，等到国家应用之时亦感到窘迫。古人有言说：'富裕的能够夺取，贫困者能够共处，这样，才可以打天下。'在这个时候，难道就没有均平的办法了吗？

"况且现在的榷货务自近年以来，钱币和货物积贮了不少，而有司还是拘泥常制，而不能开通行事。应该凭借榷货务的钱币，另外设置常平市易司，选择精通贸易的人担任首领，选派一些优良的商人来辅佐他。让他们分析市场行情，价格低时就稍微抬高一些物价，收购商人手中滞销的货物，这样防止了商人的破产；价格上涨时，则把先前购得的货物以稍低的价格出售，以防止物价上涨扰民。买进卖出不失公平，而获得的利润上交政府。这样市场上的物价不至于涨得厉害，而巨商豪右们也不能垄断物价，而伤害百姓。这样，商旅就会畅通无阻，黎民百姓可以安稳生活，国家费用也可以满足。"

1. 建立"市易务"

既已有王韶在秦凤路设置市易务的实际经验，又得到魏继宗的这个新建议，王安石和变法派便决定在首都开封设置一个市易务。他们以中书省的名义向神宗皇帝奏请说：

"古代互通有无，权衡贵贱以平均物价，所以能抑制兼并。

"如今远离古代，皇上没有制定相应的法律，因此巨商豪绅可以乘机获取暴利。出纳敛散之权一切都由他们掌握，如今如果不加以改变，其弊端将会越来越深。

"想于京师置市易务，设监官二员，提举官一员，勾当公事官一员。用田地作抵押，官府贷给一定数量的钱币。滞销的货物官府以平价收购。一年出息二分，皆自愿不强迫。

"其他诸司科配，州县不论公私烦扰百姓，而百姓深受其害者，全部罢免。"

到熙宁五年的三月二十六日，北宋政府就下了一道诏令说：

"天下商旅货物到京，多被兼并之家所困扰，往往不得不赔本销售而失业。至于其他的行铺稗贩，也因此而穷困窘迫。应当运用内藏钱帛，选择官吏于京师置市易务。商旅物资滞销者，官府收买，以抵物资多少，均分赊请，立定限令纳钱出息。这一条例，委派三司本司官详定上报。"

不久，即由三司拟定了在开封设置市易务的具体条例，其中的主要规定如下：

一、市易务设置监官二人，提举官一人。

二、召募在京诸行铺户的牙人充当市易务的牙人，遇有商旅到市易务投卖货物，即由这些牙人与商旅共同议定其价格，由市易务用钱收买，或用务中已经购得的货物交换。

三、在京各行商贩，可以把自己所有的、或向别人借得的产业金银作抵押，并由五人以上结为一保，向市易务去赊购货物，酌加一定利润，拿到市场去出卖。半年或一年之后，按原定价格加纳利息一分或二分，把贷款交还市易务。

四、若非在京各行商贩所要购销，而实际上又是"可以收蓄转卖"的，也可由市易务作价收买，到市场需要时"随时价出卖，不得过取利息"。

五、其三司诸司库务年计物，若比在外科买省官私烦费者，即亦一就收买。

在市易务宣告成立之后，即由神宗皇帝下诏委派吕嘉问为提举，并从内藏库调拨了一百万贯现钱作为市易务的本钱。

开封市易务所经营的财货的范围，事实上并没有以条例中的规定为限，而是逐渐扩展，范围不断扩大，连水果、芝麻、梳朴等也都成了它所经营的范围，以至开封城内人言鼎沸，说市易务要逐渐地"尽收天下之货，自作经营"了。事实上，市易务在购销货物之外，还用各种名目出放利息钱，如所谓"缓急"、"丧葬"等，另外还有"抵当银绢、米麦"等名目，真可谓名目繁多。如《长编》于熙宁七年（1074年）四月乙亥载：

"又下诏三司：'上等粳米，每石为钱一千，在乾明寺米场听任百姓赊请；中等粳米每斗为钱八十五文，零卖给百姓，而不卖给商贩之家。制定《许人告捕法》。'"

郑侠《西塘集》的《开仓粜米》一文中也说市易允许百姓以田宅、邸店、什物抵当官米出粜。

设置市易法的主要目的之一，就是要限制和抑制城市的豪商富贾兼并之家，杜绝他们利用不法手段向百姓牟取暴利。在开封设置市易务不到半年，就已收到了一些效果。《长编》于熙宁五年闰七月丙辰载有王安石和神宗皇帝的一段谈话说：

"如今制定市易法，使兼并之家以及一些开店铺之人和牙人，又都失去职业。兼并之家，如茶行，以前有十余家，如果商人运茶到京师，必须马上先送礼，恳求他们定出价格。这样，他们就要出高价，向一般的买茶客人取高价以偿还其费用。如今设立市易法，茶行的这十余户人同下户百姓买卖定仓相同。因此，这十余户不适宜新法，所以制造谣言，诽谤新法。

臣下昨天只见到茶行的人如此，其他各行也大抵如此。然我听说茶税近两个月来倍增，那么商旅获利多少尽可知晓。

不知道为天下百姓立法，是要均平天下之利，立朝廷政事？还是要使那些兼并大户游手好闲的奸猾之人侵夺百姓，以牟取私利如故？若均平天下之利，立朝廷政事，即凡因为新法而失职的人，皆不可怜。"

由此可以清楚地知道，开封设立市易务实施市易法之后，不但使得一般小商贩和市民阶层得免于豪商富贾的欺凌压榨，使得开封的市场得以繁荣昌盛，而且还使得北宋政府除了通过市易务的赊销活动而获得大量利润，同时所得商税也成倍增长。这样，王安石和变法派筹设市易务的目的可以说在一定程度上达到了。

2. 文彦博的诋毁

但是，在市易务刚刚成立之初，枢密使文彦博就对市易法接连不断地痛加诋毁和攻击。他说：

"臣下近日到相国寺进香，看到市易务在御街东廊置叉子数十间，前后堆积满果实，每天派人就此监卖，分取牙利。且不说瓜果之利甚微，所得无几，有损我国家大体，受到百姓的埋怨，何况在人口密集的都市，外蕃使者居住此处，难道就没有人发现吗？这样将被夷人所轻视。"

又说：

"况且京师重地，四方百姓效法，皇帝脚下，只显现天子的气象。今设官于商贸区，公开收取牙利，古代所谓的理财正辞者难道如此吗？《周官》泉府'敛市之不售，货之滞于民用，以待不时而买者'，各从其旧价，也不是如此获利。

"凡是仕宦之家网利于市，缙绅清议众所不容；哪有堂堂大国，求利而不顾及一切？这种垄断之事，孟轲以此为耻，我也以此为耻。不忍聚敛小臣，胡作非为，侵渔百姓，玷污朝廷，臣不胜愤闷！"

神宗皇帝看了文彦博的奏章之后，认为文彦博所讲极是，而深为感动，他就向王安石道："市易务卖果实，审有之，即太繁细，令罢之如何？"

王安石回答说：

"市易务只是以小民为官司科买所困，下被兼并之家取息所苦，自愿投书乞请借官钱付息……这只是此等贫民无法偿还抵当，故本务才差人前去收取官钱，当初没有让官吏专卖果实。

"陛下说太繁琐细致，有伤国体，我不这样认为，今设官监酒，一升也卖；设官监商税，一钱也收税，难道不是琐碎？人们不以为然，司空见惯之故……《周官》本来就向商人征税，只是没有讲明收多少，多少钱以上才征。泉府之法，'物之不售，货之滞于民用者，以其价买之，以待买者'，也不曾讲几钱以上才买。又讲，'珍异有滞者，敛而入于膳府'，膳府供给王膳，乃取市场上滞销的物品，周公制法如此，不以烦碎为耻，这才是政体。只是尊者任其大，卑者务其细，这是先王之法，乃天地自然之常理。如同一个人的身体，视、听、食、息皆在头脑，至于搔痒则须用指甲，体有大小，所任各不相同，但每项不可或缺……今为政但当论所立法有害于人、物与否，不当以其细而废也。

"市易务勾当官乃取贾人为之，固为其所事烦细故也。岂可责市易务勾当官不为大人之事？

"臣以谓不当任烦细者，乃大人之事。如陛下朝夕检察市易务事，乃似烦细，非帝王大体，此乃《书》所谓'元首丛脞'也。"

虽然不断地经受着诸如此类的一些言论的攻击，市易法的推行不但没有因此而停罢，还陆续在全国许多的较大城市如杭州、成都、永兴军、越州、大名府、定州、真定府、郓州、密州、板桥镇、广州、扬州等地，都陆续设置了市易务，并于熙宁六年（1073 年）的初冬，把开封的市易务改名为都提举市易司，其他各大城市的市易务全都隶属于它。

市易务在各大城市的大量设置，使得这些大城市当中豪商富贾们在商业方面的垄断居奇的活动受到很大的限制。《长编》于熙宁八年（1075 年）四月甲申载：

"王安石说：'近京师大姓多止开质库，市易摧兼并之效似可见。方当更修法制，驱之使就平理。'

"皇上说：'均无贫固善，但此事难尔。'"

这段对话说明了，城市中的一些大姓人家，在商业上受到了极大限制，就只好去开设质库，在出放高利贷方面寻找出路了。但王安石把这一现象错误地认为是市易法已经收到了摧制兼并的效果，这是不对的。设置市易务虽然限制了他们垄断居奇的活动，可以说在这一方面已收到了效果，但富商大贾又多去开设质库，这只是他们转变了剥削方式，而没有从根本上杜绝他们牟取暴利的门路。因为，京师大姓既然"多"去开设质库，这就说明高利贷资本在城市当中还是大有出路的，叫出放高利贷也是兼并之家"侵牟细民"的最恶毒的手段之一种，他们只不过把运用其资财的方向稍有转移而已，怎么能说他们已受到"摧制"了呢？

尽管如此，作为封建统治阶级的上层人物的王安石，他制定市易法的目的可以列举好几条，而最终目的却只有一个，就是要加强专制主义中央集权的统治，加强北宋王朝在商业方面的统治权力，要把以前被豪商富贾所垄断的利权收归政府，使"货贿通流而国用饶"。在市易法实施之后，从熙宁五年（1072 年）到熙宁九年（1076 年）夏间，仅开封的都市易司就收得息钱和市例钱共为一百三十三万二千余贯，而在熙宁十年的一年之内，则又收得息钱一百四十三万三百五十余贯，市例钱九万八千贯弱。如果将全国各大城市中市易务的收入累加，其数字必将若干倍于这个数字。熙宁十年全国各州县夏秋两税的收入，除粮米、绢帛、丝绵等实物外，夏税共收得现钱三百八十五万二千八百余贯，秋税共收得现钱一百七十三万三千余贯。则开封都市易司一岁所得息钱及市例钱已相当于两税所得现钱的十分之三，全国市易务一岁所得息钱及市例钱的总数，一定不会少于夏秋税所得现钱总数。因此，从王安石的理财观点看来，市易法实施的结果，不能不说是卓有成效的。

五、推行"方田均税法"

我们已经知道，北宋政权的一贯政策是纵容豪强兼并之家的兼并，放纵他们肆意兼并土地，而又享受着免税免役等各种特权。而处于中下层的地主阶级和一些较富裕的自耕农民，为了逃避繁重的税敛和差役，便宁愿去托庇于官绅户和豪强之家，伪造契券，假称把土地卖与这种人家，自己则假充他们的佃户，仍在自己的土地上从事耕作，每年把收获物的一部分交与富户作租课。这一情况后来愈演愈烈，以致北宋政府不得不自食其恶果。首先是国家赋税收入，有时竟至大幅度地下降。马端临在《文献通考》的《田赋考》中曾对此现象作了一番说明：

"自祖宗承五代之乱，王师所至，首务去民疾苦，无名苛细之敛铲革几尽，尺缣斗粟无所增益……而又田制不立，田亩转易、丁口隐漏、兼并伪冒者未尝考按，故赋入之利视古为薄。丁谓尝曰：'二十而税一者有之，三十而税二者有之。'盖谓此也。"

《宋史·食货志》中也照抄了这一段。这段话的前半部分只是对封建政府的谀颂之词，后半段中的"田制不立"至"未尝考按"这些话，却一语道破了北宋政府经济政策的症结之所在。但是，自进入 11 世纪以来，北宋政府的雇佣兵数额及其官员数额之庞大，却是史无前例的，豢养这些军队和官员的费用当然也是数额巨大的，也突破了历史上的任何时期。因此，北宋的最高统治集团当中，就有人以为，不能坐视这种"赋入之利视古为薄"的现象长此以往下去，他们就尽量在田赋方面打主意想办法。《宋史·食货志》载其事云：

"庆历年间……又下诏说：'税籍不真实，如有编造假籍逃到外地的；有的因为推割，用幸走移的，还有请占公田因而不纳税的。诸如此类，县令能够查究其弊端而使赋税增多的，根据数量而定赏赐。'

"谏官王素说：'天下的赋税，轻重不一，请均定。'而欧阳修也说：'秘书丞孙琳往洺州肥乡县，与大理寺丞郭谘，以千步方田法括定民田。愿陛下下诏二人任之。'三司也认为是这样，并且请求在亳、寿、蔡、汝四州，选择不平均的给以平均。

"于是派遣郭谘到蔡州。郭谘开始检括一县，得田地二万六千九百三十余顷，平均百姓的赋税。既而郭谘说：'州县有很多的逃田，不可能全部检括。'朝廷也以为繁重劳人，即停止……

"自郭谘均税法停止，议论者说朝廷只是怜恤一时的劳苦，而失去长久的考虑。

"至皇祐年间，天下垦田比景德年间增加四十一万七千余顷，而每年国家收入的九谷乃减少七十一万余千余石。盖由于田赋不均，其弊如此。

"后田京知沧州，平均无棣田地；蔡挺知博州，平均聊城、高唐田地。岁增赋谷帛之类：无棣总一千一百五十二；聊城、高唐总万四千八百四十七。而沧州之民不以为便，诏输如旧。

"嘉祐五年（1060 年）又下诏均定，派遣官吏分行诸路，而秘书丞高本也在派遣之中，他以为田地不可均平，才均数郡田而止。"

所谓"朝廷重劳人"，意思是说北宋政府不愿触犯豪强之家的既得利益。所谓"不以为便"的"沧州之民"，也只是地主阶级中的上等户或形势户，而不是指一般民户。他们都是"仕宦并兼能致人言之豪右"，所以郭谘和高本就代表他们的利益而为他们说话，认为无税之田既"未可尽括"，而轻重不均的赋税负担也"不可均定"。这种情况在苏轼的《较赋税》一文中也有所体现：

"现在的税法本来不及十分之一，然而天下到处都嚷嚷说赋敛太重，难道是岁久而奸猾生，轻重而不平均，以至于造成这种局面。如今想重新丈量土地，辨别肥瘠，也将其他一切出其意之喜怒，而其中祸患更深，因此，许多的士大夫畏惧而不敢议论。"

当然，王安石虽并不是"畏之"，而是"敢议"其事，然而，在他变法改制的进程中，却也并不把检括地亩和调整赋税的事认作头等大事，而是直到免役法向全国公布实施已近一年之时，才又于熙宁五年（1072 年）的八月颁布了《方田均税条约》：

"方田之法：

"以东西南北各一千步，当四十一顷六十六亩一百六十步，划为一方。

"当年九月，各县发令，判分土地计算丈量：根据土地所处的位置而区分土地，根据土质辨别成色。

"丈量完毕，依据土地和成色的不同而考定肥瘠，划分五等，以确定税则。

"至第二年三月完毕，张贴告示许民议论，一季没有上讼者，就书写户帖，连用庄帐一块制定，以作为地符。

"均税之法：

"各县以其最初的定额税数为限。以前曾经采取偏小零头的做法，如米不及十合而收一升，绢不满十分而收一寸之类，如今不得用其数目均摊增加扩展，致溢旧额，凡是超越之数悉皆禁止。

"如贫瘠盐卤不毛之地，以及众人所仰食利者，如山林、陂塘、路沟、坟墓，皆不立税。

"凡是方田的四角，增加土方筑为水土堆，种植上适宜的树木，以表示界边。

"共总设立有方帐、庄帐、甲帖、户帖等，其中如有另立户头，典卖割移的，官府给立契书，县里立有土地帐簿，全部以现在所丈量田地为准。"

　　这项法令制定公布之后，首先在京东路实施，随后又依次向河北、开封府界、陕西、河东等路推行。在上述诸路内，不是在一路所属的州县当中同时都推行，而是具体规定，凡所管辖不满五县的州，每年内只择取其中税赋最不平均的一县加以清查和均定；五县以上的州，每年只能在两个县境内加以清查和均定。某路某州某县如果遭受到三分以上的灾伤，即不再实施方田均税办法。假如把土地丈量均定之后，又发生了大量诉讼，论诉丈量不实不均等情况，那就需要重新丈量均定。

　　在如是种种的限制和牵制之下，方田均税法的实施进程，一直是断断续续的，也一直是缓慢的。其实施的最大范围，也始终没有超出京东、河北、河东、陕西诸路。到元丰八年（1085 年）下诏停止实施方田均税法之日止，"天下之田已方而见于籍者，至是二百四十八万四千三百四十有九顷云"。但在实行方田均税法的十三年时间内，在几乎包括了整个黄河流域的地区之内，究竟检查出多少隐漏税赋的土地，究竟减除了多少没有土地的税赋，却全然没有作出交代。

　　《文献通考》的《田赋考》中所记载的元丰年间北宋国家的全部垦田之数如下：

　　"天下总四京一十八路，田四百六十一万六千五百五十六顷，内民田四百五十五万三千一百六十三顷六十一亩，官田六万三千三百九十三顷。"

　　在这个数字后面，马端临附有按语说："此元丰间天下垦田之数，比治平时所增者二十余万顷。"既然没有说明这所增之数就是因为实行"方田均税法"而清查出来的，知其与"方田"必无关系。但是，在推行方田均税法长达十三年的过程当中，所清查过的土田数字，约占当进全国所有纳税土地总面积的百分之五十四左右。已经清查过的土地，其土地的土质的肥瘠、产权的归属，既都已验明和确定，"诡名挟佃"、"隐产漏税"和"产去税存"等弊病也必然部分地得到了清除或纠正，北宋政府在赋税的征收方面也可得到较多的保证。这样，正符合了王安石和变法派推行此法的用意。

　　"方田均税法"的颁布，各路府州县忙着丈量土地、分等级、归并户籍，朝廷上下都行动起来了。寺观、公田、兼并土地都没有办法藏匿隐瞒，也不能不缴两税。而两税征额也比原先征额降低，但据户部的统计，两税总税收没有减少反而增加了。因为那些原本逃避赋税的富豪、官吏现在大多都得征税了。

　　如今农民只担负什一赋税，减轻得虽然不算多，尽管如此，赋税担负公平，等于替那些佃户、小农们出了一口恶气。但在执行过程中不可避免地还是发生了许多差错，以多报少，以大报小，贪渎的事例，各州各县都曾发生过。尤其是开封府十六县的舞弊案，就层出不穷，积案如山。

第九章　加强武备

一、制定"保甲法"

作为北宋王朝股肱重臣之一，王安石的忧患意识是很重的。他在执政以后，急切地希望通过一些新法的制定和实施，把封建社会的秩序加以整顿。当时在京城开封及其周边地区，尽管驻扎了大量的军队，劫盗事件却屡屡发生，更不用说驻兵较少的外地州郡了。怎样才能改变这种情况呢？王安石的对策是：

> 民所以多僻，以散故也。故曰："上失其道，民散久矣"。保甲立，则亦所以使民不散；不散，则奸宄固宜少。

在熙宁三年（　　　）的冬季，管开封府界常平广惠仓兼农田水利差役事的赵子几恰好上书论列了这件事，并且提出了具体的建议：

"昨任开封府曹官日，因公事往来于畿内各县乡村，曾经访察百姓疾苦，皆说近来寇盗充斥乡里，杀人截货。这中间虽有地方耆、壮，邻里众人，都因势力太弱，对此也无可奈何。即使捕捉到之后交与官府，同伙便会对百姓实行报复，手段极其残忍，不可胜言。大家都说：'从来乡村百姓，各以远近，互为保甲，当时有专门的人负责指挥，专管乡里民间寇盗奸伪，因而，乡村里十分稳定，从没有出现过盗贼。岁月已久，保甲之法废弛，无人管理。所在县道，事务姑且从简，另外没有经久长远之计，因此，亡命之徒藏命于乡间，聚众结党，乘间伺隙，成为百姓一大祸患。由此，乡间没有一日宁息过。'

"如今，想乞请恢复以前的保甲法，除了病患、老幼、单丁、女户别为附保系籍保管外，将其他主户、客户两丁以上，自近及远，结为大小诸保，各自立有首领，使相部勒管辖。如果是这样，富户就会逸居而不忧虑强盗劫掠，依仗贫户的相保以为生存。而贫户土著之人有所周给，凭借富户相保以为生，使贫者富者交相亲以乐业，所以说不如让他们联合起来，实行相保之法。

"所有置保及捕贼者赏格，在保内进行巡逻，相互约束，次第条例，愿陛下敕免臣下的狂妄愚蠢，凭借拷询盗贼之权，走遍畿内各县，得奏差勾当能胜任的人选一两名，以及簿、尉等，与当职官员参校核对旧籍，设置保甲法。编户之民，不能够单独居住生产，桴鼓不惊；如果能够实行，坚持推行一年，而不被人之常情和狃于习俗所废弃，继续推及天下，将成为万世长安之术。”

赵子几是变法派中的一员，他在这道奏疏中的建议如此具体详细，说明了变法派对于创立保甲制度的事已经在酝酿、准备。因此，在这年的十二月上旬，司农寺就制定并由北宋政府公布了《畿县保甲条制》：

“凡十家作为一保，选取主户中有才干有心力的一人为保长；

“五十家作为一大保，选取主户中最有心计和物力最高的一人为大保长；

“十大保为一都保，仍然是选取主户当中最有威信和物力最高的二人为都保正和都副保正；

“应从主户客户两丁以上，选取一人为保丁；

“单丁、老幼、病患、女户等，不论多少，令其就近附保；

“两丁以上，或者有更多余的人，身体少壮有力量的人，也令其附保。其中勇气为众乡里所敬佩，以及物力最高的人，充当逐保保丁。

“除了国家禁止的兵器不得置办外，其他兵器如弓箭等允许随便置办，乡间闲人可以学习武艺。

“每一大保，逐夜轮差，一次五个人，在本保辖区内往来巡逻。一旦遇有盗贼，击鼓鸣锣，报告大保长以下。同保的民户应立即前去救应追捕。如果盗贼进入别保，即递相击鼓，接应追逐。

“每次捕捉到盗贼，除编敕已有的赏格之外，如报告捉到窃贼，刑徒以上，每名支赏钱三千；杖刑以上的，支一千；以犯事人家财产充当。如确定贫困无财产，不再追理，即取保怜悯释放。

“同保之内如果犯强窃盗、杀人、谋杀、放火、强奸、略人，传习妖教，造畜蛊毒，知而不告，一并依照保伍法科罪。其余事件与己无关的，除了依据律令允许诸色人等上告外，皆不得论告。知情与不知情，并不科罪。

“其编敕内邻保合坐罪的人，并依旧条例。以及居停强盗三人以上，经过三日，同保内邻人虽不知情，也科不觉察之罪。

“保内如果有人户逃跑徙移或者死绝，要申报到县。如果同保户还达不到五户，听从安排并入其他保内。如果有外来人户入保居住，亦要申请到县，由县收入保甲。本保内户数足额，可以附保收系，等到足够十户，即别为一保。若本保内有外来行止不明的人，一定要觉察，收捕送官府。

“本保各置办牌号，拘管人户及保丁姓名。如有申报本县文字，要令保长轮差保丁亲自送到县。”

《条例》公布之后，最先在开封和祥符两县施行。“候成次序，以次差官诣逐县，依此施行"。等到开封府界各县编排保甲全都完成之后，再向京东、京西、河北、陕西、河东诸路逐渐推行，最后于全国推行实施。

据《宋史·兵志·保甲篇》所载，在熙宁四年（1071年）的一道诏令当中，还补充了关于"捕盗"、"弭盗"的内容：

"都副保正，武艺虽不及等，而能整齐保户无扰，劝诱丁壮习艺及等，捕盗比他保最多，弭盗比他保最少，所隶官以闻，其恩视第一等焉。"

无论从最先倡议实行保甲制度的赵子几，还是从北宋政府正式公布的《保甲条制》，抑或从熙宁四年（1071年）的补充条款，都可以很明显地看出，建立保甲法的目的，是要在各州县地方建立起严密的治安网络，加强封建地主阶级镇压的力量，重整封建社会的统治秩序。王安石的封建地主阶级政治家的立场在这方面表露得最为清楚。比如对于保长、大保长和都副保正选任必须选用物力高强的人，王安石对此曾作出这样的解释：

"义勇保甲为保长、甲正，必须选用物力高强的人，平素为乡里所佩服，有威信，又不肯乞取，不侵牟人户，如果是贫困户，就会乞取侵牟，或同富户有旧仇，就会倚法凌暴，仗势欺人，以报复自己的宿怨。"

是地主豪强兼并之家乞取、侵牟、倚法凌暴贫弱下户呢？还是贫弱下户乞取、侵牟、倚法凌暴富室大姓和豪强兼并之家呢？在这里王安石的言论和主张似乎是坚持后一种观点的，可在以前相当多的场合里，他却完全坚持前一种观点。这看来自相矛盾，实际上却并非如此。为什么呢？因为，王安石变法的最终目的是要巩固和加强北宋封建王朝的统治，是要维护整个地主阶级的全局利益和长远利益，这是他在任何场合、任何言论举措当中始终都没有放弃或改变过的一个原则。他之所以经常提及抑制豪强兼并，只是着眼于占地主阶级绝大多数的中下层，深恐他们因豪强人家的兼并、蚕食而导致破产失业，使整个地主阶级和封建经济出现不稳定的形势之故；至于那些佃农、雇农等所谓客户，即自己没有田产而须耕种地主的土地、忍受地主的残酷剥削压榨的劳苦大众，却从来不包括在王安石所说的遭受兼并、蚕食之祸的范围之内。建立保甲法的目的即是为稳定封建社会统治秩序和确保地主阶级的人身和财产不受侵害，即赵子几所说的，要使"富者逸居而不虞寇劫"。因此，在实施保甲法之初，对于保丁的成分十分重视，对于不属于地主阶级统治阶层的广大劳动群众，深恐其乘机对地主阶级"报其宿怨"而存有一定的戒心，这对王安石来说，是与他的抑制豪强的主张相辅相成而并不互相矛盾。同时也说明，每当豪强地主与农民阶级的利益发生尖锐冲突时，王安石是必然站在前者的立场而替他们说话。可见王安石的变法，是站在整个地主阶级的立场上，是为了维护包括大地主阶层在内的统治阶级的全局利益和长远利益着想的。而且，从这里也可以进一步看清保甲法的另一个方面，那就是，虽然按照《保甲条制》所规定，客户壮丁可以与主户壮丁同样被编制在保甲之内，但两者的性质却是截然不同的。对于客户壮丁，只不过借此把他们的手脚束缚得更紧更牢一些罢了。而此后过了没几年，在许多地区，便不再让客户壮丁充当保丁了。

赵子几在开封府界推行保甲法是十分顺利的。到熙宁四年（1071年）春天，开封、祥符两县编制保甲的事情全部完成，并已开始着手向陈留、襄邑等县推广了。其推行的结果，又正是在清除地方上的"劫盗"事件上进行的，赵子几多次受到王安石的赞赏。《长编》于熙宁四年（1071年）三月戊子载有王安石对神宗皇帝的一段谈话：

"陈留县，因赵子几往彼修保甲，检举出强劫不申官者十二次。以数十里之地，而强劫不申官者如此之多，则人之被骚扰可知矣。条陈保甲乃所以除此等事，而议论者乃更以为扰，臣所未喻也。

"然更张之事实在是不得已。但更张改革能除去祸害则为之；更张改革后反而更祸害人，则不可做。"

《长编》于熙宁五年（1072年）闰七月丙辰又载有王安石对神宗皇帝的一段谈话说：

"又比如保甲法，实在是足以除去盗贼，方便良民。前日曾进呈，襄邑一县，没建立保甲以前，八月之间，强窃盗各二三十伙。强人窃盗之侵害惊恐良民，可谓甚矣。假令保甲未能无扰，当未如频遇盗窃之苦。"

五天之后，即闰七月辛酉，《长编》又载有神宗皇帝与王安石的一段谈话：

皇上说："闻开封近勘到，府界百姓但有作袄，已典买弓箭，因致怨黩。虑亦有不易者。"

王安石说："……府界多盗，攻劫杀掠，一岁之间达到二百伙。逐伙皆出赏钱，出赏之人即今保丁也。方其出赏之时，岂无卖易作袄以纳官赏者？……夫出赏钱之多，不足以止盗；而保甲之能止盗，其效已见于今日，则虽令民出少钱以置器械，没有什么损害。"

赵子几的这些经验，为新法的推行提供了宝贵依据，王安石更迫不急待地要把保甲法向京东、京西等路推行。他在《上五事札子》当中向神宗皇帝提出保证说："保甲之法成，则寇乱息而威势强矣。"

推行保甲制度的目的，除了要加强对内的镇压，并且还要使保甲制度成为从雇佣兵制向征兵制过渡的一个桥梁。

在王安石执政以前，北宋政府所募养的军队人数已达一百四十万。每年用于军队的费用则成为北宋政府的沉重负担，而部队军人的素质却很低。在对辽和西夏的战争中，北宋军队的软弱无能都暴露无遗。从十一世纪四十年代以来，就有很多人向北宋政府建议，要裁减军队和官兵的数量，提高军人的素质和作战能力。直到王安石当政之日，部队的这种状况还没有得到任何改变。

王安石认为，施行募兵制度雇佣来的兵丁，"大抵皆偷惰顽猾不能自振之人"，因而他对募兵制度基本上持不赞成的态度。在《熙宁奏对日录》当中，记有他于熙宁二年（1069年）闰十一月与神宗皇帝的一次对话说：

皇上说："侯叔献有言义勇上番文字，必是见制置司商量来。"

王安石说："此事似可为，恐须待年岁间议之。"

王安石对皇上说："募兵之害，终不可经久……今养兵虽多，及用则患少，以民与兵为两故也。又五代祸乱之虞终未能去，以此等皆本无赖奸猾之人故也……但义勇不须刺手背，刺手背何补于制御之实？今既以良民为之，当以礼义奖养，刺手背但使其不乐，而实无补也……"

通过以上王安石的这段话，可以看出他对军事改革也有较长远的设想：第一，募兵制度必须改变，要恢复古代曾实行过的兵民不分离的征兵制度。第二，是从募兵制向征兵制过渡，可用受过训练的民兵逐渐代替雇佣兵执行戍防或出征作战。第三，不论民兵还是今后应征入伍的士兵，都不要在脸上或手背上刺字，而只应以"礼义奖养"，使得士兵学会自重自尊，以此改掉长期以来雇佣兵"无赖奸猾"的坏习惯，改善和提高军队的整体素质。《长编》于熙宁五年（1072年）九月己酉也载有王安石关于兵制的一段议论：

秦虽决裂阡陌，然什伍之法尚如古，此所以兵众而强也。近代惟府兵为近之。唐亦以府兵兼制夷狄，安强中国。"监于先王成宪，其永无愆"。今舍已然之成宪，而守五代乱亡之遗法，其不足以致安强无疑。然人皆恬然不以因循为可忧者，所见浅近故也。为天下，决非所见浅近之人能安强也。

当王安石和神宗皇帝谈到"节财用"方面的问题时，也是减少兵员当务之急，以为"倘不能理兵稍复古制，则中国无富强之理"。但他却在《省兵》一诗中又说道：

有客语省兵，省兵非所先。方今将不择，独以兵乘边……将既非其才，议又不得专。兵少败孰继？胡来饮秦川！万一虽不尔，省兵当何缘？……骄惰习已久，去归岂能田？不田亦不桑，衣食犹兵然。省兵岂无时，施置有后前。王功所由起，古有《七月篇》……游民慕草野，岁熟不在天。择将付以职，省兵果有车。

《长编》于熙宁四年（1071年）三月丁未有记载王安石对神宗皇帝说的一段话：

今所以为保甲，为其足以除盗；然非特除盗也，固可渐习其为兵。既人人能射，又为旗鼓变其耳目，渐与约：免税、上番，代巡检下兵士……

则人竞劝。然后使与募兵相参，则可以消募兵骄志，省养兵财费，事渐可以复古。此宗庙长久计，非小事也。

这表明，王安石认为减少兵员是当务之急，必须"理兵稍复古制"，恢复征兵制度以代替募兵制度；而裁兵的工作暂时还不能立即下手。因为，若把这些骄惰成习的雇佣兵遣散回乡，他们不能从事农田耕稼，势必会成为社会上的氓流，这样裁兵便没有任何意义。因此，裁兵的工作须有步骤有计划地去做。这为全面实行征兵制创造条件，对保丁定期给予军事训练，使其在短期内就可与正规部队合在一起调用。然后，所有雇佣兵在战斗中因死伤逃亡而出现的缺额，一律不再招募填补，改由保丁执行其任务。时间一长，雇佣兵由日渐减少直至全部消失，通过保甲组织而训练过的大量民兵便可取而代之了。

依照王安石的这种想法，在熙宁四年（1071年）的九月北宋政府便又下令开封府界各县的保丁训练武艺。《宋史·兵志·保甲篇》所载此次诏令的主要内容是：

"岁农隙，所隶官期日，于要便乡村都试骑步射，并以射中亲疏远近为等。

"骑射校其用马。有余艺而愿试者听。

"第一等，保明以闻，天子亲阅视之，命以官使。

"第二等，免当年春天一月，马藁四十，役钱二千。本户无可免，或所免不及，听移免他户而受其直。

"第三、第四等视此有差。"

二十四年后，即绍圣二年（1095年），变法派的章惇曾向哲宗皇帝陈述过这次诏令实施后所取得的成绩：

"熙宁中，先帝始行保甲法，府界、三路得七十余万丁。设官教阅始于府界，众议沸腾。教艺既成，更胜正兵。元丰中始遣使遍教三路……而一时赏赉，率取诸封桩或禁军缺额，未尝费户部一钱。"

元符二年（1099年），变法派的曾布也向哲宗皇帝说道：

"熙宁中教保甲，臣在司农。是时诸县引见保甲，事艺精熟……仕宦及有力之家子弟，皆欣然趋赴。及引对，所乘皆良马，鞍鞯华楚，马上事艺往往胜诸军。"

由此可见，对保丁教习技艺的事是取得了成效的。

到熙宁九年（1076年）为止，开封府界及全国各路，所组成的保甲共为六百九十三万余人，其中已经进行军事训练的保丁共为五十六万余人。

要保丁练习武艺，其目的是逐渐用保丁代替原来的雇佣兵。在王安石看来，目的虽然都是有意加强北宋王朝的统治力量，但是，这种具体做法，既违背了北宋政权建立以来长期奉行的"养兵"政策，也违背了北宋政权严禁在民间传习武技的传统政策。总之，是对王安石的"祖宗之法不足守"的精神的一种佐证。因此，保甲制度开始施行以来，虽一直得到神宗皇帝的支持，而另一方面，神宗皇帝却又经常表现出一些疑虑，需要王安石随时向他解释一些不明白的地方。例如《文献通考·兵考（五）》载：

"王安石欲变募兵而行保甲，帝从其议……王安石说：'……臣以为倘不能理兵稍复古制，则中国无富强之理。陛下若欲去数百年募兵之弊，则宜果断，立法制，令本末备具，不然无补也。'……

"皇帝说：'募兵专于战守，故或可恃；至民兵，则兵农其业相半，可恃以战守乎？'

"王安石说：'唐以前未有黥兵，然亦可以战守。臣以为民兵与募兵无异，顾所用将帅何如尔。'"

《长编》于熙宁五年（1072年）五月丙戌载王安石与神宗皇帝的一次谈话云：

"他日，皇上批付中书：'保甲浮浪无家之人，不得令习武艺。'

"王安石说：'武艺绝伦，又累作凶恶，若不与收拾，恐生厉阶。'

"皇上说：'可收拾作"龙猛"之类。'

"王安石说：'须随材等第与收拾。'

"上终虑浮浪人学习武艺为害，以保甲法不如禁军法严密。

"王安石说：'保甲须渐令严密。纵使其间有浮浪凶恶之人，不胜良民之众，即不能为害……若更有盗贼追捕，即又得赏钱甚厚。如此，即有武艺之人岂肯舍此厚利，却欲作过？……若作盗贼，即但为保众取赏之资而已。无可虑者。'"

神宗皇帝担心时间长了钱粮渐渐不支。

王安石说："巡检下六千人，每千人岁给约三万贯，是一岁费十八万贯。今若罢招此六千人，却以保甲代之，则所用钱粮，费八万贯，尚剩十万贯。以十万人替六千人，又岁剩钱十万贯，何至忧不给也？教阅至一二年，便令保正募征行者，六千人必可得，何况要守卫京师而已。若岁岁教阅保丁，又封桩所剩钱十万贯，则非特畿内守卫日强，兼并财有余积。宗庙社稷之忧最在于募兵，皆天下落魄无赖之人，尚可与之守社稷封疆，况于良民，衣食丰足者众，复何所虞？"

《长编》于熙宁五年（1072年）闰七月壬戌条的附注中还记载：

皇上说："保甲义勇有刍粮之费，当为之计。"

王安石说："当减募兵，取其费供之。所供保甲之费才养兵十之一二。"

皇上说："畿内募兵之数已减于旧，强本之势，未可悉减。"

王安石说："既有保甲代其役，即不须募兵。今京师募兵，逃、死、停、放一季乃及数千，但勿招填，即渐可减……臣愿早训练民兵，民兵成则募兵当减矣。"

《长编》于熙宁八年（1075年）四月甲子又记载：

"上与王安石论理财……又论河北事。安石以为：'募兵不如民兵，籴米不如兴农事。'……"

皇上说："禁军，无赖乃投募，非农民比。尽收无赖而厚养之，又重禄尊爵养其渠帅，乃所以弭乱。"

王安石说："臣在翰林，固尝论黥兵未可尽废，但要民兵相制。专恃黥兵，则唐末五代之祸可见。且黥兵多则养不给，少则用不足，此所以须民兵也。"

王安石对于神宗皇帝的疑惑给予的解释和答复，进一步说明了，他之所以创立和推行保甲法，除了要为地主阶级维持社会治安，加强对劳苦大众的镇压力量，还要使大量的强壮劳动力得到军事训练，慢慢以民兵代替雇佣兵，最终由募兵制度过渡到征兵制度。此外，还要通过这一制度的实施，解决北宋政府因募养百余万冗兵而给国家财政带来的困窘问题。

在实施保甲法后，禁军中因死伤逃亡等事故而出现的缺席的人数果真就不再招募填补。其应该领受的钱粮支赐等，从熙宁十年（1077 年）开始，即专门作为一个款项而分别贮存于各路的提点刑狱司所管仓库内，以备边防非常之用。据范祖禹在元祐年间所上的《论封桩札子》所说，诸路提刑司历年所贮存的这宗"缺额禁军请受钱帛斛斗"的数量是非常大的。

王安石在《上五事札子》中曾说：

> 保甲之法，起于三代丘甲，管仲用之齐，子产用之郑，商君用之秦，仲长统言之汉，而非今日之立异也。
>
> 然而天下之人，凫居雁聚，散而之四方而无禁也者数千百年矣；今一旦变之，使行什伍相维，邻里相属，察奸而显诸仁，宿兵而藏诸用，苟不得其人而行之，则搔之以追呼，骇之以调发，而民心摇矣。

这段话的前一段，追溯了保甲法的历史，表明王安石所推行的保甲法，乃是把先秦法家商鞅等人所曾实施过的法令作为借鉴。后一段，则是列举了"什伍相维，邻里相属"的保甲法所应当起到和所能起到的两种作用：即一种是"察奸而显诸仁"，另一种则是"宿兵而藏诸用"。就王安石推行保甲法的真实情况来看，他所预期的两种作用都算是起到了。

王安石所处的宋代，距离商鞅所处的时代已有千余年，两人虽都推行"什伍之法"，其意义却大不相同，也不能相提并论。商鞅是处在秦国变法的年代，正是中国由奴隶制社会向封建制社会转化的大变革时期，商鞅的"什伍其民"，虽也有防范劳动人民从事革命斗争的用意，而其主要的作用，却是因此而增强了新兴地主阶级战胜没落奴隶主贵族的力量，对当时社会来说是有进步意义的。北宋中期，封建社会已发展到后期，在这样的情况下还要用这种办法来"息寇乱"、"除盗贼"，保证封建社会的地主阶级能"逸居而不虞寇劫"，在这里就只能起一种反动的作用了。

然而，如果把王安石有关保甲法的全部内容和言论举措综合起来看，就不难发现，王安石之所以要仿照商鞅变法而推行保甲法，他的主要用意还在于通过推行此法可以使得"兵众而强","可以致治强",能够"宿兵而藏诸用"。王安石改善军队素质，节省"养兵"费用，革除募兵积弊，使全国壮丁皆习战以扩大战士数量，制服夏、辽，而在汉、唐两代的规模上再一次实现全中国的统一事业。这种宏伟计划和远大设想，主要都是以推行保甲法为其本原的。从这一主要方面来看，王安石所推行制定的保甲法是具有积极意义的。

也正是因为保甲法具有这样一些积极因素，保甲法便又成了守旧派、反对派拼命反对的一个对象。司马光在其《乞罢保甲状》中说：

"今籍乡村之民，二丁取一，以为保甲，皆授以弓弩，教之战阵，是农民半为兵也……畎亩之人，忽皆戎服执兵，奔驱满野，见者孰不惊骇？耆旧叹息，以为不祥……

"若使之戍边境，征戎狄，则彼戎狄之民以骑射为业，以攻战为俗，自幼及长，更无他务；中国之民，生长太平，服田力穑，虽复授以兵械，教之击刺，在教场之中，坐作进退有似严整，必若使之与戎狄相遇，填然鼓之，鸣镝始交，其奔北溃败可以前料，决无疑也。"

这帮守旧派真是一伙腐朽怯懦的鄙夫庸人，司马光鄙视北宋的壮丁，把这些壮丁和夷狄之人比喻成同一类型的人，这对忠诚爱国的百姓并没有丝毫的损伤，却把那伙守旧派所历来奉行的保守主义和屈辱事敌的军事路线暴露无遗。《乞罢保甲状》中又说：

"又悉罢二路巡检下兵士，诸县弓手，皆易以保甲……其乡村盗贼悉委巡检，而巡检兼掌巡按保甲教阅，朝夕奔走，犹恐不办，何暇逐捕盗贼哉？

"又保甲中往往有自为盗者，亦有乘保马行劫者。然则设保甲保马本欲除盗，乃更资盗也……万一遇数千里之蝗旱，而失业、饥寒、武艺成就之人，所在峰起以应之，其为国家之患可胜言哉？……

"夫夺其衣食使无以为生，是驱民为盗也；使比屋习战，劝以官赏，是教民为盗也；又撤去捕盗之人，是纵民为盗也。谋国如此，果为利乎？害利？"

刘挚在其所撰王拱辰的"行状"中也有这样的话：

"时三路籍民为保甲，下户皆不免。日聚教之。提举官禁令苛急。

"河北保甲，往往为盗贼，百十为群。州县不敢以闻。

"公极论其弊，谓非止困其财力，害其农桑，所以使为不良者，法驱之也。将恐浸淫为大盗，可忧。愿蠲裁下户……

"章入不已，天子始悟保甲之为盗也。"

从上面两段文字可以看出，司马光等保守派为维护其豪绅大地主阶层的特权利益，是把此外的一切全都置之度外的。他们不但对于广大百姓视若寇仇、严加防范，就是对于地主阶级大多数的中下层稍有些好处的事，他们也是极力加以反对。一旦强敌真来侵犯，他们就实行卖国投降的路线。这些人既然是怀着这样不可告人的秘密，自然而然地就要反对改革军制，反对提高军队的作战能力了。

二、实施"将兵法"

到了北宋中叶，北宋王朝的大量雇佣兵出现了骄惰腐朽、不堪征战的情况，欧阳修在《原弊》一文中对此曾加以描述说：

"国家自景德罢兵（按指澶渊之盟）三十三岁矣，兵尝经用者老死几尽，而后来者未尝闻金鼓，识战阵也，生于无事而饱于衣食也，其势不得不骄惰。

"今卫兵入宿，不自持被而使人持之；禁兵给粮，不自荷而雇人荷之。其骄如此，况肯冒辛苦以战斗乎！……

"古之凡民，长大壮健者皆在南亩，农隙则教之以战。今乃大异：一遇凶岁，则州郡吏以尺度量民之长大，而试壮健者招之为禁兵；其次不及尺度而稍怯弱者，籍之以为厢兵。吏招人多者有赏，而民方穷时则争投之。故一经凶荒，则所留在南亩者惟老弱也。而吏方曰：'不收为兵，则恐为盗。'噫，苟知一时之不为盗，而不知其终身骄惰而窃食也。"

苏舜钦在写给范仲淹的《谘目二》也曾对此加以阐述说：

"今诸营教习固不用心，事艺岂能精练？盖上不留意，则典军者亦不提辖，将校得以苟且，隳弛纪律。加之等级名分，往往不肯自异，至于人员与长行交易饮博者多矣。此则约束教令岂复听从？故出入无时，终日嬉游廛市间，以鬻伎巧绣画为业，衣服举措不类军兵，习以成风，纵为骄惰。"

田况在其所上《兵策十四事》中，则对于当时骑兵不堪征战的情况加以描述说：

"沿边屯戍骑兵，军额高者无如龙卫，闻其间有不能被甲上马者；况骁胜、云武二骑之类，驰走挽弓不过五六斗，每教射，皆望空发箭，马前一二十步即已堕地。以贼甲之坚，纵使能中，亦不能入；况未能中之？"

北宋军队的许多弱点，在当时对西夏的几次作战中全部暴露无遗。对于如此弱小的西夏尚且无力应付，又怎能对付居处在北部边境的比西夏强大几倍的契丹。这些现实问题，都促使神宗皇帝和王安石十分迫切地想改善军队素质，加强军事实力。因此，变法派在制定和推行保甲法以训练民兵的同时，也开始推行"将兵法"以改善军队士兵的素质，提高其作战能力，改变长期以来的弱势。

"将兵法"，就是由北宋王朝选用作战经验丰富和有能力的将官，专门负责某一地区驻军的军事教练。它是吸取和总结了蔡挺在陕西径原路的实践经验而制定的。

蔡挺是在对西夏的战争中立过军功的人，在神宗皇帝即位之后，任命他为泾原路的经略使，这个官职是负责抵御西夏的一种军职。他在上任之后，据《东都事略》

的《蔡挺传》说：

"建勤武堂，轮诸将每五日一教阅。五伍为队，五队为阵。阵横列，三鼓而出之，并三发箭，复位。

"又鼓之，逐队枪刀齐出，以步鼓节之，为击刺状，十步而复。

"以上，凡复位，皆闻金即退。

"骑兵亦五伍为列，四鼓而出之，射战、盘马。

"先教前一日，将官点阅全备，乃赴教，再阅之。

"队中人马皆强弱相兼。强者籍姓名为奇兵，隐于队中，通用奇，则别为队出战。

"泾原路内外凡七将，又泾、仪州左右策应将，每将皆马步军各十阵，分左右，各第一至五。日阅一阵。"

蔡挺实行军事训练时，将驻屯在泾原路内的正规军，分别由固定的将官负责统领，并加以教练。对这种做法神宗皇帝很赞赏，于是到熙宁五年（1072年）皇上把蔡挺召入朝廷，任命他做主持兵政的枢密副使。同年五月，"诏以蔡挺泾原路衙教阵队于崇政殿引见"，并即在崇政殿前把蔡挺在泾原路的"训兵之法"作了一番表演。接着又把此种训练方法颁布给诸路。

自从景德元年（1004年）订立了"澶渊之盟"以后，苟且偷安的气氛就又笼罩了北宋王朝。在军事方面的任何战略举措，都要考虑是否会因此与辽方安生事端，害怕再惹得辽方以此为借口进行军事入侵。因此，河北地区的驻军，连经常的教练也不敢进行，甚至连军事营垒和防御工事也都不敢修葺。熙宁六年（1073年）的夏季，王安石和变法派人员就决定首先从长期"不分将教习"的河北四路开始推行"将兵法"，分别差派了一些主兵官到那里去，对驻屯在那里的禁军"分番勾抽训练"。从此以后，北宋王朝就逐步在各路分别委派将官和副将，将"将兵法"全面推行。《长编》于熙宁七年（1074年）九月癸丑载：

"开封府界、河北、京东西路置三十七将副。选尝经战阵大使臣专掌训练。河北四路为第一至十七将，府界为第十八至二十四，京东为第二十五至三十三，京西为第三十四至三十七。从蔡挺请也……

"将有正、副，皆给虎符。

"又以河北兵教习不如法，缓急不足用，挺乞于陕西选兵官训练。"

元丰四年（1081年）于东南诸路也都设置将官。至此，全国各路就没有不置将之处了。《宋史·兵志二》对此概括叙述说：

"总天下为九十二将，而鄜延五路又有汉蕃弓箭手，亦各附诸将而分隶焉。

"凡诸路将，各置副一人；东南兵三千人以下，唯置单将。

"凡将、副，皆选内殿崇班以上、尝历战阵亲民者充。且诏监司奏举。

"又各以所将兵多寡，置部将、队将、押队、使臣各有差。

"又置训练官，次诸将佐。

"春秋都试，择武力士，凡千人选十人；皆以名闻而待旨解发。其愿留乡里者勿强遣。

"此将兵之法也。"

在推行将兵法的过程中，也同样是要跟那些意见相左的反对者进行斗争的。《长编》于熙宁七年（1074 年）二月己卯记一事云：

"先是，王安石请如御前阅试法，支赐五路诸军阅试高等者。

"众皆以为费用多。"

王安石说：

> 且以河北一路言之，凡九万人。若以御前阅试法，岁费十万缗，只消减三四千禁军衣粮赏赐之费，足以给教阅支赐。九万人中若要拣退三四千怯弱人，却教得精强，即胜如今分外三四千人都不教。且如去年府界添招三二万禁军，不知所费几何？以臣观之，若教得现兵精，即去年所招兵不招亦得；若不教，即招得去年许多兵，缓急亦与不添招无异。去年添招许多兵，每岁添费钱物至多；今来教阅支赐，所费钱物至少。然议者以教阅支赐为可惜者，习见添兵，故以为常；未习见如此教阅，故以为异，故非之尔。

可是，守旧派中的个别人，例如韩琦和富弼，对于将兵法的攻击和非议，那就不是由于"未习见"、"以为异"的缘故了。韩、富两人在熙宁八年全都利用辽人争议代北地界的机会而要把将兵法推翻和取消，凡属在诸路所置的"将官之类"必须一律"因而罢去"。这样的反对意见，当然不可能使王安石和神宗皇帝妥协而把将兵法废除。而且，一直到王安石和蔡挺全都离开北宋朝廷好几年之后，守旧派的吕公著做了枢密副使，在元丰四、五两年内还继续在淮南、江南、两浙、湖广等地推行将兵法，可见韩琦和富弼的意见，在守旧派人物中也不是都赞同的。

第十章 其他变法措施

一、制定"农田水利法"

王安石既认为"理财为方今先急",又认为"理财以农事为急",而在农事上最急需的事,是他所提出的"去其疾苦,抑兼并,便趣农"三事。如果把在《本朝百年无事札子》当中所提到的"农民坏于徭役,而未尝特见救恤,又不为之设官以修其水土之利"那一建议与上边提到的三事几句话合看,就可知道,他的所谓"便趣农",主要是对"修其水土之利"而言。而在王安石做了参知政事之后,他立刻组织人员将这个建议制定为具体措施。熙宁二年(1069年)的四月,王安石选派了程颢、刘彝等八人到各路去考察各地农田水利和农业生产的实际情况,并要了解各地的"税敛、科率、徭役利害"。

根据那些派往各地的变法派人物考察了解到的实际情况,以及他们所掌握的前代人兴修水利灌溉工程的历史知识,在这一年的冬季,由王安石领导制置三司条例司共同制定和颁布了"农田水利法"。

这一新法在公布施行之后,全国各地的官吏和士民都很支持,积极地提建议,对当地应修复或应建设的水利灌溉工程提出具体计划。其中的大多数工程也都在当地政府进行了勘查审核之后而得到了施工。例如京东路,在熙宁四年(1071年)的冬季之前,就修复了济州的南李堰和濮州(今山东省濮城)的马陵泊等工程,排除了长久以来的积水,约四千二百多顷的良田得以灌溉。熙宁四年(1071年)单是夏秋两季,从这些土地中收获了二百多万石的小麦和豆子。还修复开通了曹、单等九州十三处沟洫河道;还把京都开封附近多年的夏秋积潦导入清河等水道,使其东入于海。

另外,如淮南西路的百姓,在这期间既修复了古芍陂,也把汉泉加以疏浚,使当地的万顷农田都得到了灌溉之利。

另如《宋史·蒋之奇传》载:

"蒋之奇升任淮东转运副使。当年收成不好,百姓流离失所。蒋之奇募人兴修水利,供给饭食。"

比如扬州三十六陂塘，宿州的三沟，都是大工程，耗工达百万，能够灌溉田地九千顷，养活了八万四千名老百姓。

京西路的唐、邓、襄、汝等州，在王安石变法之前，"地多山林，人少耕殖"，到处是一片荒凉景象。而在农田水利法实施之后，北宋政府委派在这几州的地方官赵尚宽、高赋等人，积极倡导那里的农民兴修水利，招集流民，垦辟荒土，"四方之民，辐辏开垦"，没过几年就使这一地区"环数千里，并为良田"。其中襄州的百姓开修了古淳河一百六十里，就使六千六百多顷农田得到了灌溉之利。

1. 推行"淤田法"

在推行实施"农田水利法"的过程中，收效极为显著的还有一种"淤田"的方法。

淤田，就是利用决放河流的方法，使河流内多年淤积泥流入农田，把不毛土地变为肥沃土地。沈括在《梦溪笔谈》中有对淤田法的一段论述：

"熙宁中，初行淤田法。论者以谓：《史记》所载'泾水一斛，其泥数斗。且粪且溉，长我禾黍'。所谓粪，即淤也。予出使至宿州，得一石碑，乃唐人凿六陡发汴水以淤下泽，民获其利，刻石以颂刺史之功。则淤田之法其来盖久矣。"

变法派中的程师孟，在王安石开始实行"农田水利法"的十多年前，就曾在河东路的九州二十六县实行过淤田法，当时一万八千多顷土地得到淤灌。当地在淤灌之前亩产五七斗谷物，经淤灌之后每年"所收至三两石"。

以此实践经验为根据，变法派们又大力推行淤田法，并于熙宁四年（1071年）特地在京城开封设置了一个"总领淤田司"，专管调集各州县的厢兵在一些河流沿岸地方放水淤田。当时在汴水、漳水和滹沱河诸水沿岸，淤田工作全都收到了很好的效果。

最先在汴水沿岸推行淤田法的是侯叔献和杨汲二人。他们"分汴流涨潦以溉西部瘠土"，皆成为良田。紧接着俞充为都水丞，也负责提举沿汴淤泥溉田的事。在俞充任职期间，有八万顷土地，经淤灌之后都变为上等肥腴之田。他们还从由开封到澶州的这一段黄河中引水淤田。后来程师孟对这些地区的淤田工作称述说："窃见累岁淤变京东西碱卤之地，尽成膏腴，为利极大。"

惠民河流经中牟县，这县的百姓就在曹村附近的河上修建了一座水撻，在河水上涨时任其自流，结果能淤灌沿岸的民田达一千余顷。

当时有一个宦官名叫程昉，是一个水利方面的人才，所以他受到王安石的重视和重用。他在河北地区导引滹沱河水淤田，"淤却四千余顷好田"，又因为他领导百姓修整了滹沱河的河床和堤坝，而"出却好田一万顷"。程昉还修治了漳河和洛河，"引漳洛河淤地凡二千四百余顷"，并使沿河诸县人民得到沿河三四百里退滩美田。诸县的百姓向北宋朝廷上书道谢，说程昉为他们除掉了长期为患的灾害。他还在沧州"增修西流河堤，引黄河水淤田种稻"，"添灌塘泊"。王安石在一次与神宗皇帝对话时说："程昉尽力于河北……所开、闭河四处，除漳河、黄河外，尚有溉淤及退出田四万余顷。自秦以来，水利之功未有及此者。"

沈括在《梦溪笔谈》中也对河北地区进行淤田的成绩，给予了肯定：

"深、冀、沧、瀛间，惟大河、滹沱、漳水所淤，方为美田。淤淀不至处，悉是斥卤，不可种艺。异日（按即往日）惟是聚集游民，刮碱煮盐，颇干盐禁，时为寇盗；自为潴泺，奸盐遂少，而鱼蟹菰苇之利，人亦赖之。"

尽管农田水利法的实施，在各地方都取得了极为明显的成效，也得到百姓的响应和支持，但却仍然常常遭受一些守旧派的人的百般阻挠。例如，在此法付诸实施还没有多长时间的时候，苏轼就向神宗皇帝上奏一封"万言书"，对于创修水利工程或修复古陂废堰一概反对，说道：

"天下久平，民物滋息，四方遗利盖略尽矣。今欲凿空寻访水利，所谓'即鹿无虞'，岂惟徒劳，必大烦扰……所在追集老少，相视可否，吏卒所过，鸡犬一空。若非灼然难行，必须且为兴役。何则？格沮之罪重，而误兴之过轻，人多爱身，势必如此。

"且古陂废堰，多为侧近冒耕，岁月既深，已同永业。苟欲兴复，必尽追收。人心或摇，甚非善政。

"又有好讼之党，多怨之人，妄言某处可作陂渠，规坏所怨田产；或指人旧业以为官陂。冒佃之讼，必倍今日。臣不知朝廷本无一事，何苦而行此哉！"

此外，苏轼还在私下作诗说："东海若知明主意，应教斥卤变桑田。"对于兴修农田水利不断地进行讽刺嘲笑。

对于浚治漳河，担任枢密使的文彦博也是从农田水利法实行一开始就出面加以干涉。《长编》于熙宁四年（1071年）二月丁丑记其事云：

诏："增开修漳河役兵及万人，并力于四月以前毕工。"

神宗担心财用不足。

文彦博说："要丰财、安百姓，须省事。如漳河，累年不开，何所妨？漳河不在东边，即在西边，其利害一也。今盛发夫开河，只移得东边河，却掘西边民田，空劳民，何所利？"

王安石说："若使漳河不由地中行，则或东或西，为害一也；若治之使行地中，则有利而无害。若或东或西利害一也，则禹何须浚川、尽力沟洫？劳民诚不可轻，然以佚道使民，虽劳，不可不勉。"

尽管有来自守旧派的诸如此类的多方阻力，而从熙宁二年（1069年）到熙宁九年（1076年）这七年的时间内，也是变法派大力推行"农田水利法"的时间，全国各地劳动人民所兴修的水利田共有一万零七百九十三处，受益的民田面积为三十六万一千一百多顷，官田面积为一千九百一十多顷。

2. 治理黄河失败

自从唐代后期，藩镇割据，黄河下游的堤岸长期得不到修治。陕西和河东之间丘陵地带的林木遭到严重破坏，黄土高原的水土流失现象与以前相比更加严重。黄河经过的地方，大量的泥沙流失到河水中去，因而这一带河流迟缓，泥沙便慢慢地沉淀下来，以致此地河身日浅，河床的某些段落甚至高于地面，这就造成了北宋时期河南地区的黄河频频决口。在十一世纪的四十年代，因决口于澶州之商胡埽，河道自大名改向北流，经恩州、冀州至乾宁军而入于海。到五十年代，又因在大名府、恩州之间决口，于是又派生出流向德州、沧州，至无棣县而入于海的一段河道。从此，黄河下游分作北流和东流两股。但不论北流沿岸或东流沿岸，此后仍然常有决口或溢出的隐患。北宋时期的最高统治者，对于河患只采取头疼医头、脚疼医脚的办法，从没有任何人去考虑如何加以根治。就连局部的疏浚整治，竟也有人持反对态度，深恐因"聚大众，兴大役"而致使人民乘机"起而为盗"，认为"流亡盗贼之患，不可不虞"。甚至还说"开河如放火，不开河如失火"。意思是说，浚治和不浚治，其结果是一样的。

自从黄河改道北流之后，北宋的最高统治者就产生"回河"的想法，即要使黄河再回到向东流的旧道上去，而司马光等人则极力反对。当黄河又派分出东流的一股之后，于是又有人提出开浚二股河，导引黄河东流，堵塞北流河道的主张，还是受到司马光等守旧派人物的坚决反对。

王安石认识到，黄河之所以经常决口，是由于过多的泥沙沉淀在河身之中，使河水变得愈来愈浅、河床愈来愈高所致，如果不加以治理，听任黄河下游分作两股即为北流和东流，则两股河水的流速都较缓慢，泥沙的沉淀就越多。所以，在王安石执政当权之后，他和变法派的人一起，不论司马光等人怎样反对，就在熙宁二年（1069 年）的八、九月内果断地把北流、东流二股河加以开修疏浚，把河水一方导向东流，堵塞北流。完成这件事情三年之后，即在熙宁五年（1072 年）的秋天，王安石还向神宗皇帝具体举述了从中得来的种种好处：

> 昨北流若不塞，即计夫功、物料，修立堤埽，不减于修二股河；而北流所占公私田地至多，又水流散漫，非久必复淀塞。自今年未闭第五埽时，已觉下流淀塞，即复有决处。此所以不可不修塞地。
>
> 昨修二股河，所用夫功、物料，比北流所费不多，又出公私田土为北流所占者极众，向时潟卤，今皆沃壤。河北自此必丰富如京东，其功利非细也。
>
> 况今年所发急夫，比去年数目已大减，若更葺理堤防，渐成次第，则河北逐年所调夫必大减省。

这番谈话表明，王安石对于堵塞北流、导河东流所取得的初步成效是极为满意的。

王安石还清楚地认识到，要从根本上解决诸河流域特别是黄河流域的泛滥和决口的问题，必须想方设法使"水由地中行"才行。单就黄河来说，必须要防止它从中上游挟带来的泥沙淤积在下游的河道当中，而要想让这些泥沙被河水继续挟入海中，当然机械的力量在这里就显得特别重要了。于是"铁龙爪"和"浚川杷"就应这种需要被设计制造出来了。《宋史·河渠志（二）》记载：

"有选人李公义者，献铁龙爪扬泥车法以浚河。其法：用铁数斤为爪形，以绳系舟尾而沉之水，篙工急櫂，乘流相继而下，一再过，水已深数尺。

"宦官黄怀信以为可用，而患其太轻。王安石请令怀信、公义同议增损，乃别制浚川杷。其法：以巨木长八尺，齿长二尺，列于木下，如杷状，以石压之。两旁系大绳，两端矴大船，相距八十步，各用滑车绞之，去来挠荡泥沙。已，又移船而浚之。"

浚川杷的出现，受到了守旧派司马光等人的嘲笑。他们讲，如果河水深了，浚川杷便无法进入水底，虽屡次往来也不会起作用；如果河水浅了，杷齿又被河底泥沙阻挡住，浚川杷将无法前进，篙工只能"反齿向上而曳之"。

王安石曾有一首题作《赐也》的七言绝句，全文如下：

> 赐也能言未识真，误将心许汉阴人。
> 桔槔俯仰妨何事？抱瓮区区老此身！

这首绝句诗，既痛斥了汉阴丈人和孔子的高足端木赐排斥机械的顽固态度，也很明显地反映出当时王安石对于机械及进步的生产工具的看法和认识。怎样才能很好地根除黄河水患，又是王安石极为关心的一个事情。因此，当把铁龙爪改装为浚川杷之后，熙宁五年（1072年）十月，在王安石的大力支持下，先由黄怀信试用浚川杷去浚治二股河。黄怀信用了二十二只船，在八小时内浚河挖深三尺至四尺四寸。"水既趋之，因又渲刷，一日之间，又增深一尺"。

浚川杷的试用已经取得了成绩，王安石就向神宗皇帝进一步建议说："目今沿河诸埽，如都用浚川杷疏去沙觜，即水自移徙。若不辍工，虽是二股河的上游，也同样可使其水行地中。"并且说："如能再制造几千件浚川杷，则诸河都可永免浅淀之患，即每年可省开浚河道的物料工夫几百千万。"

熙宁六年（1073年）四月，在开封府设置了一个"疏浚黄河司"，以李公义为主管，命令他专门负责用浚川杷疏浚黄河的事。计划从卫州地区的黄河开始疏浚，向东一直到达入海口，要使整个黄河的下游都能水由地中行。

首先准备用三百只船和三百副铁爪，"浚大河中流，令水行地中"。但到熙宁八年（1075年）夏实际工作时，不知什么原因，却把原来的规模减少为"用船五十只，铁爪五十副，役兵四百人"，只是把大名到海口的这一段河道进行一次疏浚，以实际检验浚川杷疏浚一次的功效究竟怎样。倘若能使河道增深到所需的程度，那就再把规模扩大到最初所准备的那样。

试验从大名府地段开始。在这开始的地段就取得了很好的效果。施工之前，大名府新堤一段河水已开始在许村港泛滥，以致二股河又出现了"浅淀"情况。经过"用浚川杷于二股河上下疏浚"之后，就又把泛滥"漫散"的水势夺了回来，使其重"归二股河行流"；而从"退滩内所出民田数万顷，尽成膏腴"。

在这初步的试验期内，就又遭受到守旧派的大力阻挠和破坏。特别是文彦博，他这时正担任大名府的地方长官。当北宋中央政府要他"核实"和"保明"使用浚川杷疏浚二股河的功状时，他不但不肯遵照输，而且乘机对浚川杷大肆攻击，以为用杷浚河，"天下指笑，以为儿戏"，接连三次上书给皇帝论列此事。第一次他说："浚川司所浚河身，始末尽在河底，深浅固难详验。"第二次上书说："河水浩大，非杷可浚。夏溢秋涸，固其常理。河水长落，不由杷之疏浚，虽河滨至愚之人，皆知浚川杷无益于事。"第三次上书说："去年用杷疏浚，退出地少，今年不曾用杷，却退出地多。显是自因秋深霜降，河水减退。"文彦博在铁一般的事实面前，竟闭塞眼睛，信口开河，甚至说出"所浚河身尽在河底，深浅难验"的话，完全是无稽之谈。他的目的是想把浚川杷这一新生事物置于死地，使王安石的利用机械疏浚黄河，以求达到"水由地中行"的目的没法实现。在这时，王安石已经第二次被罢相，变法派的其他人物好像也都不肯支持王安石使用浚川杷疏浚河流的事，再也没有人为了这事出来与文彦博进行斗争。疏浚黄河司在王安石罢相后不久也明令取消，李公义也另派职务了。半年之后，即熙宁十年（1077 年）的五月，黄河大决于澶州的曹村，河道南徙，东汇于梁山张泽泺，分为二脉：一合南清河，自徐、邳达淮阴而入于淮；一合北清河，经东阿、历城等地，至利津而入于海。"凡灌郡县四十五，坏田逾三十万顷。"北宋的最高统治集团又为此而凄凄惶惶起来，再也没有人考虑如何根除河患的措施了。

二、改革"贡举法"

新年刚过，王安石就向朝廷提交了改革贡举法议案，神宗皇帝把这个议案交给朝廷的有关衙门议论。这一议案一提出，就有许多朝廷官员站出来提出相反意见。

苏东坡仍然坚持自己的观点，反对改革贡举法，不同意去掉"诗赋"和"明经"等科，而且他的这一观念还得到了神宗皇帝的赞许。

神宗对王安石说："缺乏人才，学术观念不统一，言论杂乱不同，这大概就是道德难以统一的原因。如果要统一道德，就必须办好学校，想办好学校，就必须改革贡举法。"

王安石说："年轻时应该研讨和探索治理天下的正理，可现在的人却闭门埋头于学怎样做诗赋，等到他们做官时，却对做官应尽的责任茫然无所知。可以说这种科举制度必须改革，它甚至还不如古代的制度。"

神宗皇帝听取了王安石的建议，命令中书省起草有关科举考试的规定。

熙宁四年（1071年）二月一日，神宗皇帝下诏：取消诗赋和明经诸科，只是以经义、论、策考试进士。

这实际上成了一场文化变革运动，更重要的是政治意识形态的变革运动，其最终目的是要为推行新法打下更坚实的理论基础，培养一批能够为现实政治服务的治国人才。

统一经义也就是统一人们的意识，托古改制的一个重要方面就是从社会现实需要出发，去领会和理解古代的东西，从中再得出符合现实需要的理论，最终再运用到现实中来。表面上看这是复古，实际上则是一种变革。

第十一章　围绕变法的斗争

一、庆功宴

"方田均税法"颁布，新政的经济改革已经大致完成了。虽然其中不时发生舞弊，但瑕不掩瑜。

新法推行有今天，值得庆祝一下。王安石准备与支持他改革的朋友们聚一次会。

人们都已十分了解王安石的性格。不义之财一分不会多要，他也不轻易浪费一分钱。从鄞县出来带着的就是那么两位老家人王忠、王信祥，连个厨子也没有。别的官僚有仆人、厨子甚至歌伎。司马光、文彦博、韩琦，哪家不是如此。王安石还是从前的老样子，吃饭时不品滋味。他人虽坐在餐桌上，但心仍在朝廷中，许多事不断在脑子里打转，可是吃菜都只知道吃摆在面前的一盘菜，连伸筷子向另外的盘子都没有过。

坊间曾流传着这样一个故事：王安石喜欢吃兔肉，所以凡是请王安石吃饭都少不了兔肉这道菜，后来夫人说出了这个秘密，他并不是喜欢吃兔子肉，而是只吃面前的菜。后来曾有人试着以鹿肉代替兔肉，他也只吃摆在他面前的那一两盘菜，兔肉摆得离他远，他连筷子也没伸过。

后来逢王安石请客，人们能推辞则推辞，谁愿去吃那只谈公事的饭呢？

一天曾布提议到相国寺附近去。

"还是到长庆楼吧！"吕惠卿说话虽然也没有权威，但他做了决定，大家还是听的，"长庆挺有意思，就到长庆嘛！"

"好！那我就安排人去办。"

"凡积极推行新法的同僚都邀去，应当好好喝一杯庆贺一番。"

吕惠卿的御史办事衙门距离中书省很近，第二天就把曾布的意思向王安石说了。经济、税赋、工商的改革接近成功阶段，府库丰盈，庆祝一下并不为过。于是王安石点了头，是该与一起奋斗的同人乐一番了。

酒过三巡，气氛逐渐活跃起来。地籍的归户和丈量的弊端成了谈话的主题。

"大人！新法的经济改革，已经初见成效，恢复故土的日子也不会太远了。"吕惠卿真是意气风发，他说的也就是他自己所想的。

"新法的障碍是比刚开始时少多了，但依然有很多令人担忧的事。现在新法仍然只靠朝廷推动，皇上的支持，到了地方就变样了，关键在于地方如何推行新法，他们才是基础。"

"大人说的极有道理，但这不是一蹴而就的事。"

"听说在'方田均税法'上，还有很多弊病？"王安石问。

"法倒是没有多少可指责的，倒是人出了一些毛病。"曾布是从不隐瞒事实的，"地方官吏得到了地主的好处，大田大地变小了；没钱给丈量者，小田反而变成大田了。"

"这不仅使得赋税不公，而且还会造成更多的弊端。"

"大人，正是如此。"吕惠卿也不能置身事外。

"我知道会出这种毛病！是在我预料之中的。"王安石感叹道。

"大人知道？"

"富贵而后知荣辱，这话是很有道理的。相当一部分胥吏没有薪俸，即使有，也实在少得可怜，也不足以养廉。他们是人，需要吃饭，需要养活老婆孩子，当然便只有靠山吃山、靠水吃水了。"王安石有些激愤地说，"这是朝廷逼官吏贪污呀！"

事实确实如此。曾布认为，过去朝廷府库不丰，财政匮乏，小官待遇十分微薄，有的根本没有薪俸，而朝廷郊祀却要大赏锦衣玉帛给王公大臣。禁军由最初二十万扩充到一百二十万，却都是胡子兵，不能拉弓射箭。这样的军队御敌不足，扰民有余。再加上祠禄，做几任官吃一世禄不说，还一人得道，鸡犬升天，恩荫之滥，仅司马光一族，就有七十个官，朝廷的包袱越背越重。

"税收虽然增加了，却都把钱消耗在冗兵冗员上面去了，国家依然是穷困不堪。"蔡卞忧伤地说。

"这也是一个亟须改革的问题。要裁汰冗员，为国家做事的勿论官职大小都要有俸给，做事的就有钱。"王安石今天的确很高兴。

"我们这是挡人财路，损及他人的既得利益，恐怕这阻力不会小。"蔡卞的意见是比较现实的。

"从颁布'市易法'开始处处阻力，皇上是个大有为的皇上，好多反对新法的官员都被贬黜，不趁势而为，恐怕永远再没有机会了。"章惇带着恍惚不定的语气叹道。

"最近几年来，我总结出了一个经验：物极必返，欲速不达。人都养成一种因循苟且的习惯，对于新的东西多数人会抗拒，所以当务之急除了解决'方田均税法'的弊病，别让那些大户再逃赋漏税，然后再去裁汰冗员。"王安石颔首道，"丈量土地不公的，以多报少，以大报小，一经查实即严惩不贷，决不姑息。有土地就得纳税，田等也不容放宽。土地要彻底归户。"

那个庆功宴，一直持续到深夜，王安石这次喝醉了。

"市易法"也同"青苗法"一样，贷给小商人的本钱，因为有"青苗法"的例子，商人不再疑虑和担心，贷款的多还债的能力也强，利息比"青苗法"更低。

大宋在温州、泉州开辟了海上丝路，对高丽、真腊、倭国、西洋等国家和地区开展贸易往来；西北边境也开辟榷场，少数民族以马匹换取中原的盐、茶、丝绵织品；开封的市场也逐渐兴盛起来。

到处一片生机蓬勃，国家充满了希望和前途。

此时的王安石，名望已达顶点，而新法也部分收到较好效果，最明显的是社会出现的一丝生机，尤其是农村的生产力迅速复苏。照理，新法应当能顺利推行了，不该再遇到什么麻烦。但反对的人却日益多了起来。

欧阳修于熙宁五年（1072年）闰七月廿三日去世了，享年六十六岁。八月，皇上赠他太子太师，谥文忠公，归葬开封府新郑县旌贤乡。

当这个噩耗传来后，王安石倍感悲痛。欧阳文忠公德高望重却和王安石结为忘年之交，开始因志同道合而为友，后来由于政见不同而为政敌，不过二人都是为社稷福祉的君子之争，光明磊落，没有私人恩怨。

他在《祭欧阳文忠公文》里，表白了他们之间的友谊：

"欧公生时闻名当时，死后传于后世，人倘若能做到这一点也就足够了。为什么要悲哀呢？如今器质深厚，知识高远，再加上学术的精微，这一切充满于文章中，体现于议论中，豪健俊伟，怪巧瑰奇。他的内心积淀，浩瀚如江河存储；其流露于外的，灿烂如日月星辰一样，放射出万丈霞光，他的清音幽韵，凄凉如狂风暴雨急驰而至，他的雄辞闳辩，快如轻车骏马般奔驰。世之学者，不论认识还是不认识，只要读先生的文章就如同看到其人。""欧公入仕四十年来，坎坎坷坷，感叹世路多崎岖，虽然遭受多种磨难，矢志不改，遂显于世。果敢之气，刚正之节，到晚年而不衰。"王安石认为其英魂不会消散，这也是他向慕已久的原因。

可以说，在改革变法的政治斗争中，除了司马光、吕惠卿等人阴与之为对以外，其他都是光明磊落，泱泱君子之风，做到揖让而升，下而饮，谔谔一士。因此当欧阳修的噩耗传来，王安石是非常难过而真心哀痛的。

这时，北宋王朝出现了一派繁荣景象。汴梁到处是火树银花，昼夜不败；船只南来北往，货畅其流；农村生产增加，购买力大大提高，市舶司与主管市易法的衙门都十分忙碌。

二、与反对派的斗争

1. 司马光外放

王安石与他的几个好朋友，漫步行走在皇宫前面的林荫道上。路旁的亭榭里三三两两地坐着几个人，有人不时地把目光投向他们，窃窃私语。

曾巩的弟弟曾布说："现在反对新法的人太多，他们都用祖宗的法令制度不能变这一理由来反对新法的推行。"

王安石问："你以为他们这样做对吗？"

"自古以来就没有一成不变的事情，法令制度也是如此。不适合当今现实的法令制度，为什么不应当变更呢？"曾布说。

吕惠卿说："现在的情况比以前好多了，反对变法的人大部分已经离开了朝廷。"

曾布说："现在变法遇到的最大阻力，就来自于那个年轻而迂腐的司马光。"

"皇上很信赖司马光，他在皇上面前进学，尽给皇上讲些败坏新法名声的言论，这很可怕。"吕惠卿说。

韩绛说："你不是也同样给皇上进讲吗？同样可以趁机向皇上进言，你的辩才和文才都不错，我相信你有能力说服皇上的。重任就寄托在你身上了！"

王安石在他们的中间走着，步子很沉重。在风的吹动下，他那稀疏的胡子在胸前轻轻飘动首，没有说一句话。

"我也是这么想的。"吕惠卿说道。

"尽管这样，但反变法的声音却越来越响。如今，那些人都到地方任职，他们在地方可以更不听从朝廷的命令。这伙人不但不执行新法，反而到处散布新法的坏处，阻止新法的推行。天高皇帝远，新法推行起来就更困难。反变法的流言蜚语不断地传到皇上那里，这对我们变法很不利。"韩绛说。

王安石说道："前进的路很艰难，但既已开始就得走下去。我曾经说过，天道发生变化并不可怕，他人的流俗之言没有什么可担心的，祖宗的法令制度该改的就要改，没有什么可守的。不然不足以成天下之大器。"

十月的秋风吹拂着皇宫，金色的阳光把皇宫照射得更加富丽堂皇、庄严肃穆。朝廷官员们的吵闹声，与这里表现出来的平和宁静的气氛很不和谐。

文彦博说："王安石尽变祖宗之成法，天下已经议论纷纷了。"

"依爱卿之见，朝廷应该怎样治理好天下？"神宗问。

文彦博看也不看王安石一眼，说道："臣以为祖宗遗留下来的法令制度都很健全，很完美，没有必要改变，改变祖宗成法恐怕会失去民心。"

神宗不同意文彦博这种说法，神宗说："难道士大夫都认为改变祖宗成法不对吗？自然也有认为变更法制是对的。"

王安石看到神宗皇帝站在自己的立场上说话，于是，他也反驳了文彦博。

他说："诚然，祖宗的法令制度都健全，但是国家的财用却严重不足。按常理，祖宗的法令制度完美无缺，没有必要变更了，国家就应该很强盛发达，朝廷就应该会很富裕。但是，当今的情况却恰恰相反。由此可见，我们就不能说祖宗的法令制度都很适用，都很合理。依我看，不适用和不合理的法令制度就应该加以更改。"

文彦博满脸不高兴地说："祖宗的法令制度必须有人来推行，应当是人治而不是实行法治。"

司马光说："文彦博言之有理。荀卿也曾说过，有治人的政治而没有治法的政治，我以为，治理国家和治理天下最重要的在于有没有人才，而不在于变不变法。"

神宗说："人与法是互为表里的。"

司马光说："如果有了真正的人才，就不怕没有完善的法令制度。假使没有合适的人才，即使有再好的法令制度，也难以实行下去，因为没有掌握治理国家的真正原理和先后顺序。因此，现在的根本问题在于去寻找贤能智慧的人才，而不在于法令制度的完善不完善。"

王安石听到这些反对派人士说的话，心里极为不满。他提出了自己一贯的理论主张。

他立即反驳司马光和文彦博说："皇上说的才是对的。司马光所言有失偏颇。就整个国家而言，天下并不是没有财物，而是没有一套行之有效的管理这些财物的法令制度，要想管理好天下的财物，必须依靠法令制度，而制定和实施法令制度的人，又必须是贤才才行。的确，倘若官吏不好，即使有再好的法令制度，人们也不可能去遵守和推行。假使没有好的法令制度，那么，即使天下有财物，也得不到很好的管理。所以，变更法令制度来适应当今治理国家的形势，选择和造就好的官吏和管理好当今天下的财政，是互为表里的。"

王安石的反驳，使得那些守旧派和反对变法的人，无言以对。

现在却有一件事情足以让王安石害怕。

据悉，朝廷内外现在流传着一则让反对王安石变法、拥护祖宗法令的人高兴，而令王安石及全家非常恐惧的传闻。

传闻说，老臣韩琦要派藩镇兵马进入京城，清理皇帝身边的朋党，讨伐王安石。

原来，王安石的老朋友孙觉曾在神宗皇帝的面前说过："现在，藩镇大臣如此论列，都遭受到挫折。如果在唐末之际，一定会有兴藩镇之兵甲清理皇上身边的恶流的。"

孙觉和吕公著都长有一脸大胡子，神宗听后时间一久，便忘记了这话究竟是出于谁的口中，结果误认为是吕公著说的。

　　吕公著与王安石交往甚深。王安石曾经对他说过："吕公十六不做相，天下不太平。吕公你如果在朝廷做宰相，我们这些人都可以谈论为官了。"吕公著任御史中丞这个官职，还是王安石在皇上面前推荐的。

　　王安石一听是吕公著要"清君侧"，他又联想起前几天，吕公著还说过王安石新法有不当之处的话。于是，神宗把吕公著贬到颍州任职，他也没有丝毫异议。

　　这一事件，使一向温文尔雅的司马光，更加深了对改革的痛恨。因为吕公著不但是王安石的朋友，同时也与司马光交往甚好。知道此事后，司马光便上朝觐见神宗。

　　司马光对神宗说："公著平时与我们一起交谈时，说话比较谨慎，都是三思而后行，陛下为什么就这么轻易把他贬谪呢？外边都在议论皇上不应该这样做。"

　　神宗承认是他把孙觉和吕公著两人混淆在一起了。但是皇帝是中国历代最高权力的象征，当然他也不可能马上把吕公著召回到朝中的。

　　神宗转换了话题，问起了吕公著的不足之处。

　　司马光说："以前，朝廷任命吕公著为专职的举荐官，吕公著在任此职间举荐的都是条例司的人，他与条例司表里如一，即使他对新法有意见，也是后来舆论造成的，先是拥护新法，后又反对新法，这就是他的不对了。"

　　皇帝有点惋惜地对司马光说："王爱卿不贪恋官职，也不希图钱财，可以说是当今的贤能智慧之士。"

　　"安石的确是个贤臣，但他也有短处，不太明白事理，而且刚愎自用。他也不应当信任吕惠卿，吕惠卿确实奸邪，其实他就是王安石的幕后策划者，而王安石每次都听他的，还身体力行之，所以天下的人都指责王安石为奸邪。"司马光说。

　　神宗又说道："说王安石奸邪不轨，这种说法是不是太过分了。他执拗固执，这倒是事实。"

　　在神宗面前，司马光的言谈虔诚、坦率，流露出来山西人所特有的憨厚和他几十年的修养，那稍稍尖削的脸庞和粗眉下面细长的眼角中淡淡的眼神，好像都浸泡着深厚的学问，这种学问洗去了他平日所有的奸诈，留下的似乎全是饱读诗书之人所特有的深厚诚挚。

　　如今，反对王安石变法的人都被皇上罢免而去。现在司马光成了王安石最坚决的反对派了，并且成了大宋朝廷中反对新法的一面大旗。

　　司马光和神宗皇帝面对面地坐在迩英阁里交谈，宫女扇着扇子站立在神宗的两旁，扇子上的山水花鸟在宫女的手中轻轻地摇动着。

　　"为政有体，治事有要。卿以为什么是体，什么是要？"神宗问司马光。

　　"国家的君主如果是元首，臣子就是手臂，上下应当互相维护，内外应当相互制衡。这就好像渔网有纲，丝织有纪。古代的最高统治者，设置三公、九卿、二十七大夫、八十一元士，国家的内部就依靠这些官吏来管理。为了管理好全国各地方，最高统治者又设置方伯、州牧、卒正、连帅、属长，全国各地就靠他们来负责。高贵者和卑贱者，是有顺序有等级的，就好像我们人的手臂是由身体来使唤的，手指又是由手臂来使唤的一样。这样，就能上下应答，互为一个整体，就不会出现差错。这就是为政之体。"司马光耐心细致地对皇上解说道。

"治道有要，又当怎讲？"神宗问。

司马光说："人的智慧是有差别的，人的能力也是有限的。假使用一个人的智慧和能力去管理天下所有的事，懂得天下所有的东西，那根本是不可能的。所以高贵而有地位的人应该管理天下所有的事情，而卑贱没有地位的人则只能去办理一件具体的事情。管理所有事情的人所做的事，就必须简明扼要，办理具体事情的人，就必须把事情做得越细越好。简明扼要就是要以管理大事为主，越细越好就是要把每一件事情彻底做好。"

司马光看了一眼神宗说："不知陛下以为臣下说的是否有理？"

神宗说："有道理，请再给我说一遍。"

"所以，国家最高统治者的职责，就是根据人的才能选择适合国家的人才，并把他们安置在适当的位置上，皇上对有成绩和功劳的要奖赏，有罪行和错误的要惩罚，明君圣王的职责不过如此。这样，最高统治者所选择的人不用太多，所考察的事情也不用太复杂，天下也可以治理得很好。这就是治世有要。"

"那么为何当今之世为政无体，治事无要呢？"

神宗又把话题转到了当今的朝廷政事上。司马光也做好准备回答皇上的问题，前面的论述，正是为回答皇上的问题做铺垫的。

司马光不紧不慢地对皇帝说："陛下自从继任皇位以来，孜孜不倦地为国家朝廷操劳大事，至今已经好些年了，许多大事却没有取得显著的成效，大概是因为掌握治理国家的方法不得当。"

"如今，变风俗，立法度，理财政，未得为政之体治世之要吗？"神宗有点不高兴地说。

司马光见神宗闷闷不乐的样子，便不敢再说话了。

"请直说。"神宗说。

"臣不敢再说。"司马光说道。

神宗说："我没有责怪你的意思。"

司马光定了定神，稍加停顿。说道：

"陛下所选用的人才并不都是贤能之士，吕惠卿奸邪，王安石奸佞。如此用人人主朝政，难以把国家治理好。希望陛下把大权收揽手中，办事聪明果断，树立起天子的威风。王安石等人另设一局，聚集了几个文人谋略策划朝廷政事，变更祖宗的成法，三司的其他官员谁也不知道他们究竟是怎样谋划的。这其实是大臣抢夺了小臣该做的事，小臣又侵夺了大臣该做的事情，有些分工不明，本末倒置。这些人把祖宗成法改来变去,恐怕他们更改的法令制度不比已有的法令制度好,他们充其量不过是达到了胡乱篡改祖宗的法令制度目的。这样的做法,根本就与古代的法令不一致,也与现实情况不相符合。长此以往,想恢复到从前也不可能了。"

神宗说:"卿之所言,朕已铭记心中,如卿忠诚者少。"

神宗对司马光的肺腑之言确实是已铭记心中,一连许多天,司马光的话一直在他的脑海中回旋。

神宗皇帝向太皇太后提到司马光:"司马光是忠孝贤能之士,学问高、有风度、有修养,是大宋天下的心腹呀!"

"这样的人就应该让他在朝廷中担当重任。"太皇太后说。

"司马光虽忠孝朝廷,但是太守旧,反对改革,反对新法的推行。"神宗说。

太皇太后又说:"王安石有才,但我听大臣们都说他太固执,不明事理,变法过激,司马光在朝廷,恰好可以制衡他。"

神宗皇帝很想重用和提拔司马光,司马光忠是忠,但是,对于现在朝廷的状况来说,皇帝更需要的是另外一种忠。每当两种忠同时摆在他的面前的时候,他更趋向于后者。

神宗皇帝始终没有提拔重用司马光。

一天,神宗在朝堂上问起了新法的进展情况。

神宗皇帝说:"我很想听听你们俩对青苗法的看法。"

司马光说:"把钱借贷给平民百姓,要老百姓再付高额利息,本身就是一种侵犯和掠夺平民百姓的行为,更何况官府是帮助还是严厉惩罚呢?"

"青苗法规定,平民百姓愿意向官府借钱的,官府就把钱借给他,不愿意向官府借钱的,朝庭也并不强迫他们。"吕惠卿说。

"平民百姓大多数都是愚民,愚民只懂得借钱的好处,根本就不清楚还债的痛苦和借贷给家庭带来的祸患。官府是不愿意把钱借给这些愚人的,连富裕的百姓也不乐意把钱借给这些愚民,因为官府和良民知道他们还不起借的钱。"司马光说。

"正因为这样,朝廷才主张变风俗立法度,把不好的风俗改变了,把有利于百姓的法令制度建立起来,诸多问题都能够慢慢地得到解决。"吕惠卿辩论道。

"变风俗、立法度说起来容易!不等到变风俗、立法度,只不过是扰乱百姓的平静安宁的生活而已。先前,太宗平定河东,用现钱买进粮食的和籴法,是买进粮食供给兵卒用的。当时的价格是一斗米十钱,百姓当然乐意与公家进行买卖贸易。后来尽管物价上涨,和籴法却没有废除,那便成了河东一带世世代代的祸患。我害怕将来的青苗法也同和籴法一样,将会给百姓带来祸患。"司马光说。

神宗说:"陕西已经施行青苗法很久了,百姓都没有意见,都认为青苗法甚好。"

司马光说:"敝臣以为,不见其利,只见其害。"

"司马大人身处朝廷,并没有回陕西调查,在皇上面前怎么能如此轻率作答呢?"

吕惠卿诘问司马光道。

司马光谈起和籴法，神宗又想起了不久前推行的一项坐仓籴米法。坐仓，是指各部队有多余的粮食，如果有愿意卖给政府的，官府可以按照适当的价格买进来，政府把买来的米谷贮存在粮仓里。这项法令是为了解决运输和流通中的困难而制定的，政府把近处部队中多余的粮食买进来，而南方各地上交给政府的粮食就可以用钱代替，这样就可以节省从南方运粮的交通费用。这项法令是神宗皇帝听取朝廷大臣孙思道的建议而颁布的，当时王安石也同意推行和颁布这项法规。

神宗问司马光道："爱卿以为坐仓籴米法如何？"

一个反对变法的官员站出来说："坐仓籴米法只有害处没有好处。请皇上废除它。

吕惠卿道："身为朝廷大臣，法令还在，却遑论废除新法，臣以为不可。"

"可事实并非如此。"司马光说道。

"现在京城里已经储存了七年的粮食，但朝廷中缺少的是钱，而不是粮食，假使坐仓还是用钱买粮食，钱不是越来越少了吗？话又说回来，买这么多粮食储存起来，不都变成了陈粮旧米吗？"

吕惠卿说："吾朝自太祖太宗以来，军费开支和官员职俸是日益增加，朝廷财政赤字巨大。唯有效法先朝，清理财政，方能解决它。"

"确实是这样，朝廷必须理财，但理财有不同的方法，应当注重俭省节约，而不应当以扰乱平民生活和盘剥老百姓为主。"司马光说。

吕惠卿说："京城坐仓买进粮食一百万石，换言之，即此种做法减轻了东南各路每年通过水路运粮的负担，可以把粮食上交给朝廷。这样，可以解决一些运输过程中困难。难道这算是扰乱和盘剥百姓吗？"

司马光说："可事实却不是这样，东南各路缺少的不是粮食而是钱，粮食有剩余而钱不足。如今，朝廷舍本逐末，臣窃以为忧。"

司马光又说："这都是些小事，不该用来烦扰皇帝陛下。臣想说的乃是应当选择任用真正的贤明智士，有功劳的就加以奖赏，有罪的就加以惩罚，这是陛下您的职责。"

神宗对司马光所说的并不表示满意。

在做枢密副使期间，司马光对青苗法进行了更全面更猛烈的抨击。

他对神宗说道："王安石等人推行新法，改革旧法，没有经过任何考虑而草率地进行，也没有给大家讲明变法的理论根据，他们只顾到眼前的小利，而从不顾及国家、天下百姓平安长久的大事。臣对当今朝廷政事不能得到很好的治理极为担忧，他们不能辅佐皇帝陛下修习祖宗已经确定的法令制度，而是变更和扰乱先祖的政令法规。他们只忧虑当今朝廷财政之不足，而不能规劝皇帝陛下及朝廷上下的官吏们勤俭节约，以增加朝廷和国家的财政收入，却派遣官吏到下面去搜刮和剥削天下老百姓。王安石废除常平仓和广惠仓，是胡作非为。本来就很完善的法令，他们却任意更改。臣恭请圣上三思，以大宋帝国的长治久安作打算，废除青苗不善之法。"

司马光要求神宗废除新法的上书，在神宗那里没有得到任何回音，更没有为神宗所采纳。

他坐在书房里，愁眉紧锁，对当今朝廷政事和大宋江山的未来深深忧虑。

这些天，他变得焦虑不安，吃不好睡不好，脸色憔悴，整天望着他整理的那些《资治通鉴》文稿发呆。

司马光并不怪神宗皇帝不接纳他的主张。神宗皇帝是对的。王安石是扰乱天下和迷惑皇上的罪魁祸首，劝诫王安石改变他的主张是根本不可能的，但他还是必须这样做。这不只是挽救王安石和挽救王安石的名声，而是挽救神宗皇帝和整个大宋朝廷，挽救天下百姓不受新法之苦和新法之害。

于是，司马光给王安石写了一封信，在信中极力抨击新法，他说王安石为制定新法设立制置三司条例司侵犯了盐铁、度支和户部的原有权力；改变祖宗成法是扰民生事；实行青苗法是剥夺富户大商和封建地主阶级的利益；与民间争夺利益。他刚愎自用，拒绝接受朝廷官员的劝告，一味拒谏，固执己见，造成极大危害。

王安石接到司马光的信后，看了一眼，就把它扔到一边，不予理睬。接着，王安石又收到了司马光的第二封信，这封信司马光以更加严厉的口气指责王安石的变法革新。

他的儿子王雱拿过司马光的信。看过后说道："司马光真是学识渊博，可我怎么也不明白，他为何变得如此的迂腐，让人不理解，神宗皇帝为什么还非要留任他不可。"

王安石说："迂腐有时也有迂腐的用途所在，事情往往是这样，有很多看来迂腐的东西，在另外的人看来就不是迂腐。"

"对于司马光，父亲打算怎样对待他?"王雱说。

"我想只能写封回信给他。其他没别的办法。"

"不能请求皇上罢免他吗?"王雱问。

"皇上知道我变法过于偏激，司马光也是皇上需要的人，让他留任，皇上是有他的道理的。"王安石说。

王安石写了一封信给司马光，把皇帝当作自己的挡箭牌，对司马光信中的责难进行了针锋相对的批驳。这封信明确指出了王安石与司马光政见不同。此信是这样写的：

"人们虚度时日得过且过已经不是一天两天了，对国家大事不闻不问，与世俗苟同，讨好大众，已成为大多数士大夫的不良习气。皇上欲改变这种不良习气，而我则并不考虑究竟得罪多少人又有多少人反对我，一心想为国家干点政事，想辅佐皇上来根治这种恶习。

"为什么会有那么多的人反对变法，对我和支持变法的人们又有那么多的怨恨呢？盘庚迁都的时候，不仅朝廷士大夫反对，老百姓也不同意，怨声载道，但盘庚并没有因为百姓的怨声载道士大夫们的反对而作罢，而是坚持他的合理的主张和决定，后来搬迁完毕，也没看出有什么值得后悔的，并且使后人获得很大的好处。

"如果司马光你指责我担任宰相已久，没能辅佐皇上大有作为，老百姓没有得到什么好处，那么我是知罪的。假使要我放弃革新的事情，什么都任其自然，墨守成规就行了，这就不是我所愿意的。"

司马光收到王安石的信后，垂头丧气地坐在自己的书房里，沉默不语，心里骂道："王安石真是个执拗和固执的人！"

朝廷任用吕惠卿和薛向等人自不待言，王安石的学生李定也被神宗提拔，在朝廷中引起一场轩然大波。

李定曾经受学于王安石，在王安石改革变法时，他任秀州判官。据说他曾经在神宗面前大谈青苗法的好处，从而坚定了神宗推行青苗法的决心。他之所以被提拔为监察御史里行，也就是因为他在神宗皇帝面前为王安石的变法说过好话。

只是，当李定在朝廷任职时，他的母亲去世，按照传统礼义道德和规定，李定应该向朝廷请假回家守丧，尽为子之孝。然而，李定为了在朝廷继续任职，便隐瞒了母亲去世的事情。后来，有人知道了这件事，对李定加以追究，他坚持说自己根本就不知道母亲去世。朝廷上下对李定这种做法大为不满，纷纷上书皇帝，请求罢免李定在朝廷的官职，说李定是一个无情无义的人，在社会上不能立足，而现在不但没有惩罚他，反而又得到了皇上的提拔，将来朝廷风气和天下风俗就会遭到破坏。

正当朝廷内外激烈抨击李定的时候，一个轰动全国的事件在朝廷中流传开了。

知广德军朱寿昌的父亲曾为京兆尹，朱寿昌是他父亲的小妾刘氏所生，生下朱寿昌的第三年，朱寿昌的母亲就被朱家赶了出去，后来改嫁给姓党的人家。朱寿昌长大后，便四处寻找自己的母亲，但都没有找到。后来，朱寿昌便没有心思做官，说现在自己已年过半百，但仍然不知道自己的亲生母亲是什么模样。他最后决定弃官，去找自己的母亲，不找到自己的母亲就誓不罢休。朱寿昌历经千难万险，吃尽千辛万苦，终于在陕西的一个地方找到了他的母亲。

于是，朱寿昌便把母亲和同胞弟弟带回老家，和母亲、弟弟生活在一起，专门供养他们。京兆尹钱明逸针对李定的不孝行为，把朱寿昌弃官寻找母亲的事迹呈报给朝廷。朝廷中的一些老臣纷纷上书神宗皇帝，请求破格提拔朱寿昌，罢免李定。

对此事，苏东坡和一些文人曾吟诗赋词，大肆表扬朱寿昌的优秀事迹，并将他的这种忠孝行为大加宣传。司马光更是极力赞扬这件事，还借题发挥，极力劝诫神宗皇帝不能只听取王安石和吕惠卿等人的意见，必须广泛采纳别人的意见。

终于，李定承受不了外界的压力，要求辞职，朝廷也罢免了李定的官职。但是，朱寿昌并没有得到王安石和神宗的破格提拔。

神宗和王安石等人一一击败了司马光等人阻止变法的企图。司马光已感到精疲力尽，感觉自己留在朝廷里已无能为力了。他决心潜心整理和编撰《资治通鉴》，不再治理朝廷事务。

但是，接连发生的几件事令他无法潜心著述，他的两个助手先后被朝廷罢免官职。

刘攽原来是王安石的朋友，交往甚好时，常常与王安石开玩笑。据说，有一次，刘攽把王安石的名字拆解开来。说王安石的名字，去掉"女"字，就变成了"宕"字，去掉"宀"就变成了嫉妒的"妒"字，上交乱真如，下交误当宁。很明显这是对王安石的嘲讽。当时，王安石并没介意，后来，刘攽写信批评王安石的新政。在这年的考试中由吕惠卿主持，他把支持变法者列为上等，下等的都是反对变法者，而刘攽则把它们一一颠倒过来，和吕惠卿对着干，由于此事，刘攽被贬官。

与此同时，刘恕也被王安石贬官。刘恕本来也与王安石相好，王安石很欣赏他的才华，任命他到三司任职，刘恕以不懂财政为由推辞了，并登门劝说王安石不能以利为先。在刘恕知道司马光坚决辞职后，就以奉养父母为由，请求朝廷罢官回家。这也使司马光认为刘恕是由于王安石的原因而离开朝廷的。这一切，使司马光彻底坚定了辞去枢密副使职务的决心。

熙宁三年（1070 年）八月的一天，司马光在垂拱殿拜见了神宗皇帝。

司马光请求神宗道："臣已无法与王安石一起共事，我再也不能在朝中任职。臣恳请皇帝允许，到许州或者西京洛阳的留司御史台、国子监担任一个闲职。望陛下恩准。"

神宗装作不知道司马光和王安石已经到了水火不相容的地步。

他说："我知道王安石与你相交一直甚好，你又何苦自寻烦恼呢？"

司马光说："是的，我是与王安石交情甚好，但自从他执政以来，我们俩之间矛盾太多。像苏轼这样的人，都受到王安石等人的诋毁，甚至想严厉惩处他。我虽不怕贬官，但我想保持做人的清白。我与王安石交情好，而吕公著与王安石交情更深，王安石开始提拔吕公著，后来又极尽所能地诋毁他。同一个王安石，他的言行却变化得这么快，前后判若两人，究竟他还有什么值得相信的地方呢？"

神宗说："青苗法颁布后，有显著的成效。"

"整个天下都知道颁布实施青苗法不对，只有王安石之类的人说此事做得好。"司马光说。

神宗说："苏轼不是什么好官吏，有人上书进谏时，他拿着他人的奏书到处声张，影响太坏。韩琦给他三百两银子，他不要，反而用来做贩卖食盐、木材和瓷器的生意。"

"判断一个人的好坏都应有事实根据，苏轼贩卖盐确有其事，但所获得的钱，怎么都不如韩琦给他的多？王安石讨厌苏轼，他想从中诋毁此事，然后就派弟妻的兄长谢景温作爪牙，尽其诋毁之能事。朝廷里出现此等事情，恐怕我司马光自身也难保，臣不得不去也。尽管苏轼不是真正的好官吏，那也比李定德行好吧？母亲新丧，李定都不回去尽孝，连禽兽都不如，王安石喜欢他，就想提升他为台谏司的官员。皇上为什么就只指责苏轼呢？"

皇上知道司马光去意已定，也不好再说什么了。

离京之前，司马光又对王安石进行了一次比以前更激烈的抨击。

司马光向神宗皇帝上呈了《奏弹王安石表》，明确表示了他与王安石已是水火不相容的政敌。他说，我与王安石，就像冰和炭不能置于同一个器具里，就比如冬天和夏天在同一个时期和同一地区，不可能同时出现。

司马光痛斥王安石道：

"王安石首倡奸邪之术，惹是生非扰乱朝廷正常秩序，违背旧法令改换制度，随意变革朝廷典要，学问不纯正，言论伪诈，依照先王成法应当受诛，他不但不是朝廷百姓的良臣贤官，还是天下百姓的奸贼。他以败乱衰退之事牵强附会于当今之世，花言巧语以掩盖自己的过错，只有巧言令色的辩论才能，一味拒绝接受谏臣的正确言论。

"王安石勾结拉拢一班人，朋比为党，亲戚故人如星云际会，布满朝廷上下，有的官居要位，窥伺朝廷机密，横行霸道，作威作福，人心动摇，天下骇然。"

虽然反对变法的最大理论家和最坚强战士司马光离去了，但是反对派的声音仍在四处回响，而此时朝廷却变得比以前安静多了。

2. 正式拜相

熙宁三年（1070年）十二月十日，京城笼罩在一片白雪皑皑的雪夜之中。

皇宫早已没有了白天来来往往的官员，也没有了白天的喧嚣，显得更加庄严和肃穆。只有明亮的宫灯静静地高悬皇廷，巡哨的士兵在来回走动。

还不知道自己已被神宗皇帝任命为参知政事的王珪冒着风雪严寒走在去宫禁的路上，他的心情紧张而又激动。神宗皇帝正在宫禁中等待王珪的到来。他从神情肃穆的官吏面前穿过，来到了神宗皇帝面前。

神宗对王珪说："我已任命卿为参知政事。"于是拿出他亲自写的手谕给王珪看。

王珪跪拜神宗说："叩谢陛下大恩大德。"

"深夜命卿来，有件大事朕要你去办。"神宗说。

王珪说："臣遵旨。"

"朕已决定任命王安石和韩绛为同中书门下平章事。请臣为朕起草一份任命王安石和韩绛的诏书。"神宗说道。

王珪从神宗皇帝手中接过纸笔，尽力克制着自己此时的兴奋，起草起诏书来。

王安石接受了神宗皇帝任他为同中书门下平章事任命。如今，他的府院里正沉浸在一片欢歌笑语中。

朝廷中许多要好的官僚一批批来到王安石的府上，向他表示拜贺。王安石一家人也都沉浸在有生以来的最大喜庆之中，迎来一批批客人，又送走了一批批客人。

王安石没有亲自出来迎送来家拜谢祝贺的同僚们，他似乎没有一点兴奋的心情，看上去平静得很，似乎与今天的欢乐气氛很不相称。他一个人待在自己的书房里，院里的所有欢乐似乎都和他毫无关系，他的脸上呈现出一种忧郁。

院中的气氛越热闹越欢快，他的心灵似乎变得越加沉重和抑郁。在前来庆贺的人群中，好像只有那位不慕官位不仰权贵的魏泰最理解王安石此时的心情，他信步来到王安石的书房里。

外边的说话声，嬉笑声，甚至鞭炮声，似乎这一切都与他俩无关，此时的书房更显得寂静，寂静得有点让他们透不过气来。

魏泰来到王安石面前，说道："提升官职不是一件值得庆贺和高兴的事情吗？"

王安石坐在那里，没有反应也没有回答。

魏泰说："范仲淹曾说'居庙堂之高而忧其民，处江湖之远而忧其君'，这时用在您身上一点也不为过吧。"

王安石还是不做任何回答。

他俩来到西庑的小阁里，走到一个窗户前停了下来。王安石身背双手，魏泰两手下垂。

"我知道您心里十分沉重和忧郁。"魏泰说。

王安石紧锁着眉头，时而仰起头，时而又低着头，时而又把眼光投向窗外凝视着远方。

风，依然在刮着，吹得满脸隐隐作痛，吹乱了王安石所有的思绪。雪，仍在飘着，飘得他心灵激荡，飘乱了他眼前的世界。想起了江宁府中的那份宁静，想起了长江的滔滔江水，他想起了钟山脚下的清幽。魏泰轻轻地关上了窗户。

魏泰拿起了笔墨，递给正在沉思的王安石。他接过笔墨，在窗上写下一行凝重的字：

霜筠雪竹钟山寺，投老归与寄此生。

写完后，他猛地打开窗户，把毛笔从窗口用力抛出去。王安石看了一眼魏泰，笑了笑，带着一种苦涩。魏泰看着王安石微微点了点头。二人相对无言。

理解别人很难，而有时理解自己比理解别人还难，理解别人只需要理解自己所想理解的，而理解自己则需要全面剖析自己，而从中达到理解自己的目的，在对自己无法解剖的时候，心中便生出自己和他人都无法理解的痛苦。

哭是悲剧，有时笑同样也是悲剧。

即使自己身处封建权力结构至高无上的宠幸中，深情与雄心仍在欲展宏图的这种襟怀中，王安石还是无法摆脱这种悲凉的境地。

保甲法推行没多少天就遭到了许多人的反对，大名府通判王拱辰给皇上的奏书中说，保甲法不只是使百姓财力困乏，浪费农民大好光阴，而且朝廷的法令逼使老百姓犯罪，保甲法实施的时候，乃是大盗出现的时候。从此以后，反对保甲法的奏章频频出现。

让王安石感到一丝欣慰的是，政坛前辈、文坛领袖欧阳修虽然曾几次上书给皇帝说青苗法有害无益，当他知道王安石登上相位时，还是特意给王安石写来贺信。

静坐在灯光下，王安石喝着清香的绿茶，一边品尝，一边思想，五十年的人生历程，在那杯清香的江西绿茶中变成苦涩的滋味。

他心中泛起归居江宁的念头，他想回到钟山下去享受那一片属于他自己的宁静，他想徜徉于玄武湖边，去欣赏那微风中碧波荡漾的湖水和林荫亭树。

每当此时，神宗皇帝那张带着焦虑和痛苦的面孔就会浮现在他的面前。他知道神宗皇帝太相信和重用自己了，希望王安石能分担朝廷治理国家的重任。

他的内心深处并不是隐含着无限的权力欲望，他也不是那种为了权力就什么也不顾及的人，他的权力欲望归根结底是为了实现自己几十年来的治国平天下的人生信念。权力时常在他的手中颤抖，几乎要抖散他的人生生命的另一面。

确实，权力可以视为人生轰轰烈烈的一面，但权力也意味着要毁掉人生的平和与宁静。这使王安石感到自己在人生道路上的痛苦。他是一个政治家，但同时他也是一个地地道道的文人士大夫。他在人才济济的宋代政治舞台上登上了众人仰慕的宰相宝座，他能挟天子整肃官场，并能得到皇帝允许推行旷世变革，他是一个聪明的政治家，"聪明"到为了帮助朝廷和神宗理财而得罪朝廷大小官员，"聪明"到为了取得皇帝的信赖和重用而泯灭年轻时的爱惜百姓之心，"聪明"到这种程度反而变得糊涂了。

明知不可为而为之常常是人生的一种悲剧，王安石便是沉浸在这种巨大的悲剧海洋中，痛苦地挣扎着。

现在，朝廷里确实比以前安静多了，由于司马光的离任，王安石的提升，朝廷中的反对派比以前少多了。免役法虽只是经历了短短一年多的论证，但很快就得到了神宗的御批。王安石的心情又在这一成功中变得舒畅起来。

元宵节的夜晚，王安石与朝廷百官一起，穿戴整齐，容光焕发地跟随着神宗皇帝的龙驾到集禧观观赏元宵花灯。队伍正走在去集禧观的路上，浩浩荡荡明亮的灯火照亮了热闹非凡的京都。

皇帝左右跟随着众多神情严肃的侍卫人员，禁卫队在周围严密地巡逻，此时，豪华庄严的集禧观呈现在队伍的眼前。集禧观里，彩灯交错，辉光四射，映红了周围所有的一切。

随神宗皇帝拾级而上，到达集禧观门口，皇帝的御座被朝廷官员迅速地移到中间。年轻的神宗皇帝兴高采烈地欣赏着元宵佳节的热闹和繁荣。有个朝廷官员来到神宗的身旁，悄悄地对他说了几句话，神宗的脸色突然变得黯淡无色。

王安石正沉浸在当年随从仁宗皇帝一起观赏汴京元宵节的情景，感慨油然而生：老天真是有眼，我真是三生有幸，今日又遇上了开明君主，能够跟随神宗皇上一起观赏这辉煌的夜色，简直是无上的荣光。

神宗让王安石坐在身边，王安石便起身向神宗走过来，许多羡慕的目光投向王安石。

"皇上今夜十分高兴。"王安石对神宗说。

神宗说："朕看爱卿心情也不错。"

"能与陛下一起观赏如此美景，真是万分荣幸。此时此情此景，能不高兴？"王安石说。

神宗说："兴致之余，仍不免忧虑。免役法才刚刚实施，反对的言论又不断传来。"

王安石说道："一些守旧派的言论，皇上不必太计较。"

"但也不得不有所思虑。听别人讲，知东明县贾蕃违反免役法令，擅自把第四等户推高为三等户，目的是想把免役户列到纳钱户的行列里。被提高的户民有好几百人到开封府门口滋事，不知卿知道不知道此事？"神宗说。

王安石说："臣已听说过此事，贾蕃在这个事情中做得不对，这样势必会影响免役法的推行实施。不过，反对派的人总是对朝廷每颁布一项新法都持反对态度。臣听说此事亦有人从中作梗，他们想煽动民心动摇免役法。这些人认为上缴的钱多了，一定有盈余。他们以为煽动成群结队的人到官府闹事，就有可能把免役法废除。当然，若有不愿意交纳免役钱的人，也可以不交纳，但他们必须去服役。"

神宗说："是否可以适当地降低一点纳钱标准？"

王安石说："朝廷制定法令制度都是根据义理来判断，而不能因为某些人的反对来改变制度，朝廷不能太相信鄙陋浅近的言辞。"

神宗说："司马光也曾上言，上等户从来都是轮流服役的，这样能使他们有充足的时间休养生息。现在，每年让他们出钱，这样他们就没有休息的时间了。下等户和单丁户历来不服役，现在也让他们交钱，如此，鳏夫寡妇、孤儿和孤残老人全不免役。老百姓有力气，能够自己生产粮食，但是，老百姓自己不能制造钱币，钱币都是由朝廷制造的。如今，官府只要钱，而不顾老百姓的生活。"

"司马光一贯反对变法，是反变法派的重要人物，总是与朝廷对着干，这是皇上知道的。"王安石说。

王安石话虽这么说，但自己心里很明白，司马光只是反对免役法的其中一人，但绝不是最后一人。

司马光眼看着王安石在朝廷中雷厉风行的改革之举，而他又无法阻止。更重要的是，神宗皇帝没有采纳他的意见，于是，他决定弃官而去，他不愿意看到王安石那一套在他看来是祸国殃民的法令制度在朝廷上下推行。他向神宗皇帝上交了一道密疏。

他在这道奏疏中说："我司马光自感才能有限，在朝廷官员中最为劣等，没有先见之明还不如吕诲，正直无私方面还不如范纯仁和程颢，敢于正言还不如苏轼和孔文仲，勇敢果断还不如范镇。这几个人耳闻目睹了王安石的所作所为，他们的上书和对策都极力陈述王安石变法之大害。"

司马光虽然离开朝廷远在陕西，但他仍然为反对王安石变法而努力。几个月之后，神宗皇帝同意司马光去西京洛阳留司御史台的请求。从此，司马光立下誓言，绝口不言政事。直到神宗皇帝死去和王安石被罢去宰相职务之后，司马光才又重新登上大宋帝国的权力舞台，与以苏东坡等人为首的"蜀党"又展开了一场激烈的权力争斗。

王安石看过司马光的密奏后，对神宗皇帝说："司马光此话没有道理，怎能把变法看作是盗贼的行为呢？且陛下做任何事均自有主见，明察诸事，又怎么是事事都听臣的呢？"

神宗说："人无完人，人怎能没有过失，你看我也有过失，但你总是闭口不谈，还为朕辩护。我希望你我君臣之间不要存有隔阂，要畅所欲言。"

王安石说："皇上待臣甚厚，臣怎敢心存形迹，有话直言罢了。"

神宗说："新法施行以来，多有不顺，朕经常害怕自己难以成天下大器也。"说话时，脸上表露出忧郁的神情。

"关键在于陛下不可他求。如今陛下圣德日上，天下风俗会逐渐变好的，又有什么好过分忧虑的呢？"王安石说。

3. 刘挚被贬

四月的阳光和煦宜人，春风吹拂着王安石日益憔悴的脸，尽管神宗对改革的前景忧心忡忡，心存疑虑，但王安石仍没有失去革故鼎新的信念。

这天，王安石正走在回家的路上，远处突然传来了一阵喧闹声，他坐在轿子里，伸头向外一看，成百上千的人正向他这个方向蜂拥而来。王安石下了轿子向前走去，人群向王安石走来。王安石终于看清楚了，那是一群脸上充满愤怒的百姓。

他来到人群的前面，无数的百姓挡住了他的去路，王安石被人群包围起来，侍卫人员竭尽全力驱赶那些人，但却无济于事。

这些人是为了争得他们的生存权而来到开封府的，他们也是朝宰相而来的。这是一群来自开封府东明县的老百姓。

几个百姓叩跪在王安石的面前，他们泪流满面，向王安石诉说地方官故意拔高他们的户等，令他们交纳不等于自己户等的免役税。

"宰相大人，请您为我们伸张正义，体察民情，为我们这些平民做主！照这样下去，我们就无法再活了！"

"宰相大人，请您惩罚那些不顾我们死活，而只顾自己升官发财的官吏吧！"

"您身居宰相之位，却不了解民间实情，您这是什么宰相哪！"

人们的呼声越来越高，跪在他面前的几位老人拉着王安石的官服，向王安石哭诉起来。

王安石面色发青，在这么多老百姓的面前，他甚至有些恐惧，他俯身去拉跪着的老人，但王安石怎么也拉不起他们。

快到家门口的时候，王安石老远就听到吵闹声和呼喊声，黑压压的人群把他的府院围得严严实实，密不透风。

回家路上遇到的情景在王安石家里也同样发生了，好几百人拥挤在他家院内。院子里的梧桐树上也爬上了好几个人，那几个人大喊大叫着要宰相出来接见他们。

王安石站在院门口的台阶上，向拥挤在院子里的人群解释。他重复着在路上刚说过的话，这些人比路上遇到的那些人还坚决，怎么解释他们也不听。有人甚至提出更苛刻的要求，要王安石当着众人的面写出告示，他们带回去，贴在乡村的墙壁上，这样，他们才能放心地回家。

王安石心里想，这是绝对不可能的，也是万万办不到的。如此做法只能断送新法改革之路。

王安石嗓子都已经哑了。最后，他派自己身边的人去对群众说，大家可以留下几个人作为代表，向宰相具体反映情况。人们推举了几个代表留下来，其他的先回去。此时，人群才慢慢地从王安石的家中撤走。

王安石叫代表们坐下，命仆人给他们每人斟了一杯茶，然后招待他们在他的家里吃了一顿饭。饭后，乡民的情绪已好多了，脸上的怒气也没有了。王安石在自己的房里休息了一会儿，才出来见他们。看上去，他现在的精神比刚才好多了。

"你们都跑到开封来，究竟是为何事？"王安石问。

"难道大人还不知道吗？"他们说。

王安石说："相府真的不知道是怎么回事。"

"县府的官吏不按照朝廷的法令办事，如今，又擅自提高我们的户等，增收我们的免役钱。本来派给我们的税就已经够多的了，这样，我们简直就无法生存了。"其中一位乡民说道。

王安石问："你们怎么不让地方官府解决呢？他们是具体办理这些事情的人。"

"我们已经去过好多次了，他们根本不理睬我们，每去一次都让他们给赶出来。"

"县府的人知道你们到我这里来吗？"王安石问。

"县府根本就不管我们这些人的死活，我们再找他们也没有什么用处。"

王安石说："听说你们已经去过开封府。他们是怎么答复你们的。"

"开封府也不听我们的申述。"有人回答说。

"府里有位官吏告诉我们，"其中有人说，这个人被旁边的人马上用胳膊碰了一下，他便不再言语了。

"告诉你们什么？说吧，难道不相信相府吗？"王安石问。

"有一天，我们在开封府，要求知府大人出来接见，可知府大人就是不出来。我们不走，一直在府门口等他们出来。最后他派了几个官员出来，让我们来找大人您，说这事归您管。"

王安石听到这些话，点了点头。坐在他旁边的儿子王雱听了这话，愤怒地拍了一下桌子，说道："事出有因！"几个百姓被吓了一跳。

王安石又对他们笑了笑，问道："你们还知道些什么呢？"

"他们还说，我们早就该来找您，我们的平静生活都是被那些民贼扰乱的，你们就应该找民贼算账去。"

一位乡民说："不能和宰相大人这样说话。"

王安石说："你们现在生活得如何？"

"斗胆报告相爷，向老百姓征收的各种税实在是太高了些。朝廷的有些法令对我们是有好处的，但这些好处最后还是被官府夺走了。"

"你们先回家吧。这事我会查处的。"王安石说。

他们离开相府时，每个人得了五十缗赏钱。他们再次拜谢王安石而去。

百姓们破旧的衣服在四月的凉风中飘舞着，仿佛飘舞着一种无奈，一种辛酸，这四月的风同时也仿佛吹醒了宰相大人的天地良心，唤起了他早年任地方官员时爱民惜民的思绪。

成群结队的老百姓到开封来，陆陆续续达半个月之久。

王安石能够安抚几个人，但他又怎么能够安抚所有到开封府上访的人呢？王安石能说服这几个人，他又怎么能说服了所有人呢？不管是对老百姓，还是对朝廷的官员，他所表达的更多的是无奈。

反对变法的力量并没有因反对战线的精英司马光的绝口不论政治而变得毫无踪影。事实证明确实同王安石所想的那样，法令一推行，许多不愉快的事情就接踵而至。

监察御史里行刘挚正坐在家中奋笔疾书，极力陈述变法给当今社会带来的动乱局势及危害：

程昉开通漳河，官吏到处调集劳动力，急迫应事，仓猝上马，不量力而行，使得民不堪命。

赵子几也极不负责任，擅自拔高京郊各县的民户等级，逼迫老百姓缴纳免役钱。

王廷老擅自增加两浙地区百姓的代役钱，严厉地征收赋税，引起民众极大的愤恨。

神宗皇帝急召刘挚上朝应对。

"你跟随王安石学习过吗？王安石十分欣赏你的器量和见识。"神宗向刘挚说。

刘挚说："臣是东北人氏，孤苦伶仃，独自学习，臣根本就不认识王安石。"

"你对朝廷推行新法有何见解？"神宗问。

在神宗面前，刘挚想把王安石的变法推上传统道德的法庭。刘挚正想向神宗陈述他对变法的看法，不料想神宗把这个问题提了出来，这正中他的下怀。

刘挚说："君子和小人的区别，就在于如何对待义和利的问题。小人的才能并不是不可利用，只是他们的心志所向不在于义而在于利，他们想得到有利的东西，把克己奉公之心置之度外。陛下有鼓励农事之意图，如今却成了烦扰农事之害；陛下有均平劳役之意图，如今却成了聚敛民财之举动。忧国爱民的忠臣得不到重用，趋利生事的小人却受到欢迎。希望陛下能够广泛地听取意见。"

刘挚向神宗上书，列举了助役法的十大祸害，杨绘也连续四次给皇帝上书极言助役法的弊端。

曾布向王安石请求写文章批驳刘挚和杨绘，与此同时，他还在给皇帝的上书中，驳斥刘挚和杨绘等人虚夸其辞欺骗皇上。神宗下诏把曾布的驳书发给刘挚和杨绘等人看。

刘挚拿到诏书，拍着桌子，愤怒地说："岂有此理！作为大宋帝国的臣子，我是不会被他们的嚣张气焰所吓倒的。我要让皇上明白，究竟是谁在欺骗皇帝，谁在夸大其词。天子正是在他们的蒙骗之下才不了解事实真相的。"

刘挚又向神宗皇帝进言说："敝臣担负着进谏的职责，搜集老百姓的言论上奏朝廷，这是我的天职。现在，竟然将命令分条逐一缕析，互相辩论驳难，这样做恐怕会侮辱陛下的耳目之官。"

"此事朕已有所闻。卿就不必再多说了。"神宗说道。

从神宗皇帝那里回来，刘挚更加愤愤不平，张口道："误皇上者，王安石也！祸国殃民者，王安石也！"

王安石请求神宗皇帝把刘挚贬官岭外，这次神宗没答应，后来刘挚被皇上贬为监仓官吏并未提到该人。

郊县的农民经常到京城闹事，在全国引起轩然大波。

大小官员纷纷上书极论新法之祸害，几乎与刘挚上书的同时，一直就与王安石变法水火不相容的苏东坡兄弟也极言力陈新法的弊病。

三、变法派的内部危机

1. 王安石的困境

这段时间，反对派极力反对王安石变法，使得王安石对自己推行的新法都已经有了厌倦之感。

他制定的每一项措施都遭到朝廷里一些人的反对，而如今形势更严重，有文笔的人纷纷上书给皇帝诽谤他、咒骂他。不懂文书的人，或自觉或被人唆使冲进他的院府闹事。

刚过天命之年的王安石，回想起自己走过的人生道路和官场生涯，一种落寞之感在他心中油然而起。

回归江宁的愿望又重新涌上王安石心头，特别是他的夫人也有这种想法，这种心情就更加强烈。这些天来，王安石的家整天在谈论是否回江宁这个问题。

王安石的夫人对王安石说："这些天，我已经是吃不好睡不好了，常常有人到家里来闹事，家变得都已经不成其为一个家了。"

"我又何尝不是这样想呢？我早就有回归江宁的意思了，我也曾经与皇上谈起过此事，但当时皇上不同意我辞职回家。皇帝对我有知遇之恩，如果现在我离开朝廷，就等于把改革责任全部推给他。再说，神宗对我们一家也很好，你看，我们家现在住的院子，也是皇上特意批给我们的。儿子王雱也在朝廷中有了一定的职位，弟弟他们也得到了皇上的重用。这都是我们一家从来没有过的殊遇。"王安石说。

夫人说："这些我都明白。但在这里实在是无法再生活下去。从前，我跟您走南闯北，跟着您流落他乡，我什么时候有过怨言呢？大丈夫当有天下作为，这我也理解。我们一家人在皇上的心目中有一定的位置，这我也知道，也是我们家的荣幸。可看看您自己，现在都憔悴落寞到了什么程度！我也是在为您担心啊。"

王安石说："这些天我心情很不好，你就不要再给我添乱了，这事以后再说吧。"

"这样继续下去，会给我们家带来麻烦，甚至是灾难的。"夫人说着便流下了眼泪。

这天夜里，王安石想了很多很多，久久不能入睡，不断发出叹气声。直到三更过后，他才迷迷糊糊地睡着了。

第二天，王安石入宫觐见神宗，向神宗说完有关的事情后，他便对神宗提出了外出任职的要求。神宗不同意，王安石起身便往外走。神宗坚决要他留下来谈一谈。

神宗对王安石说："现在天下的风俗已经变得越来越糟糕了，不可能短期内把它纠正过来。事情刚刚有了些眉目，你为什么就提出辞职的请求呢？希望你能理解我的用意，没有必要计较朝廷内外一些无谓的流言蜚语。"

"臣下实在没有才能，恐怕会使皇帝陛下失望的。看看以前的对朝廷和国家拥有一片中兴之志的皇帝，也有在位许多年而无法改变朝廷和天下风俗的。朝纲朝纪建立不起来，哪有像今天这个样子的？"王安石说。

神宗说："前代的风俗之所以容易建立起来，有的是因为国家正处于衰退败亡，处于朝廷上下一片混乱的时代，平民百姓和其他一些阶层都迫切希望过上清明安稳的好日子，先代帝王也正好迎合了人们的这种心理需要，所以这时朝纲朝纪十分容易建立起来，天下风俗也容易纯朴起来。可如今，颓废败坏的风俗已经形成很久了，人们已经习惯在这种风俗下生活。现在，朝廷变风俗立法度，改变先前这种状况的法令制度才刚刚实施，必然会有很大的阻力和困难，朝廷上下和全国各地有那么多的反对变法者也是十分正常的。然而，我相信只要我们坚持施行新法，目前的这种状况是会得到改变的。"

王安石反问神宗皇帝道："依臣所见，好像是朝廷上下的小人不想、也不乐意改变当今面貌，臣窃以为陛下能够洞察朝廷上下官僚的本来面目，根据变法的利害关系来制裁他们。果真如此，又有谁敢刁难我们推行和实施新法呢？如果朝廷上下的官吏都不敢做抵抗新法实施的事情，还用得着为朝纲朝纪不立，天下风俗不变而担心忧虑吗？"

神宗说："你不要再向朕提出离开朝廷的事，假若你离开朝廷，各种事情必然会混乱不已。"

此时，王安石又想起他刚才准备给皇上汇报的一件事。本来，他今天是来向神宗汇报免役钱的事，由于急于提出外任到地方任职的请求，而险些把此事忘了。

王安石向神宗呈上奏本，然后说道："此为免役法实施后，免役钱的有关数字。免役法推行后，地方上已有很好的反映，收到了良好的效果，朝廷和国家的收入也增加了一些。"

神宗说："我看是不是向百姓征收的赋税太重了一些，我们是否可以稍微降低一点儿？"

"依臣所见，问题的关键不在于税收的轻重，而是官绅豪强兼并得太厉害，豪富巨商牟取的暴利过多。现在的情况就如同荀悦所说的：'公家对百姓的优惠有甚于三代盛世，豪绅强取豪夺所得的暴利，比即将灭亡的秦国还严酷。'"王安石说。

"这就是必须摧毁兼并的缘故。"神宗说。

王安石说："摧毁兼并，只有古代那些敢作敢为的君王才能够做到。那些兼并者都是有权有势的豪族，他们拥有巨大财富，而且有权有势，他们很容易便能够收买一些作风不正的官僚臣子们；有权势，他们就可以用手中的权力压制那些权力比他们小的和那些没有权力的平民百姓。

"更重要的是，他们的议论可以迷惑官僚和士大夫阶层。现在的法令制度，可以说一切都是根据人情来制定的，但法令制度没有真正建立起来。没有真正的法令制度，就必然不能制裁豪强的兼并。"

"所以，"王安石强调说，"臣害怕皇帝陛下抵抗不住朝廷和天下的各种流言蜚语，害怕皇帝陛下会被这些言论所左右。比如，两浙地区的助役法，豪强兼并之家就没有按照法令制度办，然而陛下却已经开始相信传闻了。这样的变法，我王安石亦难为啊。"

时间一进入熙宁五年（1072年），朝廷和王安石就遇到了巨大困境。京城里处处都是反对变法的声音，有人纠集一些不明真相的人经常在京城里闹事，甚至扰乱官府和大臣们的院府，咒骂朝廷。

朝廷不得不加强京城的保卫工作，现在，京城里到处都有巡逻的士兵，还有不少穿着便服的宫廷士兵，他们日夜在京城各处不停地巡察。凡是诽谤朝政的人都被抓起来，并依法严厉惩处。

半个多月以来，整个京城都笼罩在阴风冷雨之中，天空一片灰暗，大地沉闷不已，仿佛世界的末日就要来临。朝廷中不少人都说天气之所以如此，就是由于王安石乱变祖宗成法而致的。

熙宁五年（1072年）一月二十一日，司天监灵台郎亢英向神宗皇帝上言说："天气长期阴郁不晴，阴雨连绵，星辰的运行也已经违反了正常规律。这都是王安石的新法破坏了祖宗成法所带来的恶果，皇上理应罢免王安石。"

宋神宗把亢英的奏章交给中书省处理。王安石见了奏状之后大为不满。

王安石大发雷霆地说："天气不正常是自然之事，哪能怪罪人力呢？天气如此，难道是我王安石把它变成这个样子的吗？真是无稽之谈！"

吕惠卿说："此人可恶到极点，以天气之变与变法之事复合在一起，乃无事生非之徒，真是愚昧无知，不可救药。怪不得反对变法者纷纷然于朝廷上下，怪不得陈词滥调如洪水般在朝廷内外流传。"

王安石对吕惠卿说："请你向皇帝请示，对亢英之类的人要严厉惩处。并告知皇帝说我这些天身体不太好，想请假休息一段时间。"

吕惠卿把王安石的意思汇报给神宗。神宗知道王安石的身体不好意味着什么。这一次，神宗皇帝也没有再召见王安石，皇上知道，要王安石出来处理朝政，就只有严厉处罚亢英。

神宗下令把亢英抓起来，处以刺面的刑罚，并发配到边远的英州牢城去服役。

处理完亢英之事，第二天，王安石就去朝廷处理事务了。

王安石对神宗说："陛下修身齐家所达到的境界，即使是先前的尧、舜、文、武也不过如此而已，至于皇上近日错误地采纳了其他臣子的一些建议，也是因为臣子没能真正体会清楚圣上的旨意。但是，帝王治国的雄才大略，似乎更应该好好地讨论讨论。臣承蒙陛下恩遇，位在群臣之上，臣只是敢于对皇上讲实话，岂敢有欺骗皇上的言论呢？假若说臣已为陛下竭尽全力了，则的确不敢这样说。每件事都经过臣下仔细思考之后，才敢对陛下说的。倘若事情没有深思熟虑，臣就草率去做，皇上又怎么能明白臣的用意呢？臣下既然没有竭尽全力，那么，可想而知其他的人也就更不可能竭尽全力而为了。"

这是王安石对皇上的一番肺腑之言，神宗听了之后好久没有言语。他从王安石那张憔悴的脸上看到那双朦胧而且有几分暗淡的疲倦的眼睛。

君臣双目对视。神宗沉默良久之后，对王安石说道："朕想看看你最近写的文章，希望你能快点呈送给我。"

王安石说："我所写的一些文章，大多没有彻底完成，只有一些训诂文章，给我点时间，整理缀辑后再呈送给陛下。"

假若一个人的内心世界越是脆弱，他就越容易为事情所激动。当王安石冷静下来思考周围的事物和自身的一些问题时，他总有一种强烈地回归江宁和寻找自己心灵归宿的感觉。朝廷中有谁想要罢免、诽谤、咒骂他的时候，这时他的变革之心就会变得更加坚定。至少，他现在是朝廷的宰相，还有权力实施他的改革方案，还能够让神宗皇帝相信他的所作所为是正确的。

均贫富的思想观念好像不仅仅是中国历来农民革命的思想，而且也同样是政治家们实施他们政治和经济政策时的旗号。推豪强抑兼并，一直是王安石变法的理论依据，增加朝廷的财政收入是神宗皇帝的指导思想，同样也是王安石变法的实质所在。

有时候，王安石的心里十分矛盾。他毕竟是一个封建士大夫，而不是一个拥有永久权力的皇帝。他也经常反省自己的过去，他并不是不考虑别人的意见，只是他容不得别人反对他的变法而已。

王安石身处的那个时代，是法制观念极为淡薄的时代，在落后的封建时代，他确实感到了立法是何等艰难，反对变法者都站在伦理道德的立场上，极力赞扬古代旧的仁义之言。就他自身而言，改变风俗也是他几十年以来所主张的。然而，不管怎么说，神宗皇帝变风俗、立法度、治理好财政的愿望要比王安石强烈。

一天，神宗又一次与王安石谈论起了当今的变法形势。

神宗说："三司判官应该肩负起监督和考察财政问题的责任，现在朝廷官吏大多是苟且偷生之徒，好多官吏都未尽心尽责于朝廷政事，关键还在于没有制定严格的法令制度，因此朝廷颁布的许多条例都无法贯彻实施。"

王安石说："对于朝廷官员的法纪大多都已具备，不知皇上还要立什么新的法度来制约他们。中书省对朝中各司，并不是没有详细考察，许多事情都需要陛下率先倡导。臣子是否是忠良之士，情况是否属实，以及他们对于政事是勤奋还是怠惰，倘若陛下都能够明察秋毫，事情就好办了。倘若只是由像臣这样的臣子来监督考察，臣没有那么大的权力，可以超越职权去办事，那样的话臣就变成了凌驾皇帝之上的官员，这有害于君臣名分。"

"有些事情你是可以独自处理的，不必事事请示。"神宗说。

"况且，法律制度并不是治理好国家的根本，也不是仁政王道的方法。精神鼓舞人心术感化人，使人们能够自然而然地接近善良远离罪恶，才是仁政王道的方法。如果事事都用法制的标准来限制和衡量，有些事是达不到治理目的的，反而是越搞越糟。如果不是勤勉于王道的治理方法，只是想用建立更多的法制来管理和扼制朝廷内外的官僚，恐怕难以把国家治理好。反对变法的许多人就是反对建立法制，变革旧制，朝廷上已议论纷纷呀。"

有位官员的名字叫唐坰，王安石曾经很欣赏他，就连他也公开举起了反对变法的旗帜。

唐坰希望王安石任命他为御史，王安石嫌他办事和说话不稳重，没有答应他的要求。唐坰便以为王安石看不起他，因此非常痛恨王安石。他一连向神宗上了多达二十道奏疏来谈论当今朝廷的弊端，都被神宗皇帝扣留在宫禁中不予处理。

这天，百官上朝觐见神宗皇帝。唐坰一见到皇帝出来，就马上跪伏在皇宫台阶上不起来，对神宗皇帝连连叩首。

神宗说："爱卿起来，有事改日再谈，何必这样呢？"

唐坰听后就是不起来，继续在皇宫台阶上向皇上磕头不已。前额都磕破了，血在脸上流淌不止。

看到他这样，神宗皇帝也只好允许他登殿对答。

唐坰来到御座前，对神宗说："臣下所奏的事情都是为臣的违反法令的事情，请允许臣下向陛下一一详细说明。"

王安石万万没料到，自己信赖和提拔的竟然是无耻小人，因没有满足他的要求，没答应提升他的职位，就丑恶到如此地步。

王安石确实很灰心丧气，心里发酸。他站立在旁边，脸上的神情有点发呆。此时，他又听到一个声音怒喝道：

"在皇帝面前你王安石就表现得如此猖狂，在外面还不定疯狂到什么程度呢？"

王安石斜视了一眼这个因没有升官而发疯的可怜虫，一种悲哀之感悄然而发，不是为这个可怜虫而发，而是为自己而发。但他还是坚持来到了御座前，他有点发抖，有点恐惧。

唐坰说："王安石在朝廷内作威作福，曾布里外独揽权力，天下的人只晓得有王安石，而不晓得有皇帝陛下，文彦博和冯京明知此事而敢怒不敢言。王珪和奴仆没有两样，曲意迎和王安石。薛向和陈绎等人更是小心处事，让王安石颐指气使。李定是王安石的狗腿子，张商英是王安石的鹰犬，敢于同王安石作对的人，即使是好人也被视为坏人，依附王安石的人，即使是奸贼也成了好人。"

神宗也用鄙视的眼光看着唐坰，几次想打断他的话。唐坰不听，总共列举了变法派的六十条大罪状。

朝廷的众官上奏说唐坰无视朝廷规矩，要把他贬到潮州去。

王安石则说："此人一向狂妄自大，根本不值得处罚他，不要去理他。"

百官朝见神宗散朝后，王安石没走，单独留了下来。

王安石对神宗说："微臣身体不好，两眼昏花，臣想乞请东南一郡，告老归乡。"

听到这话，神宗的表情立刻阴沉下来。

神宗很不高兴地说："爱卿之所以为朕所用，乃是朕知道卿不是追名逐利之徒。朕之所以重用你，也是看到你心里有治国济邦的道术，可以给天下百姓带来利益，你不应该自暴自弃，应该让天下百姓从你这里得到他们应该得到的东西。"

王安石静静地听着神宗皇帝的话，脸上没有任何表情。

"朕所以器重你，别无其他，"神宗继续说，"是看你天生聪明，又愿意为百姓做事，朕想与你一起改变当今国家现状，使天下的老百姓都过上安宁富裕的生活，而并非为了一时的功名。"

神宗生气而又不乏谦虚地说：

"朕愚顽鄙陋，开始对你并不了解，自从你任翰林学士以后，才听说你治理天下的道德之说，朕的心里也就开始有所感悟。你是朕的老师，你想离开朝廷到外地任职，朕是绝不答应的。"

王安石低沉地说："臣应该尽自己的最大能力辅佐好皇帝陛下，但臣的身体确实不行，不能不请求辞职离去。"

神宗和王安石这次应对不欢而散。

同时喜欢评论时事，天性刻薄且高论为海内侧目的东上阁门使、枢密都承旨李评又上书神宗皇帝，极言助役法不可行，必须废除。

种种挫折接踵而至，使王安石对朝廷中的事情感到心灰意冷。朝廷中官员议论有关仪制的事，王安石认为这些议论不合理，有与朝廷作对的意思，于是请求皇上给李评加罪，然而神宗又暗中保护李评。

王安石又一次请求神宗皇帝答应他辞任告退，但神宗皇帝没有答应王安石的请求。过了几天，李评更加肆无忌惮地批评王安石的改革，王安石一一给皇帝上书辩解，再三要求皇帝对李评予以处置，神宗还是为李评辩护。

此时，王安石已不到朝中处理朝廷政事。他知道，只要他不出来处理朝廷政事，神宗皇帝就会害怕。

事情果然如此，神宗皇帝又派冯宗道前往王安石家中替自己道歉慰问。王安石仍然不出来处理朝政事务，并向皇帝提出解除自己的朝廷要务。

王安石三番五次地提出辞职，这令神宗十分恼火，更让他非常恐惧。壮志未酬，大业未竟，与自己携手同行的人却要离去，他心里不可能不担心和恐惧。

王安石说："臣的情况如奏书所言，别无他事。"

神宗说："爱卿无非是以为朕对你有疑心。从你任知制诰的时候起，朕就了解你，并把朝廷的大事交给你。后来吕诲把你比喻成少正卯和卢杞式的人物，因为朕了解你，所以才没有被吕诲的言论所迷惑。"

王安石坐在神宗的面前，神宗极力地把自己的心思说给王安石听，但对于身心疲惫的王安石来说似乎没有多大的吸引力了。

神宗还说："吕公著与你交情甚好，但他说韩琦一定会兴兵讨伐皇帝身旁的坏人，朕同样也没有相信他的话。"

王安石似乎已不能被神宗的真实情感和他的英明智慧所感动了。他现在要向神宗表明自己的真实意图，他甚至再也不愿意在神宗面前歌功颂德了。

他告老归去的心很坚决，现在皇上与他的谈话，似乎是没有任何意义了，王安石现在认为他与皇上是站在平等的位置上，他甚至不承认神宗为他所做的任何辩护。

神宗坐在他的龙椅上，神态同样很不自在。他的眼中充满着渴望，期盼着王安石做出肯定的答复。

但这一次，这位令神宗极端信赖的大臣似乎去意已定，没有答应他的要求。

神宗心情落寞，却还是耐心地对王安石说："隐藏在自己心里的事情，即使是最亲密的朋友也不一定知道，众人看到朕与你之间相知甚深，也一定会不明白究竟是何原因。朕与你这种亲密关系，是近世以来所没有的。"

王安石辞职回归江宁的请求越坚决，神宗皇帝挽留王安石的决心也越诚恳。

熙宁五年（1072 年）六月，王安石给皇上提出辞去宰相职务的请求已达六七次，但是神宗始终没有答应。王安石每次提出辞职要求，神宗就耐心与他谈论一次。

这段时间，王安石离任这件事一直困扰着神宗皇帝。

2. 吕嘉问案件

一日，有人又向王安石禀报，说神宗要召见他。来人说，皇上不知怎么了，一副心神不定的样子。

王安石听后立刻穿衣戴帽，匆匆赶往皇宫。

原来，老臣文彦博向神宗上奏说，市易务垄断所有商品市场，连农产品之类的东西官府都要垄断，这完全是官府与小民争小利的行为表现，这种做法只能破坏国家制度，不但政府得不到好处，反而引起老百姓对官府的怨恨。在汴京这样的首都里，竟然连水果之类的产品都是由政府垄断专卖，大宋朝廷也太让人看不起了，在天下臣民面前太丢脸了。

王安石向神宗指出，衣冠楚楚的家庭，不与小民在市场上争小利，堂堂的大宋帝国，也在财利上斤斤计较，实在是让人瞧不起。

苏辙也上书说，政府的这种行为严重影响了市场上正常的商品贸易。无物不买、无利不争，这实非堂堂朝廷之所当为。

冯京对市易法也产生不满态度，他对神宗皇帝说，现在政府垄断商贸市场，可以说苛刻到提茶壶卖茶的人都必须到官府设置的茶行里去吃喝买卖，这样下去，有可能会引起老百姓犯上作乱。

神宗对王安石说："听说市易务垄断市场的买卖很苛刻，商人们意见很大，都在那里评头论足，愤愤不平，他们认为官府这种作法无非是想垄断天下所有财物。"

王安石说："其中一定有原因，希望陛下能如实告诉臣。"

"听说官府竟然连卖冰这样的买卖都垄断了，老百姓卖冰水卖不出去。我还听传言，百姓要买什么物品，什么物品的价格就会马上上涨。还听说官府的人专门出赏钱，缉拿那些不来市易司做生意的人。"神宗说。

王安石说："如果真有其事的话，那是臣罪该万死，是我用横征暴敛来败坏陛下的德政了。我为朝廷做的每一件具体的事情，都是陛下十分明了的，怎么会出现这样的事呢？"

神宗说："恐怕是由于派去具体办事的官员没有好好体会朝廷的用意，对于这件事绝对不能姑息。"

情况果真如此，吕嘉问提举市易司，他倚仗王安石，不仅仅与三司据法争夺职权，而且目中无人，无法无天。他收买货物违反朝廷颁布实施的法令制度，多收利息以求得朝廷对他的奖赏，无论是商人在市场上交易的物品，还是现在市场上没有交易的货物，他都在京城里设立了垄断机构，市易务的所有商品都是贱买贵卖。

一时间，京城人士对朝廷的做法议论纷纷。当初那位曾向朝廷建议要抵制豪族巨商的名叫魏继宗的老百姓，现在也开始对朝廷的这种做法持有不满态度，说市易司打着官府的旗号代替了豪商大户的兼并之举，并没有考虑老百姓的利益，真如前门拒狼，后门虎入。

神宗十分气愤，在魏继宗上书的当晚，就亲手下书命令曾布下访市易司，严厉查处这件事。

曾布不穿官服，不带侍卫，只身一人来到京城的市场里进行调查。经过查实，结果与人们反映的情况完全一致。他还私访了一些在商行里的商人，被访人无不痛哭流涕地向他申述市易司侵害商人利益的所作所为。他们甚至大骂官府为富不仁，坑害老百姓。曾布最后告诉他们，他就是朝廷派来的专职调查此事的官员，那些商人听后害怕极了，以为自己把事实讲出来，肯定会受到朝廷严厉的处罚。

曾布向那些商人们解释清楚自己来调查的目的，这些人才打消疑虑，并且强烈要求尽快废除市易法。他们还说，近来国内处处干旱，就是由于朝廷实行了市易法，如果朝廷能及早地废除市易法，上天一定会降雨拯救天下百姓的。

神宗皇帝听了曾布的汇报后，对曾布说："要想把真实情况搞清楚，此事非卿不可了。"于是神宗便给中书省下诏书，决定修改市易法。

接到神宗的诏书，王安石表现得极不高兴。

他对神宗说："臣每天都对实施市易法的情况进行观察，恐怕不像曾布所说的那样厉害。希望陛下要慎重考虑，不要草率下诏，臣再对此事进行进一步的调查，请陛下再次详察，这样事情的真相就一目了然了。陛下不应该如此草率地因一面之词而下结论，否则就会冤枉好人。

"这些事情都是有据可查的，请皇上答应臣再仔细调查一下，然后上奏给皇上，再由皇上您定夺。"

王安石心里明白，变法意味着变动原来行之已久的祖宗成法，一旦发生变动，除了反对者跃跃欲试反对变法外，还有一批人会趁变法之机浑水摸鱼，违反朝廷的有关法令制度，把法令制度搞得面目全非；有恨不得让新法变得更糟而幸灾乐祸的；有想趁变法之际谋取私利，升官发财的。此事假使一经追查，漏洞肯定是会有的，而且是神宗皇帝亲自下令，要着意追查的呢？

他还为吕嘉问辩护，但神宗不听，依然下令曾布与吕惠卿一起把市易案查个究竟。

王安石对神宗说："皇上既然不让臣辞职，就应该分清君子和小人。如今，皇上您连谁是君子谁是小人都不清楚。治理好天下必须用君子，如果用小人，朝政必然会陷入混乱。陛下既然对小人事事宽容，那么对君子就一定有疑问。谁是君子谁是小人确实难以分清，但有一点是很明白的，君子是忠于皇上信赖皇上的，小人则善于在皇上面前胡说八道，望皇上三思。"

神宗沉默不语。

"知道小人们胡说八道，心怀不轨，皇上您还宽容他们，不用法制来处置他们。圣上如果不知道小人们是用胡言乱语欺骗圣上，那么他就一定会更加怀疑忠臣。本来这些人就不愿意为朝廷做事改变现实，皇帝既如此，小人也就更不愿意改变现状。君子就更难以孝忠皇上和朝廷。皇上有疑问的事情就应该仔细严查到底，如果确有胡言乱语的就要用法制严厉处罚。倘若没有发现官员中有胡言乱语者，就须用君子的态度对待他们，但无论怎样，不能用君子之道对待小人。"王安石继续说。

3. 神宗的动摇

现在王安石对于人们反对改革的言论已司空见惯了。形形色色的"人怒"态势他已经是不太在乎了。但是，人们仍然把天气干旱、水灾等自然的灾难都归结为是因他的变法所致。

这一点使他非常气愤和苦恼，也无法理解人们的愚昧和无知。

熙宁五年（1072年）9月21日，华山前面的阜头谷突然发生山岭下陷的现象，山岭轰然崩陷，六社居民被埋没，共有一百多户人家遭难。

老臣文彦博到神宗皇帝面前说："华山崩陷，自然山川也怨怒，这是市易法颁布不当所致，希望皇帝陛下三思而行，尽早废除市易法。"

神宗皇帝将此事对王安石说："文彦博说市易法的颁布实施带来了华山崩塌。"

王安石说："华山崩塌，那是天意。如果是有意这么做的，那也一定是由于小人的不轨而引发的自然灾难，而不是因为君子而发生的。汉元帝时期出现日食，史高和恭显等人就把这件事归咎于萧望之，萧望之等人的所作所为，并不一定与天意相合。但是，倘若上天有意，应当宽恕萧望之等人，痛恨恭显之徒。"

"如今朝廷上下忠诚可信的大臣可谓少矣。"神宗叹息着说。

王安石想用历史的生动事例说服神宗，他说："陛下没有必要怪罪朝廷大臣不忠信。周武王在位时，有乱臣十人。不说武王时，就是尧、舜时朝廷中也有不忠诚不可信的臣子。假如陛下能够用汉元帝和唐文宗那样的治国方法治理大宋朝廷和国家，就千万不要怪罪自己的臣子不听自己的话和不忠诚不相信自己。"

神宗说："朝廷已到这种地步，也不能不让朕有所担忧。"

王安石说："担忧固然是有的，那也不必听信小人的胡言乱语。华山崩陷当然是自然之事，岂怨人力哉？岂是市易法所为哉？"

听王安石解释完，神宗皇帝也不再说什么了。

近段时间以来，王安石变法之事，仍然在朝廷上下引起纷纷议论。神宗皇帝对于王安石的信任也开始动摇。

青苗法、免役法、保甲法、市易法等等自从颁布实施开始，就遭到了朝廷上下官员及平民的强烈反对，时至如今，反对的声音仍然不断地传入朝廷上下官臣耳朵里。就是山生人死战斗于边陲的王韶军队推行的招抚边敌的政策，也遭到各方的反对。

如果神宗皇帝对王安石的信赖发生了动摇，便意味着君臣治国之心分离，意味着对王安石领导的变法运动的否定。对此，王安石不得不给皇上做出辩解。

王安石带着他精心准备好的辩辞，进宫朝见神宗。

"你今日精神不太好，是不是有什么心事。"神宗说。

"身为人臣，当然要与人主分忧，如今人言纷纷，人主心中也有所顾虑，为臣者，心中怎能没事？恐怕皇上也不能免其然。"王安石说。

"改革的法令制度很多，议论这些法令制度不当的人也很多，朕心里自然有所顾虑。"神宗说。

王安石说："到现在，陛下即位已有五年了，变更和改造的事情也有千百件，改变当今风俗，建立法令制度，增加国家财政收入，使老百姓过上安稳日子需要的努力就更多了。而涉及面最广，变革内容最大，见效也最迟的，引起的争论最多的，大概就是这么五项法：一是和戎法，二是青苗法，三是免役法，四是保甲法，五是市易法。"

"爱卿是怎么看待人们对这五种法令制度变更后的议论的？"神宗问。

"现在，青唐、洮、河之地幅员周边地区三千余里，羌人已经把土地献给大宋朝廷达二十万亩，就连这些土地上的人口也归服朝廷。可以说，招抚边境的政策已经初见成效了，也可以说和戎法实施见效了。"王安石说。

神宗说："议论青苗法有弊病的人也不少。"

王安石说："从前，贫穷的人家都向豪商大族贷款，他们贷款的利息高，而现在的贫困人家，都向官府贷款，官府贷款的利息低，老百姓向政府贷款，得以渡过难关。所以推行青苗法是很有必要的。"

"至于免役法、保甲法和市易法的推行，"王安石接着说，"这三项法律可以说既有大利也有大弊。"

神宗问道："何以言之？"

"臣过去早就谈论过这三法的推行情况。"王安石说。

神宗说："不妨再详细谈论一下。"

王安石稍稍犹豫了片刻，说道："再说一遍也无妨，然而陛下愿不愿意再听一遍呢？"

神宗看了一眼王安石，然后说道："卿还没说，怎么知道朕不肯听呢？"

王安石说："如果任用合适的人来施行这些法律，一定会有大利；倘若任用的人不适当，就肯定会给施行的结果带来大的弊病。如果循序渐进地推行这些法令，就能够得到大利；如果急于求成，就必然会产生大的弊病。实际上，此三法并不是现在才推行的，是古代就有的法令制度，古时候推行法令制度就知道怎样适当的利用人才，也很注重轻重缓急。掌握好古代变法的方法，变法是能成功的；如果掌握不好古代变法的方法，变法就不可能成功。这就是我所说的有大利也有大弊。"

最后，王安石对神宗皇帝说："所以说，此三法，有得当人才和循序渐进的实施，就能取得成功，否则就会失败。免役法实施推行成功了，就能使老百姓有足够的时间从事农业生产，可以达到兵事农事两不误的效果；保甲法成功了，就可以保证社会平安发展，人民安居乐业，生活水平提高，国势强盛，朝廷的威信也提高了；市易法施行成功了，国家和百姓所有货物就可以流通无阻，国家的财政收入和物资产品也就丰富了。"

通过王安石的细心开导，神宗皇帝对施行新法又有了一些信心。从此，神宗更不同意王安石离开朝廷。

由于朝廷上下官员反对变法的人越来越多，王安石也越来越有一种孤独之感。他除了上朝下朝之外，剩余的时间只好待在家里，或者到他亲手耕耘的那一片花草园地欣赏美丽的花草。他在路上行走时，总感觉有人对他指手画脚，总好像有人在他旁边或背后指着他谩骂。

如今，王安石连可以交换思想和心灵的朋友都没有了，这段时间他的感觉很不好，似乎感觉到将有某种危险降临在自己身上。

熙宁六年（1073年）三月的一天，王安石骑着马带着随从，与神宗皇帝一起去观灯。

当他骑着马来到宣德门前，一名卫士走到王安石骑着的马前，突然对他大声呵斥，要他在门前下马。王安石怒目而视，不理睬卫士的命令，骑着马进入宣德门。卫士便拿着武器上前阻拦他的马进入宣德门，王安石仍不予理睬。

这时他的马突然大声嘶鸣，进入宣德门后，王安石从马上下来，一看他的马被卫士的刀刺了一道很深的口子，流着血。王安石感到十分气愤。

陪皇上观灯时，王安石为此事一直闷闷不乐。今天随皇驾观灯，可谓乘兴而去，扫兴而归。观灯会一结束，他就立刻带着自己的随从和车马回到了家。

在回家的路上，王安石的儿子王雱听到不少人在议论他父亲的事。

其中有人说："王安石独断专权，我行我素，占着宰相的位置不想下来。扰乱天下，无能而守。"

又有人说："对待王安石这种人就得利用诬陷的办法，这样要他不退也得退。"

回到家里后，王雱怕给父亲增加心理负担，便没有把这些事告诉王安石，反把父亲安慰了一番。

尽管如此，王安石心里仍然感到不舒服。他又给神宗皇帝上书，说自己身体确实有病，不能再在朝廷中担当重任，希望皇帝予以体谅。

神宗召见王安石说："这是你的奏书？"

王安石很坚定地对神宗皇帝说："是的，臣辞任的决心已定，再也不能居宰相之位了。"

"每当你提出辞任宰相之位的请求时，朕都寝食不安。是不是朕有什么对不住你的地方，你是否还在计较观灯时发生在宣德门前的事？"神宗问王安石说。

"臣之所以要辩清宣德门发生的不愉快之事，是因为害怕小人会在背后指责臣骄横，事情既然清楚了，又还要说什么呢？"王安石说。

"既然如此，那一定是因为朕的事业始终不能成功，你长期留在朝廷中也没得到重用，所以决心要离去。"神宗面带忧伤地说。

"皇帝陛下圣德日新，并不是臣下所能仰望的。今后还有很多贤俊和有志之士可为皇上所用的。臣在朝廷中已妨碍贤能晋升之路很久了，而且现在又有病在身，所以请求皇上罢去我的职务，臣并没有其他的意思。"王安石说。

神宗说："朕重用你，提拔你，把你放在宰相的重位上，在朝廷中处理每一件事都需要你的帮助才有可能成功，你离任之后，又有谁能够接替你担任宰相这个重要的职务呢？这是你很明白的事情。"

"怎么可以说除臣之外就没有人能够做宰相呢？只是皇帝陛下没有试用他们而已。"王安石说。

神宗劝解王安石说："你总是提出辞任，这让朝廷外面的人知道了也不好。你我君臣之间的关系非常亲密，古代的圣君圣王对待他们的辅臣也不过如此。"

王安石还是不听从神宗的劝阻，仍然坚持辞任。

王安石呆在自己的家里，白天很少说话，晚上睡觉时经常被噩梦吓醒，在哭泣中惊醒过来。家人问他究竟是怎么回事，他总是无言对答。

这些天来，由于王安石不上朝觐见皇上，也不出来处理朝廷的事务，神宗的精神也变得萎靡不振、寝食不安。

太皇太后知道此事后，便到皇宫来劝导神宗皇帝。太皇太后见神宗皇帝面黄肌瘦，无精打采的样子，忍不住流下了泪水。

神宗皇帝又召见王雱，仔细询问了一些王安石的近况，神宗从王雱那里得知，王安石不来朝廷处理事务，并不全是身体有病的原因。

神宗多次让王雱代自己问候王安石，同时又命冯京和王雱等人传达他的问候。

经过神宗再三劝谕，王安石才又答应出来处理朝政。

神宗问王安石道："爱卿身体现在怎么样？"

王安石说："身体还是有病，大脑有点不清醒，两眼有点发昏，倘若物色好可以提拔和重用的人，皇上应该早点提拔和重用，臣恐怕很难在朝廷中长久任职，我担心自己身体难以承担皇上赋予我的重任。"

"朕听王雱说，你辞任的原因似乎并不只是因为有病，是否还有其他原因。朕也对王雱说，可能是因为朕在位已久，并没有做出什么惊天动地的大事，因此你想离去。"

神宗说着，脸上表现出一种深沉而忧伤的神情，两眼呆呆地看着王安石。

王安石的眼神同样也显出一种说不清的忧郁神情，说话的声音带有一种苦涩的味道。

他说："皇帝陛下仁爱圣明，臣怎敢有别的意思。只是后世的风俗，形成了一种让人厌烦和可恶的势利，他们侍奉圣上也是以势力和利益为重，不是以仁义为重。臣长时间在朝廷独揽大权，是臣不懂得给贤能智慧之士让位，那么也就与那些势利小人没有什么两样。这样，无论对大宋朝廷对皇上自己还是臣都不好，现在趁大脑还清醒，还没有糊涂的时候，臣坚决要求罢相。"

"你且再待一些时候，你觉得朝廷政事还有什么需要更改的，尽管提出来，朕坚决支持你，不必太在意别人的议论，不要太计较一些小事。"神宗说。

"变更的事已够多的了，唯当今风俗当尽力为之，风俗不正，变法也难矣。每颁布实施一项法令制度，反对者纷纷然于天下，也是现在风俗不正所造成的。"王安石说。

"欲置何设施？"神宗问。

"设置经义局，聚集有学问的人，修撰经义，统一天下人的道德，这正是改变风俗的基石。"

王安石又把他统一意识形态的观点提了出来，神宗也表示赞同。

"道德不统一，经术人人也不一，确实很难统一当今之道德。现在有什么著作可以颁布天下，使当今学术归于一致？"神宗说。

王安石说："臣已命令陆钿和沈季长对《诗经》的经义进一步加以解说。"

神宗说："恐怕他们对经义的阐发难以有助于当今之用。"

王安石说："臣等已对每一种意义都进行过细致讨论。"

神宗说："今年朝廷招收的士人中有不少是南方有名的举人，他们都偏科于义理之学，这是一件极好的事情。"

"如果老百姓不懂义理，也不可为用，又何况是士大夫呢？"王安石说。

神宗说："来朝廷考试的举人回答策问的时候，他们大多数还是希望朝廷能够尽早撰修经义，使人们对于义理的理解同一起来。修撰工作可以让吕惠卿和王雱同任。"

"沈季长是臣的妹夫，本来就有议论说臣在朝廷做事任人唯亲，皇上不能再任命王雱修撰经义。"王安石推辞说。

但神宗不同意王安石的意见。王安石再三推辞，神宗说："这样好统一意见，必须这样，不得更改。"

实在没有办法，王安石才接受了皇帝的意见。

不久，朝廷便设置了经义局，组织了朝廷中的大批官员对《诗经》、《尚书》和《周官义》等重新进行解释。王安石为提举官，吕惠卿兼修撰，王雱兼同修撰。

就在王安石和神宗对改革又重新有了些信心的时候，西陲边境又传来一则不好的消息。朝廷中许多官员都建议神宗下命令放弃对熙河和河州的保卫。

神宗主意不定，为此寝食不安。他自己认为不能放弃，放弃熙河和河州则意味着改革增加了压力。

他召见王安石商量此事，说："众臣建议放弃熙河一带，卿认为如何？"

王安石说："这怎么能够放弃呢？朝廷对变法之事已遭到诽谤甚多，放弃熙河和州河将意味着什么呢？臣是相信和了解王韶的，陛下现在必须向王韶下诏书，让他考虑问题必须慎重，不要轻举妄动。"

神宗一连下了几次诏书，告诫王韶处事慎重，一定要取得胜利。

在王韶的指挥下，宋朝军队攻破了西蕃结河川族，切断了西夏国的交通要道，然后部队在王韶的指挥下向临宁河挺进，王韶分别派遣多名将领截断木征的退路，他的这一战术果然奏效，解了河州之围。王韶回师熙州，焚烧了敌军的八十余座帐篷，杀死敌人七千多人。最后木征没有了退路，只得向王韶投降，王韶纳降，将木征押送京城。

胜利的消息传到京城，朝廷上下一片欢腾。

神宗皇帝也穿上崭新的龙袍，脸上露出了好久以来所没有的笑容。命令木征为营州团练副使，并重新给他取了一个汉族的名字，叫赵思忠，意为赵宋朝廷忠臣。

这是宋代战争史上最光辉的一页，王韶率领军队取得熙河六州之战的胜利，新开辟土地二千多里，招抚大小蕃族三十多万户，边境终于有了一块平静安宁之地。

这次战争的胜利使王安石流下了激动的眼泪。前些时候还遭到许多人反对的王韶以及和戎政策，现在以一种宋代从未有过的辉煌呈现在全国人民的面前，王安石怎能不激动得热泪盈眶呢？

神宗皇帝在紫宸殿接受群臣的庆贺，这位年轻的皇帝比起辅佐他的大臣王安石来，心里更有说不出的欣慰。他从自己身上解下玉带赐给王安石。

王安石坚决不接受。他说："陛下将王韶从边远的地方提拔上来，收复了一方的许多州县，臣下只不过与三两个执政官员奉皇上的圣旨做事而已，这么重的赐物，臣哪敢独自接受呢？"

神宗说："当反对之声纷纷然于天下的时候，朕也想中止此事，但是在你的帮助下才下了这个决心，倘若没有你坚持推行新法的坚定信心，此事恐怕不可能成功。"

王安石终于跪拜着接受了神宗赐给他的玉带。

王安石的改革之路并没有因为熙河战役的大胜和神宗皇帝对他的挽留和信任，走上辉煌的顶峰。好像神宗的政治雄心非有王安石的支持不可，但朝廷上下对改革的非议在他的内心里已投下了阴影，王安石也厌倦了政治生活。

王安石在神宗皇帝的一再请求下，没有实现他辞去宰相回归江宁的强烈愿望，但他的改革道路也很快陷入了天怒人怨之中。

神宗皇帝和王安石是两位共同推动大宋帝国历史变革的人物，他俩虽然唱着同一腔调的变革之歌，但他俩在同唱一曲的时候，不免也夹杂着不和谐的音符。

有时，当神宗觉得没有建立合理的法制的时候，王安石会觉得没有改变好天下的风俗。有时王安石觉得法制没有建立起来，神宗会觉得当今的改革不应该忽视天下风俗的改变。

神宗皇帝扶着太后到太皇太后的宫中，向太皇太后请安。太皇太后发现神宗忧虑的神色时，她自己似乎表现出了比神宗更忧愁的样子。

太皇太后说："祖宗传下来的法令制度，是不能轻易改变的，我听别人说老百姓苦于青苗法、助役法，这样的法令应该免掉才是。"

神宗说："这些法令制度是利国利民的，而不是祸害百姓的。"

"我知道，王安石确实很有才学，然而反对怨恨他的人太多了。要想保全重用他，不如暂时把他流放到地方上去。"太皇太后说。

神宗说："但是，群臣中只有王安石有能力处理国家的大事。"

"太皇太后的话是至理名言，皇上不能不考虑。"神宗的弟弟岐王赵颢说。

神宗心情本来就不愉快，朝廷上下反对变法的声音不断地传到他的耳边，王安石现在又坚决想辞去宰相的职位，在他最需要人帮助和理解支持的时候，听到自己的弟弟也在反对自己，怒气不由得从心底涌起。

"难道我把国家败坏了吗？那么就把皇位让给你，让你治理这个国家吧！就让你来当这个皇帝吧！"神宗生气地说。

神宗皇帝这一发火，吓得赵颢浑身发抖，好久不会说话。

赵颢怕得罪了神宗对自己以后不利，过了很久才哭着说："皇上不必这样生气。"

本来，神宗皇帝和赵颢是来宫中向太皇太后请安问好的，是为了使太皇太后心里高兴的。然而，这次的请安却使兄弟俩不欢而散。

这样一来，惹得太皇太后也不高兴，神宗留下来安慰太皇太后，可太皇太后却沉默了好久都不说话，神宗也只好静静地在太皇太后的宫中待着，等待太皇太后发话。

皇帝的心里自然不好受，周围气氛变得更加凝重和沉闷。神宗看着太皇太后，太皇太后也用她那昏花的老眼看着神宗。太皇太后的泪水慢慢从脸颊上流了下来，旁边的奴仆忙不迭地为她擦掉眼泪。

"太皇太后不必过分担忧，事情慢慢会好起来的。您老的身体要紧，不然，这样一来，我的心情就更加难以平静了，哪还有好心情去处理朝廷中的政事呢？"神宗小心翼翼地说。

太皇太后说："如果王安石给大宋造成祸乱，怎么办呢？"

神宗说："太皇太后请放心，我会把握好的。王安石不是贪权贪利的小人，且允许我再留他在朝廷一段时间。"

说过大变不足畏的王安石，此时正被天变足以畏的朝廷上下倾动着。

4. 王安石辞职

自从去年四月以来，天气变得比以往任何一年都异常。一直到今天，已经有十多个月不下雨了，而今仍然看不出天要下雨的迹象，大片大片的土地因为无雨几乎绝产。空气干燥闷热，天空就像燃烧着一团大火球，整个地球好像就要爆炸似的。

东北地区的干旱情况尤为严重，缺衣少食的流民随地可见，他们扶老携幼堵塞了城乡道路。大量的流民涌入京城，京城到处可以看到沿街乞讨的百姓。

满脸忧伤的神宗皇帝坐在他的宝座上一动不动，宽敞明亮的延和殿与神宗皇帝黯淡而无神的脸形成了一种鲜明的对照。曾任神宗的记室和侍讲的翰林学士韩维表情木呆地端坐在那里，等待着神宗的问话。

神宗皇帝对韩维说："老天长期不下雨，朕对此日夜忧虑，不知怎么办好？"说话声特别低沉。

韩维说："天旱无雨这是天气自然灾害，陛下担忧天旱无雨，减少膳食，不居正殿，这只不过是照旧例行事而已，这种做法恐怕不可以对付天灾。"

"卿以为朕该怎么做为好？"神宗的嘴轻轻地噏动着，像木人一样坐在那里。

韩维说："请陛下马上下罪己诏广求直言，广开言路，以向广大臣民求纳对付策略。"

神宗说："望卿赶快起草诏书，发布朝廷上下。"

韩维连夜为皇上起草诏书。

神宗皇帝接过韩维起草的诏书，几乎没有作任何修改，就签发了下去。

这份诏书实际上是神宗对他和王安石的改革之举的反思和检讨，是向朝廷上下的百姓和官僚谢罪的。诏书写道："朕涉猎治国安邦之道的时间太短，在治理国家政事方面愚昧无知，颁布和实施的一些法令制度不符合中正平和之道，因而干扰了天地阴阳的和谐，自去年秋天至今日，天下旱灾接连不断，四海之内，受灾地区和受灾百姓极为广泛。近日下诏有关衙门，减少每日膳食，避居正殿。期望朕能够躲避罪责，消除灾害，拯救天下百姓。然而时过已久，上天仍然未发其慈悲，灾害依然如故。

"受灾的百姓在饥饿中哀鸣，他们的生命在困境中接近终止。朕常在深更半夜让噩梦惊醒，内心震动，精神纷乱不宁，辗转反侧日夜思索，仍不知灾祸发生的原因。"

神宗读着这份向众臣及百姓求纳对策的沼书，眼睛变得湿润起来。

当他读到责问内容时，更是心如刀绞，浑身颤抖。

"是因为我所听取和采纳的意见不合乎情理吗？是我审理案件时做得不合人情吗？是我滥征赋税没有节制吗？是因为忠言直谏不能上达吗？是因为谄媚之言掩盖了真相吗？是因为我在朝廷中任用谋求私利的官僚太多了吗？为什么嘉庆祥和的气氛久久不能出现在我的面前呢？

"所有朝廷文武臣僚，一概允许上疏直言朝政的失误，并将奏疏封严上交给朝廷，朕将亲自审阅，采纳其中的妥当意见，用以改正当今弊端。自三公以下诸臣，都一定相互提醒告诫，以实现朕的愿望。"

王安石看到这份诏书时，他的心情落寞，忧愤不已。

他拿着神宗皇帝的诏书，手一直在颤抖着，在府院里来回走动着，从那紧绷着的脸上，能看出他的精神处于极度紧张状态，一股无名的火在心中燃烧。

王安石扔掉了神宗皇帝发给他的那份虚心而又显得十分无能的诏书，来到王雱的卧室。王雱的腿在流脓恻痛，医生在小心地为他治疗。

王安石的妻子吴氏看着自己的丈夫和儿子，默默无语。

王安石的亲戚和门人沈季长、谢景温、叶涛和他的一些同事在极力地劝解着王安石。这位大宋帝国的宰相家里几乎陷入一片混乱之中。

过了一段时间，王府的气氛稍稍平静之后，他们来到了宰相府的客厅。王安石又随手捡起了神宗皇帝的那份诏书，这诏书几乎要窒息他的改革大业。

谢景温说："相府不必为此事大动肝火，皇上如此做法，也是命该如此罢了。"

王安石说："朝廷上一些事情本来就够乱的，现在皇上又在添乱，他这么做，只能葬送改革朝廷大法的大业。天道之难是自然之理，何怨人事？此为风马牛不相及之事。"

沈季长劝说道："天道本来有天道之运命，王道也有王道之运命。所以兄君不必忧郁这事。幸亏家中无外人，若有外人在家中，必有小人报告皇上。"

王安石说："皇上怎么能出尔反尔，天下怎么能不人心惶惶？此诏不是明摆着号令朝廷上下都起来反对新法吗？下诏之时，必定是新法落寞之际。"

为此，王安石带着怨气很不高兴地进见神宗皇帝。

王安石对神宗说："涝旱天气是很平常的事情，即使尧、汤也不能躲避的了。现在干旱，但亦非人力所为而致，陛下所能做到的，是应该修治政事来应付灾害。"

神宗说："朕所忧虑的问题所在，正是因为国家没有修治好政事。现在，向贫民百姓收取的免役钱太重了，由此百姓怨怒，人心惶惶，从近臣到外戚，没有不说免役法的害处的。"

冯京说："臣下也听见了。"

王安石听到冯京在一旁附和神宗，十分恼火。

他看着冯京说："天下士大夫中不得志者都归附你冯京，所以只有冯京听说了这种话，臣下从来就没有听说过这种话。"

这次见到皇帝，王安石从皇上的一言一行中深刻体会到神宗正在偏离改革的航向，已对改革没有了信心。王安石真正地预感到自己回归江宁的时间已到了。

金陵的宁静风光再一次在他的脑海中浮现。桃杏盛开的江南景色，人马稀少，一片碧绿幽雅的环境，伴随着清凉山的徐徐和风，使他心旷神怡。朝廷政事的苦恼和回归家乡的愿望，金陵的诗意和诗意的金陵又在王安石的情感中交叠变幻：

> 金陵陈迹老莓苔，南北游人自往来。
> 最忆春风石城坞，家家桃杏过墙开。

王安石深思良久，拿出了纸与笔墨，字字斟酌地向皇上草拟《乞解机务札子》。他对神宗写道：

"这些年来，臣孤身在官宦仕途之中跋涉，承蒙皇上之大恩大德收录拔擢，有罪于东府之中，到今已有五年矣。陛下刚刚开始变更法令制度的时候，朝廷上下大小官臣纷纷然于内外，臣的确应该承担其罪责。假如不是陛下聪明辨察，臣早就应该被斩首，被流放到他乡。臣戴罪东府之中唯有图报圣上之心，从来不敢有三心二意。自从今年以来，臣确实有病在身，曾经多次请求免任，最终没有得到皇上许可，时至今日，臣的身体一天不如一天。如今陛下欲理财政之时，而臣以昏疲之躯久居在宰相的位置上，实在是不应该的。"

王安石给皇上列举了种种辞任的理由之后，说："望请陛下听臣所言，让臣给一些贤能和智慧者让道。"但是王安石的请求仍然没有得到神宗的许可。

近期以来，朝廷一位小官吏整天拿着纸和笔，在京城安上门一带来回走动，在他走动的过程中还不停地与流民们交谈，记录着流民们的言论和情景。就是这样一位不起眼的小官吏的举动改变了王安石的政治地位和改革大业。

这个人的名字叫作郑侠，曾经深受王安石的赏识。王安石曾想提拔他参与改革大业，但他始终以不熟悉和不懂得法令制度为由推辞了王安石的任命。王安石想提拔他到经修局任职，他又以自己读书不多为由拒绝了王安石的任命。王安石看上了郑侠的聪明伶俐，但郑侠却厌恶王安石的改革大业。

郑侠写好了一份别具一格的上奏书，并把这奏书送到阁门，朝廷门吏没有接纳他的上书。于是，他对朝廷官员谎称说这是紧急机密奏折，须立刻呈送皇上。此谎言使朝廷门吏信以为真，便命人骑马将奏折送到银台司。

奏书被送到神宗皇帝那里，皇上听说是紧急密奏，马上命他身边的侍人打开。打开奏书，神宗首先看到的是一幅流民图，这幅图上所画的是灾民带着铁链砍树赚钱还公债的情景。神宗看罢，赶紧把它藏了起来。然后命人给他读郑侠的奏书。

奏书的内容是：自从去年蝗灾泛滥，秋冬季节又遇大旱，致使麦苗至死，五谷无法生长，老百姓已经濒临绝境。灾害发生后，人们不知用什么办法去挽救。请求陛下打开粮仓、救济灾民，废除盘剥百姓的各种弊法，以招来天地阴阳之合，顺应上天美意，拯救垂死的平民百姓。

如今，御史和谏官空占官位而不谋其政，左右辅弼大臣又贪婪逐利，有识之士"敬"而远之。当今天下如此，这不是祖宗和国家的福分！敝臣听说，那些在边境为国家南征北战的将帅，都将他们取得的胜利形势及山川的面貌绘成图画献给皇上。

然而，臣下思来想去，从无任何人将典卖妻子儿女、砍掉树木、拆掉房屋、流离失所、惶惶不可终日的百姓生活惨景绘成图画，上奏给朝廷。臣下谨将每天在安上门所见所闻，绘制成图，写成奏书，呈报于皇上。此虽为臣下挂一漏万的举动，然而当陛下看后，也将痛哭流涕，何况在千里之外，还有比这更悲惨的呢？

郑侠在奏书中最后写道："陛下看过臣下所绘的图画内容之后，按照臣下所说的意思去办，如果十天之内老天爷不下雨，请求陛下斩杀臣下，以惩罚臣下的欺君之罪！"

神宗皇帝反反复复看着郑侠的奏书和所绘的流民图，不断叹气。然后他将流民图藏进袖内，了无心绪地回到宫中。

这天晚上，他整夜无法入睡。

第二天，神宗命令开封府酌情停止征收免役钱，让三司到下面去检查市易务，让司农寺开仓放粮，赈济受灾的平民百姓，让三衙汇报熙河地区的军队用兵现况，各地区上奏百姓流散的情况，青苗钱暂时停止征收，方田法和保甲法全部废除。朝廷一次推行了十八件事。

神宗皇帝的这一举措使反对王安石变法者为之欢呼雀跃，他们纷纷上殿前来庆贺。神宗皇帝把郑侠的奏书和流民图展示给前来道贺的官员们看，并把祝贺的官员狠狠地谴责和教育了一番。

大臣们一个个向神宗叩头谢罪，他们终于明白了神宗皇帝废除新法的真正原因。

吕惠卿和邓绾等参与变法的官员得知其中原委，个个恨得咬牙切齿，痛骂郑侠败坏朝廷规矩。他们请求神宗惩罚郑侠，把他送御史台下狱，惩治他撒谎发送马递快件的罪名。

吕惠卿向神宗说："陛下多年以来，废寝忘食，国家才成就了如今这样的德政。天下正蒙受皇上恩德，难道新法就这样被废除了吗？"

邓绾说："一旦采纳了狂夫的建议，新法几乎要全部被废除，难道皇上不觉得可惜吗？望陛下三思而行。"

两人围着神宗皇帝一边说一边痛哭流涕，泣诉不已。

在吕惠卿和邓绾的极力劝解下，神宗皇帝又改变了主意，收回了罢免全部新法的命令，新法依然进行，只有方田法暂时废除。

郑侠的奏书和流民图在朝廷像一颗炸弹爆炸开来，朝廷上下也立刻把它当作新闻传开。神宗皇帝的自责诏书给反变法派带来了新的政治曙光。

司马光在他的独乐园里，看到皇上的这份自责诏书，欣喜万分，激动得热泪盈眶。

四月的天气，已是异常的烦闷和燥热，司马光激动的泪水，如涌泉般地刺激着他的政治情怀，闭口不谈朝廷政事的誓言被这种激情消解了。

他高兴地大声欢呼："这真是千载难逢的大好时机！"

此时，王安石正在家中拟写第二道辞职奏扎。他对神宗说："臣再也不能在朝廷中继续任职了。若臣下在朝廷中继续任职，自上而言，必然影响皇上的知人处事之明；自下而言，应该懂得自己在该退却的时候就应退却。"

司马光在他的地下室里挥泪书写奏折《应诏言朝政缺失状》。

"六年来，朝廷和国家的所有政事都在纷扰繁杂之中，天下的老百姓流离失所、无以为生，怨愤之声此起彼伏，这一切皆前所未有，闻所未闻。当今天灾人祸的发生，乃古今罕见之事，是为俊杰之士独断专行，辅佐皇帝陛下闭目塞听、堵塞贤路，未得治国安邦之道所致。"

司马光在给皇帝的《应诏言朝政缺失状》中将当今朝政的过错总结为六点：第一是广泛发放青苗贷款给百姓，使老百姓负债日益沉重，朝廷也得不到什么收入；第二是免去上等户差役，聚敛下等户的财产，用以供养一批游手好闲之人；第三是设置市易司，官府与小民争利，而实际上是耗散国家的钱财；第四是中原尚未稳定就征讨四夷，得不偿失；第五是设团练保甲，教练凶器滋扰农民；第六是朝廷轻信狂妄狡猾之人，乱兴水利，劳民伤财。他指责这六点也就是王安石改革的六条新法，即：一则青苗法；二则免役法；三则市易法；四则将兵法；五则保甲法；六则农田水利法。

神宗皇帝读到司马光的上奏时，眉头紧皱。

他从来没有想到司马光这位朝廷忠臣，也会如此否定他的新政。虽然他心里明白，他们的指责都是冲王安石而来的，但又何尝不是指责自己呢？难道改革就真的对朝廷和百姓没有一点好处吗？

司马光说，皇上若想要免去天灾人祸，就必须远离和流放阿谀奉承的人，广开直言进谏之路，依靠自己的机智敏锐的目光选择忠诚贤能之士到朝廷任台谏官，免去独断专横的官员，收回威福权力之柄，朝廷的一些法令制度均由皇上自己制定、颁布。最后，司马光要求必须废除王安石颁布的所有新法。

司马光的奏书掀起了朝廷上下直言朝政过错的高潮，人们大都要求废除王安石实施的改革措施。

在这种呼声下，王安石不得不再一次坚决要求辞职。

到目前为止，王安石已向神宗皇帝写了五道《乞解机务札子》，神宗皇帝仍然没有同意，他确实也没有心思处理朝廷政事了。

王安石和神宗的改革命运在风雨中飘摇。

所有的雄心壮志，所有的治世济邦情怀，在未来的黯淡无光中消沉和泯灭，过去的记忆成为一种无限美好的存在，在想象的时空中回旋着走向山光水色的宁静。

第二天，神宗又专门派中书省的官员来请王安石上朝处理政事，王安石仍然未见。神宗派来的官员回去后，王安石又开始给皇上写他的第六道《乞解机务札子》。

他已经给皇上写过多次辞任札子，可以说这位满腹才华的文学家和诗人好像已没有更好的词汇来表达自己的复杂心情。

回想八年来在朝廷中任职的日日月月，在高官密集的大宋朝廷权力结构网中争得朝廷宰相职位的经历，回想入主朝政后雄心勃勃辅佐皇帝陛下的政治抱负，也想到他与神宗皇帝共同推动宋代政治经济改革的艰难历程，他的心激动不已，甚至不知道用什么语言来表达自己的心情。

新法推行以来，无数的反变法的声音和加在他头上的莫须有的罪名，使他的心中有一种难以言说的失落情感。想到自己的改革想法在一开始就得不到他人的理解和支持，得不到朝廷上下的承认，每一新的法令制度的实施都遭到来自多方面的诽谤和咒骂，每一新法的实施几乎都被扼杀在褪褓之中，王安石的泪水禁不住流了下来。

更使他难以理解的是，曾经力排众议，提拔他、重用他、支持他推行改革的大宋帝国的最高统治者神宗皇帝，如今也开始对他的改革产生怀疑，并且曾一度主张罢免所有的新法，王安石只能眼看着新的法令制度被反变法的声音淹没。

他的心痛如刀绞。第六道《乞解机务札子》比以往的任何一道札子都写得艰难和痛苦。

泪水不停地滴落，打湿了眼前的一张张写了三言两语的稿子，情感在心中不停地翻滚，不知该从哪里谈起。

第六次《乞解机务札子》终于完成了，他送到了神宗皇帝的面前，神宗用手接过王安石呈送的札子，手在剧烈地颤抖。

无论是从朝廷上下的呼声，还是从王安石本人的内心想法来看，神宗已经无法再留任王安石在朝中做宰相了。

神宗皇帝想，谁能够担当起宰相的这一重任呢？又有谁能够像王安石那样孝忠朝廷，力排众议义无反顾地辅佐他推动大宋帝国的中兴变革呢？他不可能利用那些老奸巨猾、循规蹈矩的老臣。

他能够利用知识渊博而又办事稳重的司马光吗？司马光也的确忠于皇上，忠诚于大宋帝国的天下，但他坚决反对改革的态度比朝廷中的任何臣子都强硬。皇帝要重用他，就意味着要废除掉自己与王安石苦心推行的所有法令制度，神宗皇帝不想做一个让人咒骂、一事无成的平庸皇帝。他能任用苏轼这样的富有文学才能的官员吗？苏东坡在神宗的印象中总有一种不诚实的感觉。

他要罢免王安石的宰相职务，不得不在一定程度上保留在自己心中早已形成的王安石的印象。也许，太皇太后的建议及弟弟的劝解都是对的，想重用王安石，得先把他贬放在外，但他还不想让王安石马上就到地方去任职，他也不想王安石现在就退职，因为他现在对朝廷的现状和发展方向没有多大把握。

或许朝廷中的许多事情还等待王安石处理，有些难以收场的事情还需要王安石来完成。即使罢免王安石的职，也必须把他留在京城里，有时机时再重新起用他，神宗这样想着。

吕惠卿是王安石变法最坚定的支持者，自从王安石多次向皇上提出罢免他的宰相职位以来，吕惠卿便成了经常出入于皇宫的最重要的官员之一。

很久以来，吕惠卿就扮演着在神宗和王安石之间传递信息的角色。如今，王安石的儿子又卧病在家中，吕惠卿的身影更是多次地出现在宫廷之中，权力的欲望正在他的心中燃烧。

神宗回写了同意王安石罢相的诏书，要吕惠卿交给王安石。

神宗对吕惠卿说："介甫坚决要离任，朕也无能为力。朝廷中的许多事情，你当尽力为之，不要让朕失望。"

吕惠卿说："臣与王安石共事相交多年，我非常了解他，深知王安石辅弼之心，当今朝廷，像王安石这样的人可谓独一无二。我曾多次劝解他千万别匆忙离任，但他去心已定，并且那么坚决，似乎很难把他再留在朝廷。然而，他此次一去，恐怕反变法者会变得更加猖獗。"

"朕也是这么想的，朕有意把王安石留在京城里，安排他做太师、太傅一类官，不知他是否同意？"神宗问吕惠卿道。

吕惠卿说："可以试问一下，不一定能行。"

于是，神宗又亲手写了一份诏书，吩咐吕惠卿一定交给王安石。

　　吕惠卿来到王安石家中时，看到王安石正与医生在一起谈论王雱的病情。见吕惠卿拿着皇帝的诏书，王安石的心里感到一阵紧张。

　　王安石对吕惠卿说："我走的决心已定，不可能再回朝廷中处理事务了。说什么我也不会再做宰相了，年龄已大，儿子有病，名声又坏。我必须离开朝廷。"

　　吕惠卿说："皇上已答应罢免你的宰相官职了。"

　　"真的?"王安石惊讶地说，他从吕惠卿的手中立即接过皇帝亲手写给他的诏书，眼泪夺眶而出。

　　"但是，皇上有意要你留在京城做太师太傅。"吕惠卿说。

　　"此议不可，我心已定，不能再留在京城里。"

　　王安石说着说着，脸色又阴沉了下去。

　　他随即又写了一道札子，并让吕惠卿交给皇帝，请求神宗同意他到地方上任职。

　　神宗答应了王安石的请求，并召见韩绛和吕惠卿说："我已允许王安石辞去宰相职务，命他任江宁知府。二卿应当尽力辅佐朕在推行新法的路上有所作为。"

　　吕惠卿说："陛下请放心，新的法令制度开始推行，敝臣将极尽忠心维护新法。"

　　韩绛说："我虽然想极力表白辅佐圣上的心情，想有所作为于当世，又恐怕力不从心。"

　　"王安石反正还在京中，新法方面的事情可与他商量。"神宗说。

　　韩绛说："臣也是这样想的。"

　　韩绛和吕惠卿正准备退出，神宗又把韩绛叫住说："卿稍留。"

　　神宗说："你可见王安石一面，顺便带去朕的手诏一道。"

　　神宗皇帝又亲手给王安石写了一道诏书。诏书写道：

　　"朕又接到你的奏书，你说很难再于朝廷中处理事务，想请求到一政事少的郡里去任职，那里要清闲，以便好好地休养身体，我能体谅到你的难处，也就不强留你在京中。我已下诏任你为江宁知府，你可以在那里安心休养，朕满足你的要求。我是十分体贴臣子的，臣子也应该有所报答。我的诏书和你的手札我们保留好，你千万不要失信于朕，一定要让我俩之间的浩然之气长存。"

　　写着写着，神宗皇帝又流下了眼泪。

　　韩绛站在那里见神宗如此悲伤，于是跪拜着请求皇帝说："陛下不必过于忧虑，臣将一如既往地忠孝于皇帝陛下。"

　　韩绛拿着神宗皇帝的手诏，来到了王安石的家中，王安石很热情地接待了他，韩绛就当今的变法事务向王安石一一请教。

　　"您实在不该离去，您一离去，新法的推行工作就可能要遇到比以前更大的阻力，新法能否顺利地推行下去，我实在有点担心。"韩绛说。

　　王安石说："此事我想过多次，只是我的身体一直不好，身心已疲惫不堪，精力不如从前，大脑也有些发昏，不足以处理朝中大事，如今，王雱又重病在身。圣上想要有所作为，但如今世道，推行变法很难。诚心诚意辅佐陛下做事的人甚少，贪官求财的小人太多；不求有功但求无过者和安于现状的人多，大胆革新、锐意进取为百姓办实事的人少。天下风俗败坏殆尽，人心紊乱，争权夺利已成为当今时尚。变法亦难矣。"

韩绛又问王安石说："您离去后，朝廷诸事以何为急？"

王安石说："新法可继续推行，挫折也肯定不少，你们必须做好准备。时至今日，我以为变更当今风俗也是在朝廷中很重要的事。我想趁我休息的时间修撰经义，皇上也有此想法，统一天下对经义的理解，从而使人们对新法有一致的看法。只是此事做起来也不是很容易的，变更法令制度者易，而变化当今风俗者难，这正是新法难以推行的缘故。"

第十二章 归老江宁

一、二次为相

熙宁七年（1074年）4月，王雱的病情越来越重，已不能到朝中处理政事。神宗皇帝多次派人前去王安石府上问候，允许王雱不要再处理政事，并且特别免去了他的朝谢，让他跟随王安石一起回归江宁，共同修撰经义。

就在当月，王安石携家人沿汴河踏上了回归江宁的路，一路的山川秀色确实给他们带来了清新的感觉，这种感觉在朝廷中是无论如何也得不到的。但此时对于王安石来说，也已经没有了早年的诗意和情怀，因为与他一起同行的有重病在身的儿子，还有带病回家的王安国以及他的一家。

六月十五日，他们终于又回到了阔别多年的金陵。

回到金陵之后，王安石除了每日依神宗之命精心修撰经义外，有时间便与家人一起出去走走，在金陵城中寻找以前岁月的感觉。此时的金陵城正值花的季节，满城呈现出翠绿的南国景色。

江湖归不及花时，空绕扶疏绿玉枝。夜直去年看蓓蕾，昼眠今日对纷披。

深沉忧郁的诗意，再一次涌上他的心头。摆脱了钩心斗角的权力之争，抛弃了朝廷中的繁杂事务，如今，王安石可以随心所欲地享受这一片山光水色了。

在王安石此时的诗中或多或少地流露出自己如释重负的惬意。

王安石辞去宰相之职后，韩绛依然为同中书门下平章事，吕惠卿也被提升为副宰相。虽然王安石离去了，但朝廷局势并没有因此而有所好转，相反，在他离去之后，大宋朝廷的改革之路是愈走愈难。

吕惠卿被皇上任命为副宰相的诏书一下，朝廷中群情激愤，朝廷官僚怨言不断。

这一天，京城里狂风突起，一时间，汴京就好像要被狂风卷走一样，整个皇城被狂风刮得飘飘摇摇。风沙在京城狂飞乱舞，不见天日。大街小巷、房屋草坪被蒙上了一寸多厚的尘土。

此时，被人们认为犯有癫狂病的郑侠，犹如一匹黑马一样横空出世，继续扯起反变法的大旗。吕惠卿被任命为朝廷副宰相后，他更是愤怒无比，一道一道的奏书接连不断地送到神宗皇帝那里，竭尽全力弹劾吕惠卿。

又一道别出心裁的奏书送到神宗的面前。这是一道名为《正直君子邪曲小人事业图》的奏书。郑侠把历代的忠臣画成一卷，把历代的小人也画成一卷，直接把吕惠卿画在小人的那一卷，诬蔑斥责他。郑侠同时还写了一份五千字左右的奏书，极力陈述当今朝廷的政治得失。

吕惠卿对此事十分恼火，他向神宗请求利用朝廷制定的新法严惩郑侠，神宗皇帝不同意，结果把郑侠贬任英州编馆。

吕惠卿入主朝廷政事之后，既不能积极帮助宰相韩绛把朝廷政事处理好，又不与朝廷大臣们携手共进。

以前王安石所重用的官员如沈括、李承之等人都是朝廷中办事敏锐有进取精神的官僚，曾与王安石一起极力主张惩治弊端，推行新的法令制度，但吕惠卿却不能与他们携手共进，转而对这些朝廷官员实行压制措施。每当这些官员提出一些新建议时，吕惠卿都不同意，且一一驳斥他们。朝廷的正常秩序被吕惠卿给搅乱了。

另一个主张变法的人物曾布，也受到吕惠卿的公开排挤，吕惠卿借曾布调查市易案一事指责他妨碍新法。

与此同时，为了增强和巩固自己在朝廷中的政治势力和地位，吕惠卿又在朝廷中收买人心，拉帮结派，提拔自己的亲属及朋党，如吕升卿、吕和卿和方希常等人，目的是建立以自己为中心的权力小集团。朝廷大臣对此极为反感，意见纷纷。

继而，吕惠卿又用他掌握的权力任意改变王安石原来的政策，擅自推行"给田募人充役法"。王安石得知后，非常愤慨，立刻写信给吕惠卿，对他的做法提出疑议，吕惠卿却置之不理，为所欲为。

现在，吕惠卿成了朝廷大臣中拥有最高权力的人物，他不仅利用郑侠的案件罢免王安国在朝廷的官职，同时还在邓绾的协助下，企图把王安石牵连到山东一位亲王所制造的案件中去，他在背后指使人给皇帝写匿名信，诬陷王安石与此案有关。

吕惠卿的目的是想把王安石置于死地，王安石却一直蒙在鼓里，后来神宗又重新任命王安石为宰相，吕惠卿的这一阴谋才未能得逞。

就在王安石辞去宰相这一年的七月，吕惠卿听取他的弟弟吕和卿的建议，创立"手实法"。这项法令的主要内容是：由百姓自报自家财产，官府根据自报家业的数字，把物折算为钱，以此为标准确定户等的高低。各县根据百姓自家的丁口、财产总数和役钱总数摊派应该向官府交纳的役钱数，然后公布于众。如有隐瞒不报者，发现后没收其隐瞒的财产。

这项法令更为严酷，百姓的所有家产无大小之别，大到房屋、小到鸡狗之类的东西都一样不漏地要向政府交税。

吕惠卿依仗神宗皇帝对他的信任，在朝廷内外根本不把任何人放在眼里，气焰十分嚣张。

　　吕惠卿除在朝廷中拉帮结派互相勾结外，他还伙同地方官吏，向地方上的豪绅富户借钱四千多贯，在风景秀丽的苏州购买了大片土地。他在神宗的面前大邀其功，背后则尽作一些见不得人的勾当，朝廷上下气愤不已，而臣民们又无可奈何。

　　此时，人们终于想起了远在江宁任职的王安石。与吕惠卿现在的所作所为相比，王安石在朝廷的执政显得更合乎天下民心。

　　神宗皇帝也常常想起曾经与他成年累月携手并进的王安石。他曾经派中书省的官员前去江宁问候王安石，也经常派官员给王安石的弟弟王安国和他的儿子王雱送药。

　　恰在此时，思念王安石的一股风气，在朝廷上下和全国百姓中蔚然兴起。

　　这时的神宗，经历了王安石离职这段时间的所见所闻，他辗转反侧反复思考，心里越来越清楚，朝廷内面临的种种问题，只有王安石才能把它处理好。没有王安石在朝廷执政，他的新法将趋于毁灭。

　　熙宁八年（1075年）2月，神宗重新起用和任命王安石为宰相。

　　确实，王安石对官场上的事情已经彻底厌倦了，他不愿意再回到自己厌烦的朝廷中去。家人也坚决反对他再度进京做宰相。

　　王安石不得不想出一个解决问题的妥协的方法。一方面，他想对神宗作最后一次报答，所以他答应神宗进京复职；另一方面，他也想与家人一起享受曾经失去多年的安宁生活，所以他答应夫人及家人，只是到朝廷作短期任职，最后回江宁安度晚年，与家人一起享受天伦之乐。

　　这次举家迁往京师，王安石再也没有了以前的雄心壮志，再也没有了以前那种热烈的政治情怀，有的是一种伤感，一种难以言说的彷徨。

　　他走在回京的途中，心中有一种说不出的留恋之情，怀念在江宁生活的那段日子，可以说刚刚启程，就有了归乡之感：

　　　　京口瓜洲一水间，钟山只隔数重山。
　　　　春风又绿江南岸，明月何时照我还。

　　春风吹来，百草萌生，千花竞放，翠绿的南国景色又一次展现在他的眼前。现在，他又要告别这使人赏心悦目的地方，又要前往满目风沙的京城，又要去参与那纷纷扰扰的朝廷政事。他不免有些感叹，何时才能回到属于自己的那一片天地。

　　王安石到达朝廷之后，神宗皇帝对他仍然是一如既往地关心和支持，但王安石却已没有了以往的那种激情。

　　神宗对王安石说："郑侠和冯京等人都已罢免，小人都已平息了，你们可以有所作为了。自从你离朝之后，小人在朝廷中如此猖獗，完全是因为吕惠卿管理朝廷事务不当造成的。"

王安石说："臣父子都蒙受着皇上的知遇之恩，所以以前我们在朝廷处事的好坏和成败都希望皇上能够明察，臣别无他意，心里所想的就是怎样能辅佐好皇上，促成陛下的圣德大业。小人纷纷然于朝廷内外，所以我也很难在朝廷中安心帮皇上治理朝政大事。现在陛下又召我进京，臣所以不敢辞任，就是想能够有所成就，报答皇上对我们父子的知遇大恩。但是，臣已风烛残年，又怎么敢在皇上身边久留呢？希望陛下能够体谅为臣的心思。"

神宗说："朕本来就把希望寄托于你，你我君臣之间，千万不要有什么隔阂，否则就会坏了朝廷和国家的大事。"

本来，王安石寄厚望于吕惠卿，他在江宁一心一意地专注于经义的注释，试图利用经义统一朝廷上下和全国士人的思想，以期为改革的深入发展和新法的继续推行创造条件。但他压根儿没有想到，他从朝廷中刚离去一段时间，改革的方向就会偏离了轨道这么远。弟弟王安国的去世和儿子王雱病情的进一步加重，更使他对朝廷中的事感到心灰意冷。

吕惠卿的所作所为激起了朝廷许多大臣的愤怒和不满，御史台上奏说吕惠卿玩忽职守，依仗权势为所欲为，拉帮结派欺上瞒下。御史中丞邓绾等人也出面上奏弹劾他欺骗国君徇私枉法。王雱也揭发了吕惠卿的不法行为。

这一年十月，神宗皇帝下令罢免吕惠卿的副宰相职务，贬为陈州知州。

现在，朝廷中的变法派重要人物已经分崩离析了。三司使章惇被撤职贬官外任湖州，韩绛已贬任许州，曾布也已离开朝廷去地方任职。

这样一来，朝廷中只剩下一个变法派最坚强的人士了，他就是王安石。

但是，他确实已经身心疲惫，无能为力了。来自家庭和社会各方面的压力，使他无法再承担起大宋的改革事业了。

现在，最令他伤心不已的是，曾经是他最信任、最得力的助手，最支持自己变法的吕惠卿，如今也和自己背道而驰，走向了对立面。

吕惠卿被贬到陈州后，依然对王安石耿耿于怀。

他给神宗上奏说："王安石将从前的学问全部抛弃，专心于一些毫无意义的末流小技，把这些东西当做治理国家的法宝。以至于阳奉阴违，威胁利诱，埋没人才，勾结奸佞小人，嫁祸别人，行为恶劣，甚至敢于违抗和假冒圣旨，欺骗诈骗皇上。王安石一年来我行我素，毫无顾忌，就是古代那些叛臣逆子，也不可能像王安石这样丧心病狂。"

他还编造假象，说王安石在写给他的私人信件中，说了一些关于神宗皇帝不好的话，叮嘱他切不可让皇上知道之类的话，并请求神宗皇帝治王安石死罪。

神宗皇帝把吕惠卿的书信给王安石看。王安石看后，气得脸色发青，气都喘不过来。如果不是他努力控制自己，几乎要气昏过去。

他怎么也没有料到自己的雄心壮志和治国方略就这样破灭了。他痛恨自己太愚蠢，太不聪明，他后悔自己太没有眼力。

王安石以有病为由待在家里不再上朝，神宗多次派中书省官员前往慰问，同时还多次派御医前往治疗。

王安石的病渐渐有所好转，神宗又答应他休十天假，待他精神状态稍微好一些了，神宗又给了三天假期。此后神宗便让辅政大臣到王安石的家里议论朝廷政事，以免王安石劳累之苦。

在这期间，经常有人在京城里游行，反对新法，要求废除新法。王安石十分气愤，请求神宗把这些人抓起来加以治罪，神宗不答应，王安石便与神宗皇帝争执起来："如果不把这些人治罪，给以颜色，新法就根本无法推行。"

神宗说："听说不仅仅是京城，如今，在民间也有许多人对新法不满。"

王安石说："冬寒夏雨，百姓还有所埋怨呢，像这类事情就不必担心了。"

神宗说："难道连老百姓抱怨冬寒暑雨都不行吗？"

这次对话使王安石内心深处涌出一种思绪，他明显地意识到神宗内心对变法的态度已有变化，并且也开始厌烦他了。

下朝后，辞任的想法又一次强烈的涌上王安石心头：

> 投老方为世网婴，低徊终恐负平生。
> 何时白石冈头路，度水穿云取次行。

王安石虽坐在中书省的大堂里，可在他眼前出现的，却是金陵那优美的湖光山色，浮现在脑海中的，是自己正行走于钟山脚下的自由自在和优游闲雅的生活。

而真正的人生悲剧终于降临到了他的头上：年仅三十三岁的王雱在京中去世。屋漏偏遇连阴雨，这个打击把王安石拖到几近崩溃的边缘。

此时他眼前的一切都变得如此的破败不堪，天地仿佛在飞旋，心灵在极其悲痛中撕碎，眼里充满了夏日的无言和秋风的悲鸣。

政治和权力已经不属于他，改革的心灵也已经不属于他。此时的王安石唯一想往的是那一片片山林和一朵朵飘浮不定的白云。

熙宁九年（1076 年）10 月，王安石坚决要求辞去宰相之职，神宗皇帝终于答应了他的要求。

王安石满怀着悲伤和愤恨，带着富民强国之梦的毁灭和落寞，带着身衰子亡的痛苦和对未来绝望的心情，黯然神伤地向神宗皇帝告别，从此结束了他在大宋帝国的官宦生涯。

行走在归乡的路上，王安石思绪万千，他想起三十四年前自己荣登进士回家报喜时的心情，与如今的落寞神情相比是何等的不同啊！

那时，他尚未走向社会，而又急于走向社会。而今，他已厌倦了这样的生活，最大的愿望是走出这个社会。他的脑海中又浮现出一首诗：

> 人间投老事纷纷，才薄何能强致君。
> 一马黄尘南陌路，眼中惟见白山云。

这首诗表达了他所有的人生感受。

二、晚年闲居

王安石在熙宁九年（1076 年）十月，第二次罢相，此后，他又回到曾居住多年的江宁。王安石这次回归江宁，最初虽还有一个"判江宁府"的官衔，但他一直不去知府衙门视事，到了第二年的六月，他连这个小小的官衔也辞了。到元祐元年（1086 年）四月王安石去世之日为止，他在江宁又居住了将近十年的光景。

这近十年的晚年生涯，从王安石的思想和内心情感来说，几乎都是在极其复杂的情况下度过的。一方面，他在第二次罢相之后，像在政治上不得意的封建官僚士大夫一样，总要装出一副甘心于"舍之则藏"的清高洒脱的神态。尽管不能说这种神态完全是出自矫揉造作，但至少里面总含有几分勉强和矫情的成分。而另一方面，以他那样一个"意行直前，敢当天下大事"，而且是已经担当了许多年天下大事的一代宰相，在他的内心感情世界里，一定还会时刻牵挂着政治上的任何一种新的举措、政局的任何一次新的起伏和变动。因为这些都是和他所实施的新法的命运息息相关的，他是具有深重的责任感的。

王安石刚刚回到江宁的时候，已是寒湿阴冷的冬天。冰凉透骨的寒风，正好适应了他刚从政治旋涡中走出来的心情，他的狂躁难捺的忧愤情结，只有在这种清冷的气氛中，才能冷静下来，似乎春暖花开阳光明媚的日子，离他已经是很遥远。

王安石骑着神宗皇帝送给他的马行走于山水名胜之中。冰凉的山水，刺骨的寒风，其实并没有洗刷掉他内心的政治郁闷。吕惠卿那张看似谦虚和蔼、平易近人的脸和数年来极尽忠心于他的所有行为下隐藏的奸毒，使他难以理解，这是一种极深的记忆，很难从他的头脑中抹去。吕惠卿要置他于死地的阴谋，直到现在想起来还使他全身发抖。

现在，当他终于从那种危险的境地中走出后，才真正懂得知人知面难知心的人生道理。他感叹自己多年来只顾从历史中吸取治国济民的经验和方略，而很少揭开过去历史的面纱看到隐藏在深层的阴谋。

如今，他终于发现，正是这种隐藏在深层的阴谋造成历史上和生命中的悲剧，奸佞之徒往往为了达到他们卑鄙无耻的目的，竭力矫饰伪装，常常利用这些假象迷惑人们，这正是所谓知人知面难知心的症结所在。

他不由得想起了汉代的王莽、隋代的杨广和唐代的郑注。他想，王莽不就是以恭谦退让骗取了东汉群臣的信任吗？隋炀帝为了夺取哥哥杨勇的太子地位，不也是采取了阴险毒辣的手段，假装不爱声色吗？唐代的郑注为了骗取唐文宗的信任也假装正直，而心底里隐藏的不全都是奸佞？

了解一个人的全部和看透一个人的真心，都太难了。随着思绪，王安石拿起了笔，准备写一篇文章，既给自己也给后人看，题目为《知人》。

王安石刚写上"知人"两个字，他知书达理的夫人走了过来。此时惟一能够理解王安石的人和惟一可以在家里与王安石交心的，也只有他的夫人了。

夫人说："知人知面难知心，对吗？"

"是啊！我现在才醒悟过来，要识破一个人的真相实在太难了。能真正了解人的人，那可以说是最机智聪明的人，人是一种最高贵的怪物，即使像尧、舜那样的人也很难把所有的人都看得透彻，了解得一清二楚。从古到今，道理不都是一样的吗？"王安石无比感慨地说。

"先生不觉得知人太晚了吗？"问话时王安石的夫人脸上带着忧伤。这种发问好比在与王安石开玩笑，但这种玩笑似地发问却让他带着难以用语言表达的辛酸。

"对我来说是太晚了，但作为人的一种智慧来理解是不会太晚的。对吗？把自己的见识写下来，不是也可以为后人提供借鉴吗？"王安石说。

"那先生有何见识呢？"夫人又问。

"贪得无厌的人往往表现得很廉洁奉公，荒淫无道的人时常表现出自己的清白，奸诈无耻的小人无不把自己装扮得正直无私、道貌岸然，他们不过是伪装得很成功罢了。但那些人不可能永远如此做作下去。王莽、杨广和郑注者流便是如此，最终会被人识破。"王安石感慨地说。

如果天气暖和的时候，他便出去游山玩水；如果天气清冷的时候，他便呆在家里看书赋诗。第二年，他就辞去了江宁知府的官职。

这年十月，即熙宁十年（1077年）10月，神宗皇帝颁布更改年号的诏书。这标志着一个历史时期的终结，另一个新的历史时期的到来。

尽管神宗皇帝在朝中的人事制度和政治策略上做了很大的变动，但当初王安石所制定的新法却基本还在继续推行，这或许也是王安石虽落魄至极但未彻底绝望的原因。

1078年1月，神宗皇帝赐予王安石为舒国公的封号。王安石得到这封号时，感慨万千。远在京师的神宗皇帝竟没有忘记自己，我王安石离开舒州已经很久了，舒州天柱山的陈迹也早已不复存在，朝廷依然把早年走上宦游道路的发迹之地作为自己的封号，赐给了我。

王安石激动不已，为此一连写了三首绝句诗，以感激神宗知遇之恩。

他在江宁府城与钟山之间选择了一个名叫白塘的地方，从这里到江宁府和钟山恰好都为七里。这里青山碧水，是个休闲的好去处。

王安石在这里建了一个园子，取名为半山园。他构筑的房屋十分简单，仅仅能够躲避风雨，周围没有一户人家，园子周围也没有建围墙，他还雇人修了池塘，自己开垦了菜地，种植了花草。远远望去，他的园子就像是临时搭建起来的简易民居。

半山园北面不远的地方，有一个隆起的土骨堆，相传是东晋谢安的故宅遗址，直到如今人们还叫它谢公墩。王安石经常去这个地方，静静地端坐在土墩上，摩挲着满生苍苔的石头，流连忘返，想像着当年谢安所完成的大业和在这地方居住的情景。

钟山有一所佛教寺院，名叫定林寺，离半山园很近。如果不到别处旅游，王安石就到定林寺去。寺里有专供王安石居住的一间房子，他经常在这所房子里读书、著述、赋诗，或者接待来访的客人。

园子建好后，王安石便举家搬到了半山园。在这里，他闭门闲居，几乎不与外界交往，每日除了读书作诗和写他的训诂学著作《字说》外，便在园子里拾掇一下蔬菜或者花草，或者观看池塘里游来游去的鱼儿。

园子里有很多鸟儿飞来飞去，他有时天刚一亮就出去，踏着小草，露水濡湿了鞋子和裤角，他也全然不顾，双耳聆听清晨的鸟鸣声，享受新鲜的空气和温煦的阳光。有时则回来很晚，在落日的余辉中，他似乎能得到一种梦幻般的感觉。

有时高兴至极，在山林中尽情地游玩，回来时竟找不到路，转来转去结果又回到了原来的地方。尽管这样，他反而觉得心情很好，很适合自己。为此，钟山的道人经常送他回来，回来之后，他将道人挽留下来，然后再随便做上几道小菜，两人喝上几杯，畅谈一番禅理。

来这里的除了道人外，还有一位名叫杨德逢、号为湖阳先生的人，住在离他不远的地方。

一天，王安石一个人在观云斋里看云，看着天边流动的云朵，一种想念朋友的心情突然涌上心头。他便提笔写下一首诗，巧妙地邀请湖阳先生和自己一起出去游玩。这首诗是这样写的：

> 山林投老倦纷纷，独卧看云却忆君。
> 云尚无心能出岫，不应君更赖于云。

在半山园里时间久了，有时他就带几个书童乘船到城里去转转。更多的时候，他是骑着神宗赐给的那匹马，带着书童到钟山的寺庙中游玩。后来那匹马死了，王安石很伤心。他便骑着一头毛驴到处游览观光。

钟山上每一座寺庙都留有他的踪迹，每次王安石骑着驴游玩定林寺、悟真院、净妙寺、法云寺，身边总是带着他的仆童或者亲朋好友送到他这里来学习的孩子，每到一处，或者观光，或者讲解，或者赋诗，或者干脆坐在草地上看书，或者躺在草地上看天空，有时看得时间一久，眼泪便会从他那昏花的老眼中流下来。

每当天气炎热的时候，每当心烦意乱不能平静的时候，他便用山涧的泉水洗一把脸。清凉的泉水，不仅可以洗去酷暑，而且可以洗心中的诸多烦恼和苦闷。如今他真的好像是一位摆脱了一切世俗的隐者，坐着看书累了的时候，便躺在床上随便翻翻庄子的书，或读一读陶渊明的诗。这种时候，他更多的是读读佛家书籍，甚至有时整天和寺中道人一起写诗唱和，参禅悟师。

王安石晚年十分喜欢观看钟山那萦绕不散的云雾。有时整个钟山都笼罩在茫茫的云雾之中，晨曦从东方升起，阳光透过树林洒下点点金光，从半山园向山谷望去，云雾在山谷里轻轻地飘浮着，踏着云雾，仿佛可以走向遥远的地方。

隐居钟山以后，王安石时常做梦，醒来后自己浑身都是汗水，此后他再也无法入睡。每当这时候，他便披上衣服轻轻走出卧室，站在园中向远方眺望。

此时，呈现在他眼前的是夜空下黑色的群山和萦绕在群山之间的云雾，云雾从前方的平地上徐徐升起，沿着山坡直达远方的天空，宛如一条可以登上天空的仙路，踏着那条仙路似乎可以走入天宫。清晨的曦光渐渐穿越山林树叶，钟山的云雾在阳光下如轻纱般萦绕蒸腾着，遮住了他的视线。他又把眼光转回山间岚气，追逐眼前云光中的点点金光雾影。

这种观赏已经成了王安石的一个晚年习惯，飘浮不定来无踪迹的浮云，已成为治疗他内心苦闷和灵魂孤独的灵丹妙药。

每当他回忆起以前的风风雨雨，一阵阵痛苦就会涌上心头。每当这个时候，他便走出房间，站在山坡上，去看山中云雾，聚精会神地用心灵和目光紧随山中的浮光掠影，仿佛所有的人间烦恼和孤独，都会随着这飘浮不定的流云消逝。他经常与寺中的道人一起写诗唱和，谈佛论道。一次，他站在园中的土墩上，看着山间的浮云，写下了为后人值得称赞的诗句：

> 云从钟山起，却入钟山去。
> 借问山中人，云今在何处。
> 云从无心来，还向无心去。
> 无心无处觅，莫觅无心处。

王安石晚年的诗写得平淡而天真，有的甚至带着浓浓的禅意。穿行在山光雾影之中，他写了许多这样的诗，甚至经常是脱口而出，毫不经意。

在闲居钟山的最后十年中，王安石写下了几百首诗歌。总体而言，他晚年的诗是如此的清淡，没有了当年那种政治情怀和雄心壮志。

阳光、明月、流云、江水、池鱼、山林、寺院寄托了王安石晚年的所有情感，吟风、赏月、念佛、作诗、著述成了他散发内心苦闷和情感孤独的最好途径。

尽管如此，王安石不可能彻底地从纷杂繁扰的人间烟火中走到世外桃源，他毕竟是凡夫俗子。

此时，王安石虽然已不十分关心朝廷中的事情，也不想再去了解朝廷中那些曾经给他无限烦恼的纷争，但他的心灵深处无论如何也抹不去对世事的关注。毕竟，改革是他终其一生的事业，是他投入巨大精力的重大政治举措。在他辞去宰相之职的这些年里，新法不但没有被废除，而是在经过调整后有所加强，这是他非常欣慰的。

王安石在江宁府与钟山的半道上建立园子，是因为他既可以乘船到金陵城里去看看城里的变化，也可以看到新法推行中乡村发生的一些变化。倘若他真的想要忘记世间的一切，倘若他想要彻底地脱离世俗，他为什么不干脆住到定林寺中或者深山老林中？

能够亲眼看到这一切简直让他流连忘返、欣喜若狂：

> 豚栅鸡埘暗霭间，暮林摇落献南山。
> 丰年处处好人家，随意飘然得往还。

半山园，是王安石精心挑选的一个住处，清幽、雅静、空灵，浑然一体，它既体现了王安石的超脱情怀，又体现了王安石并不能彻底归依空无。他的归隐无非是为了缓解过于激烈的政治情结，在他竭力逃避社会现实的同时，他心灵深处却依然包含着某种拂之不去的世事情怀。

他的苦闷，他的孤独，他的忧愤，他的吟风咏月，他的寄情山水，这一切一切紧紧结合在一起。将自己的痛苦、孤独和忧愤隐藏在轻盈的诗意之中，他只不过是用诗情努力掩盖他心中的那种政治和人生的焦虑而已。

朋友的来访，总是让独处半山园的王安石感到快乐和温馨。

王安石的好朋友吕嘉问曾经两次到这里来看过他，他们一起到东山游玩观赏，他们一起作诗唱和答对。吕嘉问离开后，王安石又曾经主动邀请他到半山园中来叙旧。他在写给吕嘉问的诗中说道："子来我只乐，子去悲如何。"

吕嘉问一来，王安石就亲自到菜园里摘菜，到山泉边取水做饭。他们一起观赏池塘中的游鱼。吕嘉问很想钓池塘中的鱼来煮，但他最终没有这么做，因为他不忍心这么做。

在半山园里，在定林寺书房中，王安石接待了许多来访的好友。他的好朋友俞秀老、耿天骘、邓铸、蒋之奇等人都曾到半山园来拜访过他，但他们都很少谈及朝廷中的事情，王安石也不想去问，他尽量地把自己曾经经历的风风雨雨沉淀在自己的内心深处，与朋友们只叙友朋之情。

元丰六年（1083年），风度潇洒性情古怪的书法家米芾，专门来到定林寺拜访王安石，这时候这位年仅三十三岁的书法家已经在社会上小有名气，这是一位从不热衷于科举考试从不想当官的文人。米芾的来访使王安石十分愉快。

米芾只知道王安石是个大政治家、大改革家和大文学家，他很佩服王安石写的诗，但从不知道这位大宋朝廷的前宰相书法也很好。米芾给王安石谈起杨凝式的书法，王安石评价说杨凝式的书法天真烂漫，纵横飘逸，可以与唐代著名书法家颜真卿的书法相媲美。

米芾听后感到非常惊讶，他说："荆公在书法方面也了解甚深呀！"

王安石说："我很早的时候，就以杨凝式的书法为例，开始练习书法，因此也略知一二，只不过外人都不知道而已。"

他又把他写好的字帖拿给米芾看，米芾大加赞赏，他说王安石晚年的书法具有天然真气。因为王安石在元丰三年（1080年）被朝廷封为荆国公，所以米芾称呼他为荆公。

王安石要米芾给他提写几个字。米芾便立刻取出自己随身带来的笔墨，给王安石的住所提了一个名字，叫作"昭文斋"。

米芾的爱好是收藏，所以别人都称他是个大收藏家，他的笔砚都很别致高雅。王安石想看看他的砚台，米芾有洁癖症，他对王安石半认真半开玩笑地说："只准看不准动手。"王安石会意地笑了。

大画家李公麟后来也到定林寺拜访过王安石，他是一位在当时很出名的画家，擅长人物画。李公麟在房间的墙壁上给王安石画了一幅神态逼真的人物像。这张画像是王安石所有画像中最逼真，也是最让王安石满意的一张。

书法家米芾给他的住所提了名，画家又在他的房间里给他画了像，这样王安石定林寺里的书房就变得比从前更加雅致，更有韵味了。现在他更乐意住在定林寺里，清幽秀丽的景色与闲适恬淡的情趣相融为一：

> 屋绕弯溪竹绕山，溪山却在白云间。
> 临溪放杖依山坐，溪鸟山花共我闲。

但是，朋友的来访和山水的情韵也不能彻底解除王安石晚年的孤独和痛苦。离开了朝廷的纷扰，同时也离开了许多人生中应得的友情和亲情。儿子的早逝便成了王安石一种永远拂之不去的悲剧情结。现在，他非常期盼着有亲人朋友来看望他。

三、巨人逝世

元丰七年（1084 年）春天，潮湿的雾气和冰冷的春风久久萦绕于钟山，六十四岁的王安石抵抗不了这种天气的折磨了。这年春天，王安石病得愈加厉害，病中的他更加思念自己早逝的儿子和远方的亲朋好友。

噩梦连连袭击他。有一个晚上，他一连做了两个噩梦。噩梦把他从睡梦中惊醒。

第二天，王安石便卧病不起，钟山各寺都派人前来探望王安石，并为他请医送药。经过多方治疗，才得痊愈。一天，宝觉大师来访。

宝觉大师笑呵呵地来到了王安石的卧室里。

"荆公吃了我的药，现在身体怎么样了？"宝觉大师问。

"您的药是什么药，太苦了，我还从来没有吃过这么苦的药，我以为会把我苦死呢。"王安石说。

宝觉大师说："我的药方能把您苦死吗？虽然您已不是当今朝廷的大宰相，皇上也会找我要人的。我给您开的药方很苦，良药苦口利于病吗？"

听了这话，王安石对宝觉大师哈哈大笑。

定林寺的人师也笑着说："本来我也想给他开个这样的药方，可我却不忍心这么做。因为我与荆公交游甚深，早知这药方能医好荆公的病，我早就给他开了，这功劳就不会属于您宝觉大师了。"

王安石说："我现在有一个重大决定。"

宝觉大师开玩笑地说："请求神宗皇帝让您到朝廷去做官？"

"您又在跟我玩笑了，我还没有被你的药方苦够吗？不然的话您的药方不会灵验了。"王安石说。

宝觉大师说："荆公要做什么重大决定？"

王安石说："我决定把半山园赠给定林寺。从即刻开始，半山园属于定林寺的了，现在我也是定林寺中的一分子了。"

王安石正与大师们心平气和在一起谈道论佛，夜已悄悄降临。

宝觉大师说："天这么晚了，谁还在吵吵嚷嚷。"

王安石一听，吵嚷声音从远处传来，"荆公"、"荆公"地在喊。王安石说："来人究竟是谁呢？"

他拄着拐杖赶紧从屋里走出来，看到一排长长的火把队伍，像火龙一样地游动着向他的住所走来。

王安石支撑着衰弱无力的身体站在路旁张望，人群很快就到了他的面前。

队伍中一个人紧走几步来到他的跟前，问候王安石道："荆公近来可好？"

王安石努力睁开蒙眬的眼睛仔细一看，原来是他的好朋友，现任江淮荆浙发运使的蒋之奇，带着一批人马来拜访王安石。

他们又簇拥着王安石来到了屋里，大家分别落座。

蒋之奇说："蒋某夜半吃喝吵闹，是否吓坏了钟山荆公。"

王安石说："我正奇怪是什么人传呼喝道扰乱了我们的雅兴，哪里想到是老禅客您在月下举着火把，在树林中喝道而来，深夜来访真是有煞风景。我这简陋的地方怎能容得下这么多人，只好委屈大伙在地苔上为你们铺草席了。"

"参禅打坐，岂用苔上作席？"蒋之奇打趣地说。

在座的所有宾客都笑了，笑得非常开心。

王安石虽然有病在身，但老朋友相聚兴致甚高，又怎能煞老朋友的风景呢？他们什么都不谈，只是论佛参禅。一时间，他们忘记了人间、天地和自我，是何等的快乐！

蒋之奇离开钟山时。王安石写了一首诗送给他：

> "扶衰南陌望长楸，灯火流星满地流。
> 但怪传呼杀风景，岂知禅客谒相投。"

这是晚年的王安石最快乐也最热闹的一次大聚会。

两位政治人物抛开了人世间纷扰之事和政治权斗，用宗教的精神来陶冶自己的情操。人性便变得那么的清澈纯真，心灵便变得那样的平淡宁静，感情便变得坦诚率真。

如此，人和人之间的关系，心灵之间的交流，就像一股潺潺的溪水在你我的心扉中轻轻地流淌着，是如此的清淡甜美，又是如此的富有人生韵味。

王安石经常独自一人伫立在金陵东门之外，目光久久地凝视着金陵城西的里程堡，努力向北方眺望，可他的视线又被千山万水给挡着了，高山与天宇在远处浑然一体，清澈的泉水在屋旁轻轻地流淌，他在自己的花园中徘徊，在他的半山园里日夜思念远隔一方的亲人。

思念既是一种疾病，也是一种人间真情。思念的真情越激切，思念就变成一种病，这种病越厉害，思念就变得更真切。他想见见身在远方的女儿，可又无法招之即来，心里郁闷得慌。诗情与思念总是交织在一起的。诗可以表达他苦苦的思念，诗流动着他的痛苦、他的孤寂以及对亲情的渴望。

王安石在土墩上向北眺望，心里想着："这么方便的水上交通，为什么就不来看我一眼呢？"他同时也想到，女儿也在思念着自己，肯定此时也正凝望着南天飘飞的白云，面对着清水发出见不到父亲的深长叹息。

真是苍天有眼，此时的神宗皇帝也没有忘记王安石，他最近龙体欠安，加上朝廷中纷纷扰扰的诸多事，心情也变得有点烦燥不安。

他想起了与自己曾朝夕相处、共同议论朝政和国家大事的王安石。他也得知他的这位远在江宁的臣子最近身体欠佳，便令王安石的女婿蔡卞携妻子儿女到金陵来看望王安石。

女儿和女婿带着孩子，还有神宗的问候和药物来到王安石的住处。天伦之乐给年已六十四岁的王安石和他的夫人吴氏带来无穷的愉悦和欢心。王安石与女儿女婿坐在一起叙旧拉家常，与他的外孙、外孙女一起读书，一起看鱼赏花，全家人一起纵情地游玩钟山，在美丽的玄武湖上泛舟。

在人生最需要亲情温暖，最需理解和安慰的时候，王安石享受到了对现在的他来说最珍贵的东西。这段时间，他的心情变得是那样的激动，激动得泪水经常从他布满皱纹的脸上流下来；他的心情又是那么的平静，平静得不愿意想在此之外的任何人和事。

如今，他常常想，从政治旋涡中走出来，从权力的纷争中逃脱出来，从纷纷扰扰的人群中走出来，置身于大自然之中，置身于亲朋好友中间，置身于天伦之乐中，人生是多么的美好，生命是多么的珍贵呀！

元丰七年（1084年）7月，极少互羿的两位宋代大文豪王安石与苏东坡在金陵聚合了。

五年前，苏东坡写了一首诗，讽喻朝廷推行变法革新，朝廷中的变法派本来就对苏东坡历来就大力诋毁新法而大为不满，一直想找一个罪名惩治苏东坡，可一直也没有找到合适的理由。这一下，他们在苏东坡的上奏书和自己写的诗中检查出了苏东坡对皇帝"大不敬"的诗句。监察御史里行何正臣上书告发苏东坡"愚弄朝廷，妄自尊大"，另一位监察御史里行舒亶上书告苏东坡的诗"诽谤新法，愚弄当今皇上"。

神宗皇帝要严惩苏东坡，判他为死刑。对苏东坡极力反对变法，王安石虽然也很不满意，但得知这个消息以后，也上书神宗。这个时候他已经在金陵闲居三年了，本来他已经对朝廷中的事务不感兴趣了，但听到神宗要判苏东坡死刑，他也特别生气，他上书神宗皇帝说，在大宋帝国繁荣昌盛的时代，怎么对有才能的人能说杀就杀呢？

苏东坡因写诗被监察御史里行告发他目无皇上，差点被判死刑，自己也差点轻生自杀，后来被判坐了一百三十天的监狱，之后又被贬黄州待了五年，如今的苏东坡还是很具有诗人的豪放情怀，但似乎比以前更了解人世间的是是非非了。

在黄州（今湖北黄冈）任团练副使五年，他被改任为汝州知府。在赴汝州任职的途中，苏东坡途经金陵，在金陵住了一个多月。他特意去看了曾经被人们誉为雷厉风行、呼风唤雨的人物，而今寄情山林的王安石。

苏东坡眼前的王安石已是白发苍苍的病中老人了。王安石眼中的苏东坡也不是当年那位恃才傲物、无所顾忌的任性诗人了。王安石执政时，苏东坡并不是什么得志的人，他的反变法行为曾让王安石极为不满，苏东坡也曾多次斥责和咒骂过王安石。

那都已经是往事了，今日贫困疾病中的王安石和逆境中的苏东坡，在风景如画的钟山脚下相聚，他们兴致勃勃地赋诗作词，互赠文章以赞诗情，有时谈佛论道，参禅悟性，有时携手登高而望流云，有时又泛舟摇橹而吐真心。

王安石有诗道：

> 乍阴宽占一方苔，映水前年坐看栽。
> 红蕊似嫌尘埃染，青条飞上别枝开。

苏东坡和诗云：

> 青李扶疏禽自来，深红浅紫徒争发。
> 清真逸少亲手栽，雪白鹅黄也斗开。

王安石有诗道：

> 北山输绿涨横陂，直堑回塘滟滟时。
> 细数落花因坐久，缓寻芳草得归时。

苏东坡和诗云：

> 骑驴渺渺入荒陂，想见先生未病时。
> 劝我试求三亩宅，从公已觉十年迟。

诗中描绘的景色清新如画，也表达出诗人的情感，如同天边的浮云，如同山间的泉水。在这里，忘记了往日的恩恩怨怨，他们忘记了从前政治的角逐和权力的纠葛，所有的仕途艰辛，所有的人生坎坷在这美妙的情与意中飘散。

这不是二人的相互宽容与情结，而是诗在发挥作用，是诗的灵性的沟通和融汇；这也并非是世俗之人的芥蒂排解，而是真心实意的诗意表达。这情景好美，这诗意好浓，它超越空间和时间，在人世间流转，在历史的长河中飘香，在充满政治欲望和权力角逐的黑色场景中闪现着永恒的灵光。

时间走进元丰八年（1085 年）。

　　王安石清楚地预感到自己的生命即将到达终点。他的身体变得愈来愈衰老不支，两眼时常昏花，天地在他的眼中不停地旋转着，四肢软弱无力已成了常有的病症。现在的王安石用在读书立说写字上的时间已经越来越少了，往年出门时都骑着那头毛驴，而今，他不能再骑着驴外出了。

　　明显苍老的王安石，更多地出入于佛塔寺庙之中，漫步于山水花草之间，他想借此来消解自己心中的苦闷与孤独，他也想借此来麻醉心灵深处抹不掉的政治和人生的痛苦悲情。

　　有时，他又干脆搬到宝觉大师那里一连住上几天，谈佛论性会让他忘记自我，以及周遭的一切。但住不了几天，他又搬回半山园，这里可以让他独自享受寂寞和孤独，可以使自己生命的意识自由自在地在幻觉中飘游。

　　王安石在生命旅途的最后一年当中，生命幻觉使他的诗情变得愈来愈丰厚，竟能达到了出口成章的境地。王安石生命的最后乐章，是在禅宗洒脱的意绪，诗意朦胧的和音，伴随着人生痛苦的主旋律交汇演奏的。这是一曲充满了人生坎坷，仕途艰辛的乐章。

　　他试图让自己不去回忆从前走过的风雨历程，但越是这样，越不能摆脱这种痛苦的回忆。几十年的仕宦生涯时时萦绕在他的脑海中，使他无法忘怀。每当这个时候，他便想起禅宗中的这样两句对话：

　　　　寒山问拾得曰："世间谤我，欺我，辱我，笑我，轻我，贱我，厌我，骗我，如何处治乎？"

　　　　拾得云："只是忍他，让他，由他，避他，耐他，敬他，不要理他，再待几年，你且看他。"

　　这段可以说算得上经典的对话，王安石读了不知多少遍。他想起了自己一步入朝廷就受到许多莫名其妙的诽谤，得到了无数的骂名。他想起了自己入主朝政主持变法改革时，各种反对的声音和辱骂声就像暴风骤雨一样劈头盖脸地袭来。谤他，欺他，辱他，笑他，轻他者应有尽有；贱他，厌他，骗他者无所不有。如今虽已到了垂垂暮年，已是土埋半截之人，他仍然想忍他，让他，由他，避他，耐他，敬他，不理他，想再等待几年，再看看他。

　　为此，王安石在他的生命的最后阶段一连写了二十首《拟寒山拾得》诗。

　　第二首诗云：

　　　　我曾为牛马，见草豆欢喜。
　　　　又曾为女人，欢喜见男子。
　　　　我若真是我，祇合长如此。

如好恶不定，应知物为使。
堂堂大丈夫，首认物为己。

第五首诗云：

若言梦是空，觉后应无记。
若言梦非空，应有真实事。
燔烧阳自招，沈溺阴自致。
令汝尝惊魇，岂知安稳睡。

第六首诗云：

人人有这个，这个没大量。
坐也坐不定，走也跳不过。
锯也解不断，锤也打不破。
作马便搭鞍，作牛便推磨。
若问无眼人，这个是什么？
便遭伊缠绕，鬼窟里忍饿。

第十首诗云：

失志难作福，得势亦造罪。
苦即念快乐，乐即生贪爱。
无苦亦无乐，无明亦无昧。
不属三界中，亦非三界外。

　　元丰八年，即 1085 年 2 月，神宗皇帝病重的消息再次传来，王安石的心情变得更加沉重和痛苦，因为他很清楚，这意味着这段风风雨雨的历史将彻底地画上句号。原本并不怎么喝酒的王安石，现在也开始喝酒了。自古言，以酒消愁愁更愁，此时的王安石已经变得更是少言寡语，神情落寞，常常抚床叹息。

　　这年三月，神宗驾崩的噩耗从京城传来，王安石陷入了极端的悲痛之中。他知道，他与神宗皇帝携手推出的法令制度一项一项地相继被废除了。

　　此后，王安石的身体也愈来愈不支了。他躺在病床上，眼盯着房顶，神志有些恍惚。他努力定神一看，想象中的一切又都飘然而逝了。他让家人请来宝觉大师，宝觉大师解释说，这是幻觉不是真实的。王安石才相信了那不是真实的。

王安石躺在病床上，他真想起来去看看外面的山山水水，见见外面的灿烂阳光。

这天，正好久雨初晴，四月雨后的阳光是那么明丽和灿烂，照耀着大地间的一切生命，可是他自己走不动了。他想起来到花园里走走，于是一直跟着他的老兵便搀扶着他慢慢地来到鲜花正开的花园里，他很想栽下一朵新花，但随即又想到，鲜花的生命也是短暂的，正如人的生命一样，与漫漫的宇宙天地相比，与无始无终的大化生命相比，花和人的生命实在是太渺小太短暂了。

他又回到屋里，命书童拿来笔墨，然后挥笔写了一首诗，名为《新花》：

> 老年少忻豫，况复病在床。
>
> 汲水置新花，取慰此流芳。
>
> 流芳只须臾，我亦岂长久。
>
> 新花与故我，已矣两可忘。

现在，王安石再也不能走动了。

元祐三年（1086年）4月，这位雷厉风行、鼎力变新的改革家，这位在政坛上风风雨雨、叱咤风云的人物，这位流芳千古的文学家，在极度痛苦的磨难中结束了自己的生命，走完了自己的人生历程，享年六十六岁。

这位伟大的政治家和改革家以一种前所未有的魄力，进行了一场历史上翻天覆地的大改革和大变动。他掀开了人类历史发展的重要一页，在风云变幻的历史行程中留下了不可磨灭的巨大而深远的身影。

王安石去世后，继位的哲宗皇帝是这样评价王安石的："朕试观古初，灼见天意，将以非常之大事，必生希世之异人，使其名高一时，学贯千载，知足以达其道，辩足以行其言，瑰玮之文足以藻饰万物，卓绝之行足以风动四方。用能于期岁之间，靡然变天下之俗。故观文学殿大学士、守司空、集禧观使王安石，少学孔孟，晚师瞿聃，网罗六艺之遗文，断以己意；糠秕百家之陈迹，作新斯人！

"属熙宁之有为，冠群臣而首用，信任之笃，古今所无。方需功业之成，遽起山林之兴，浮云何有，脱屦如遗，屡争席于渔樵，不乱群于麋鹿，进退之际，雍容可观。朕方临御之初，哀疚罔极，乃眷三朝之老，邈在大江之南，究观规模，想见风采，岂谓告终之问，在予谅暗之中。胡不百年，为之一涕！

"於戏！死生用舍之际，孰能违天。赠赙哀荣之文，岂在我。是用宠以师臣之位，蔚为儒者之光，庶几有知，服我休命，可特赠守太傅。"

王安石的自然生命已经在遥远的时空中消逝远去了，然而，"天变不足畏，人言不足恤，祖宗之法不足守"的胆略和宏伟气魄，却如强劲的音符在历史的长河中永远鸣响着。